호텔프로젝트 사업경영론

이호길 · 김미경 · 김형섭 공저

남두도서

남두(南斗) : 남두육성(南斗六星)

은하의 중심인 사수자리에 있는 국자모양의 여섯 개의 별로서, 인간의 탄생을 결정하는 별로 알려져 있다.

머리말

오늘날 호텔산업은 양적인 성장에서 질적인 성장단계로 변화되고 있다. 또한 호텔기업에 종사하는 호텔리어들도 매우 성숙한 지식환경과 경영전략을 요구할 뿐만 아니라 호텔기업 공간구성과 시장 환경, 그리고 사업계획과 운영계획의 전략까지도 매우 섬세하게 평가하고 있다. 이는 한국관광에서 호텔기업은 대단히 큰 성숙단계를 거쳐 이제는 건축구성의 아름다움과 운영방향까지도 고려해야만 되는 새로운 지식경영의 시대가 도래된 것이라 할 수 있다.

이처럼 호텔기업은 사업계획의 중요성이 절대적으로 중요할 뿐만 아니라 이에 부응할 수 있는 호텔기업 운영계획이 얼마나 중요한지는 호텔 프로젝트를 수행해보지 않고서는 이러한 중대계획을 도저히 이해하기 어려울 것이다.

따라서 이 책에서는 최근에 프로젝트를 수행하면서 운영계획을 관여한 바 있는 경험과 실무지식을 토대로 하여, 사례기업의 호텔기업 기획단계에서부터 오픈단계에 이르기까지 방대한 부문의 지식을 핵심적으로 정리하여 요약하였다. 또한 오픈단계에서 가장 중요하게 다루어야 할 호텔기업 운영계획을 각 부문별로 정리하였다.

그러므로 이 책은 미래 호텔경영자, 호텔기획업자, 호텔건축업자 등의 호텔운영을 위한 호텔사업가에게 반드시 필요한 지식정보가 될 것이며, 나아가 호텔기업 운영계획을 위한 지침서가 될 것이다.

특히 이 책에서는 사례호텔의 예시를 들어가면서 설명되는 부문이 많기 때문에 호텔전문가가 아닐지라도 손쉽게 접근할 수 있음을 확신하며, 예비 호텔리어들에게는 좀 더 깊이 있는 학문과 관리자로서의 전문자질을 양성하는 데는 매우 교훈적인 지침서가 될 수 있도록 내용을 체계적으로 구성하였다.

즉, 이 책은 크게 두 부분으로 구분하였다.

첫째, 앞부분에서는 호텔기업의 사업계획서에 대한 내용을 구체적이며 상세하게 설명하였다.

둘째, 뒷부분에서는 호텔기업의 운영계획서에 대한 내용을 구체적으로 설명하면서, 앞부분에서 제시하고 있는 사업계획에 대한 내용을 비교하면서 학습할 수 있도록 양방향 시스템 학습을 처음으로 도입함으로써 학습자를 위한 편의성과 효율성을 고려하면서 내용을 구성하였다.

그 이유는 호텔 사업계획에 대한 내용을 먼저 학습한 후에 곧바로 연결해서 호텔 운영계획에 대한 학습을 하게 된다면 매우 손쉽게 호텔 프로젝트를 이해하는 데 도움이 되기 때문이다.

끝으로 이 책의 발간을 위하여 불심양면으로 도움을 주신 모든 분들께 진심으로 고마움을 드린다. 아울러 책이 출간되기까지 아낌없는 성원과 심심한 격려를 해주신 남두도서의 편집부 여러분께도 깊은 감사를 드린다.

저자 씀

차례

제 I 편 호텔기업 프로젝트

제II편 호텔기업 운영계획서

〈표차례〉

〈그림차례〉

제 I 편

호텔기업프로젝트

제1장

호텔 프로젝트의 개요

❶ 호텔 프로젝트의 의의

세계각국은 관광산업을 21세기 경제성장의 핵심산업으로 인식하고 있다. 특히, 개인가치의 다변화와 주5일 근무제도의 확산으로 관광산업은 미래산업에 있어 관련산업까지도 동반성장할 수 있는 전략적 산업인 것이다. 뿐만 아니라 우리나라의 관광산업은 성숙기에 접어든 성장산업으로서 외래관광객의 꾸준한 증가와 함께 국민생활의 질적 향상(well-being)으로 인하여 종합적인 휴양공간의 확충이 시급한 실정이다.

따라서 정부 및 민간기업의 투자는 이러한 호텔의 변화에 맞추어 사업계획이 이루어지고 있으며, 이러한 시점에서 호텔산업은 관광객을 수용하는 시설로서 대규모 프로젝트로 건설되고 있는 실정이다.

그런데 우리는 오늘날 새로운 사업구상과 추진을 위해서 프로젝트라는 용어를 흔히 사용한다. 이는 프로젝트라는 개념이 우리의 일상생활에 깊이 관여할 뿐만 아니라 조그마한 가게, 또는 개인매장인 영업장을 신규 개관하는 것조차도 이러한 프로젝트라는 용어를 사용하고 있다. 즉, 프로젝트(project : 연구나 사업 따위의 계획 또는 설계)[1]의 의미는 어느 특정 목적으로 실시되는 프로그램 설계나 연구개발 계획, 건설공사 등의 성격을 갖는 일이나 사업을 말한다. 따라서 프로젝트와 사업계획은 동일한 의미로 해석할 수 있다.

그러면 프로젝트에 포괄적으로 내포하고 있는 특성을 정의하면 다음과 같다(양기영 · 한경수 역, 1999).

- 목표지향적이다
- 상호 관련된 활동을 조정하는 과업을 포함한다.

---

1) 국립국어연구원(2004)

- 유한하게 지속되며 시작과 끝이 있다.
- 어느 정도 독특하다.

보통 이러한 네 개의 특성은 프로젝트를 다른 일반적인 과업과 구별되게 한다.

한편, 프로젝트는 그 프로젝트의 수명주기에 보통 네 단계로 나눌 수 있다. 네 단계는 프로젝트 인지, 프로젝트 계획, 프로젝트 계획실행, 프로젝트 완성과 평가이다. 통상적으로 프로젝트 세획의 단계는 다음과 같다(표성수, 1996)

- 목표와 전략 설정
- 과업분석과 각 과업별 하부목표
- 과업추진 순서결정과 시간계획
- 예산편성(과업별 및 총예산)
- 과업별 책임분담, 조직편성 및 훈련
- 정책과 업무흐름도 작성

또한 프로젝트팀은 전문가로 구성된 사업집단으로, 새로운 특정사업을 이루기 위해 편성되어 일정기간 존재하는 특정조직을 말한다. 이러한 대상사업을 프로젝트라 말하며, 그 각각의 특성에 따라 각 전문분야에서 필요한 인원을 뽑아 팀을 구성한다. 따라서 업무수행 방식은 매우 효율적이며, 상황에 따라 적절한 인재를 투입하여 최대의 효과를 이룬다.

즉, 프로젝트를 완성해가는 데 있어 탄력적으로 팀의 편성과 재편성을 반복한다. 이러한 각각의 프로젝트를 독자적으로 수행하는 관리방식을 경영관리에서 프로젝트 매니지먼트(project management)라 한다. 다시 말해서 군대 내 조직 가운데 태스크 포스(task force : 기동부대)가 프로젝트팀에 해당되며, 기업에서 이러한 용어를 사용하기도 한다. 그리고 프로젝트팀의 핵심인물을 프로젝트 리더(project leader)라 한다.

❷ 호텔 프로젝트의 배경과 동향

호텔 프로젝트의 배경을 살펴보면, 오늘날 호텔사업은 관광산업의 핵심산업으로, 그 나라 문화의 상징이라 할 수 있다

첫째, 호텔사업은 외화획득과 국제수지 개선에 기여할 뿐만 아니라 고용증대, 국민소득의 증가, 조세수입의 확대, 나아가 국토개발 및 지역사회의 균형개발, 그리고 민간외교의 증진으로 국제평화에 기여하는 등 다양한 효과를 창출한다.

또한 주5일근무제 도입의 확산으로 이들을 맞이할 관광호텔의 수요가 증가되면서 도심지나 경승지에 호텔이 건설되고 있다. 그러나 이러한 호텔건설과 관리 운영에 대한 전문가나 건설에 대한 노하우가 부족하고, 방향제시가 불명확하기 때문에 호텔기업가는 외국의 기술이나 자본에 의존하거나 경영방식에서 체인의 형식으로 건설하는 경우가 많다. 그러므로 호텔의 건설과정에서부터 경영관리에 이르기까지 외국인의 경영형식을 도입하거나 임차하여 운영하는 곳이 많다.

이러한 현실은 국가적으로나 관광산업의 발전에 역행되고, 외화수입의 역류현상을 가져오게 된다. 또한 외국인의 경영기술을 반복하여 도입하다보니 한국적 경영스타일과 사업계획이 무시되고, 국내 환경여건에 적합하지 않는 스타일로 사업계획이 구축되는 경우가 많다.

따라서 21세기 새로운 경영환경에 능동적으로 대처하며, 한국적 경영지식과 공간구축을 위하여, 이 책에서는 사례호텔 기업의 프로젝트에서부터 운영계획에 이르기까지 우리나라 실정에 부합할 수 있도록 호텔건설과 운영을 위한 사업계획의 기본모델을 제시하고자 한다.

둘째, 호텔업계 동향을 살펴보면, 한국의 호텔들은 국가적인 이벤트의 시기에 집중 건설되어왔으며, 오늘날은 지역 내 인구증가와 소득증대의 척도에 따라 공급의 균형을 이루는 시점이다.

즉, 경영규모가 확대되는 시기에는 공급이 수요를 리드하며 호텔사업이 발전해왔으며, 기업이 자산보전의 목적으로 호텔의 건설을 시도하는 경향이 많았다. 특히, 호텔건설의 동향을 살펴보면, 호텔건축에 있어서 대체로 50년대에는 객실면적이 정해져 있지 않았다가 60년대 들어오면서 호텔의 객실면적 기준이 정해지기 시작하였다. 그리고 80년대 들어오면서 호텔의 등급이 상승되고 최저 소요한도의 면적을 국제규격으로 확대하면서 싱글룸이 18～22m^2, 더블룸이 24～

$28m^2$, 트윈룸이 $24 \sim 30m^2$으로 그 기준이 정해졌다. 뿐만 아니라 설비에 있어서도 그 수준이 크게 향상되었다.

그리고 앞으로는 선진외국의 경우에서처럼 복합형 호텔이 건축될 전망이다. 복합형 호텔이란 두 종류 이상의 업종이 시설기능을 병합한 건축물로서 상업시설과의 복합형, 역사와의 복합형, 사무실 빌딩과의 복합형, 공공서비스 빌딩과의 복합형 등으로 전체의 이미지를 문화공간으로 확대 발전시킨 것이다.

셋째, 대형화 및 고층화와 복합기능으로서 부가가치가 높은 장소와 낮은 장소가 생겨 각기 그 장소에 따라 직합한 업종을 구성하는 요인이 된다. 즉, 호텔 자체의 관리적 효율성이나 상업적 경쟁력을 유지할 수 있도록 시설규모를 확대하거니 증축하는 경우이다.

이상과 같이 오늘날 호텔 이용객의 대중화는 다양한 요구를 생성시키면서 숙박시설 기능을 다양하게 유도하였다. 또한 절약형 여행이 정착되고, 적은 비용으로 효과적인 여가시간을 이용하게 되는 경향이 확산되고 있고, 신세대의 다양화나 개성화의 흐름 속에는 호화스러움에 대한 욕구도 동시에 잠재해 있기 때문에 호텔의 등급과 이용고객층의 불일치 가운데 호텔 사업계획은 점차적으로 그 중요성이 날로 증대되고 있다.

❸ 호텔 프로젝트의 추진방향

호텔 프로젝트를 성공적으로 수행하기 위해서는 다음과 같은 양질의 자본조건과 양질의 입지조건, 그리고 양질의 경영조건, 양질의 상품계획 등 4가지 기본적 조건을 골고루 갖추어야 한다.

이상의 4가지가 호텔건설에 가장 이상적인 조건이라 할 수 있으며, 따라서 이러한 조건의 실현 가능이란 대단히 어려운 것이다. 그러나 호텔사업을 하고자 뜻을 두었다면 이런 조건들을 갖추어야 한다(정윤수, 2003).

첫째, 양질의 자본조건에는 소규모 호텔 200실 이하는 자기자본이 80% 이상이어야 하고, 중규모 호텔 200실 이하는 자기자본이 60% 이상이 되어야 되며, 대규모 호텔 500실 이하는 자기자본이 40% 이상이어야 한다.

둘째, 양질의 입지조건에는 자본조건, 시장조건, 공급조건 등을 골고루 갖추어야 한다. 다시 말해서 시장조건에는 인구분포와 소득 등의 조건이 충족되어야 할 것이며, 공급조건에도 국민 또는 지역민의 생활수준 등을 고려해야 한다. 특히 도심지 호텔이 갖는 양질의 입지조건으로는 호텔이 3면의 도로와 접한 입지여야 하고, 주변이 비즈니스(business), 금융(bank), 바(bar) 등의 장소와 근접한 곳이 가장 좋다. 또한 재래시장과 백화점도 근접한 장소이면 더욱 좋으며, 반경 1km 이내에는 동종업종이 있어야 하고, 주차공간도 넓은 장소이어야 할 것이다.

반면에 휴양지 호텔의 입지조건으로는 소비행위를 촉진시킬 수 있는 여건과 휴식 및 오락 추구가 적절한 장소, 그 다음으로 아름다운 경관 및 경치가 좋은 장소가 되어야 한다.

셋째, 양질의 경영조건에는 우수한 전문경영자의 확보가 호텔건설 추진단계에 아주 중요하다. 그리고 호텔경영 방침의 설정[아메리칸 플랜(AP), 유로피안 플랜(EP), 컨티넨탈 플랜(CP)]에서도 그 주변여건과 외부환경의 상황에 알맞게 구축해야 하며, 이에 따른 각 부문별 원가관리제 실시 등을 잘 고려해야 할 것이다.

넷째, 양질의 상품계획은 어떤 유형의 호텔사업을 할 것인가의 개념에서부터 시작하여 마케팅적 관점에서 일반대중 대상호텔을 지향할 것인가, 아니면 가족단위 대상호텔을 할 것인가, 또한 고소득층 또는 특정이용객 대상호텔을 할 것인가 등의 양질의 상품계획을 잘해야 한다.

❹ 사업계획서에 포함되는 주요내용

일반적으로 특정기업의 프로젝트 추진을 위한 사업계획서 작성에는 다음과 같은 주요내용을 포함하고 있어야 한다.

- 표지 : 사업계획서 제목, 기업명칭(가칭), 주소, 제출자, 제출문 등
- 사업계획서 요약
- 산업 및 시장분석 : 산업특성, 수요자(목표시장, 시장세분화, 수요자 특성 등), 시장규모 및 성장추세, 경쟁자, 매출목표 등
- 사업내용 분석 : 제품 및 서비스, 사업규모, 필요기자재, 시장진입 전략 등
- 사업채산성 분석 : 예상수익 및 수익 잠재력, 비용구조, 손익분기점 등

- 마케팅 계획 : 마케팅 전략, 가격정책, A/S, 광고, 판매망 등
- 설계 및 개발계획 : 개발현황, 위험도 분석, 제품개선, 개발비용, 신기술 동향 등
- 공장입지 및 생산계획 : 공장입지, 설비, 생산계획, 생산전략, 규제 등
- 경영팀 구성 및 조직운영 계획 : 조직, 핵심구성원, 경영권, 고용, 이사진, 주주, 자문역 등
- 사업추진 일정
- 위험도 및 특수 고려사항 : 예상되는 위험요인, 당면문제, 기본전제 등
- 재무계획 : 예상수익, 예상비용, 추정 대차대조표, 추정 손익계산서, 추정 현금흐름표, 손익분기점 분석 등
- 자금조달 계획 및 투자조건 : 자금조달 요구액, 투자조건 등

제2장

사업타당성 조사의 접근모델

❶ 사업타당성 조사의 필요성과 평가요소

(1) 사업타당성 조사의 필요성

사업계획에 따른 투자의사를 결정하는 데 기본적으로 필요한 것이 사업타당성 조사이다. 사업타당성 조사는 상품생산에 관한 대안들과 함께 생산에 관련된 중요 요소를 정하고 분석하는 기능을 담당한다.

성공적인 사업계획 구축을 위한 사업타당성 조사는 창업을 실패로부터 지켜줄 수 있는 좋은 보조장치이며, 흔히 사업타당성 검토와 사업계획서를 동일시하는 경우가 있는데 이는 엄격히 서로 다르다.

우선적으로 사업타당성 검토 후 사업타당성이 인정된 경우에 작성하는 것이 사업계획서로서, 사업의 내용, 경영방침, 기술성, 시장성 및 판매전망, 수익성, 소요자금 조달, 운영계획, 인력충원과 계획 등을 모두 포함한 것이다. 사업타당성 검토는 외부 전문기관에 의뢰하거나 제3자에게 최종 검토하는 것이 합리적이며, 사업계획서는 사업타당성 검토에 근거하여 창업자(owner)와 참모(staff)가 직접 연구 작성하는 것이 가장 이상적이라 할 수 있다.

사업타당성 조사의 필요성을 네 가지로 요약하면 다음과 같이 정의할 수 있다.

첫째, 창업자 자신의 주관적인 사업구상이 아닌 객관적이고 체계적인 사업타당성 검토는 사업계획 자체의 타당성 분석을 통해 창업회사의 성공률을 높일 수 있다는 장점이 있다.

둘째, 창업자가 사업타당성 검토를 통하여 구상하고 있는 기업의 제반형성 요소를 정확하게 파악하면 창업기간을 단축할 수 있으며, 효율적이고 생산적인 창업업무를 수행할 수 있다.

셋째, 창업자가 독자적으로 점검해볼 수 없는 계획제품의 기술성, 시장성, 수익성, 자금수지 계획 등 세부항목을 분석하여 제시함으로써 해당업종에 대해 사전에 깨닫지 못한 세부사항을 인지하여 효율적인 창업경영을 도모할 수 있다.

넷째, 기업의 구성요소를 정확하게 파악함으로써 경영계획의 보완사항을 미리 확인할 수 있으며, 경영계획의 균형있는 지식습득과 경영능력 향상에 도움을 획득할 수 있다.

〈표 2-1〉 사업타당성 조사 분석흐름도

계획사업 기본문제점 검토
• 경영능력 및 적합성 평가
• 경영 기본목표 · 방침 평가

↓

환경분석

↓

경영계획 검토

↓

판매계획 : 자산계획

↓

인사조직계획 : 자금계획 : 시설투자계획

↓

기술성분석 : 시장성분석 : 수익성분석

↓

추정 재무제표 작성
추정 손익계산서 : 추정 대차대조표 : 자금흐름도

↓

부문별 사업타당성 검토

↓

사업타당성 분석 보고서 작성

*자료 : 박주관, ≪사업타당성 분석≫, 21세기북스, 2000, p.156

(2) 사업타당성 분석의 평가요소

사업타당성 분석의 기본체계는 제1단계 예비사업성 분석, 제2단계는 본사업성 분석으로 대별할 수 있다.

제1단계로 예비사업성 분석은 후보사업 아이디어 발견을 위해서 사업가 아이디어의 평가과정으로, 예비사업성 발견, 예비사업성 분석 그리고 후보사업 아이디어의 1차적 선정으로 이어진다.

제2단계로 본사업성 분석은 예비사업성 분석에서 1차적으로 선정된 후보사업 아이디어를 상세히 분석, 즉 아이템 적응성 분석, 시장 및 판매전망 분석, 제품 및 기술성 분석, 수익성 및 경제성 분석, 국민경제적 공익성 분석 등을 통해 사업 성공가능을 확인하는 것이라 볼 수 있다.

〈표 2-2〉 사업타당성 분석과정

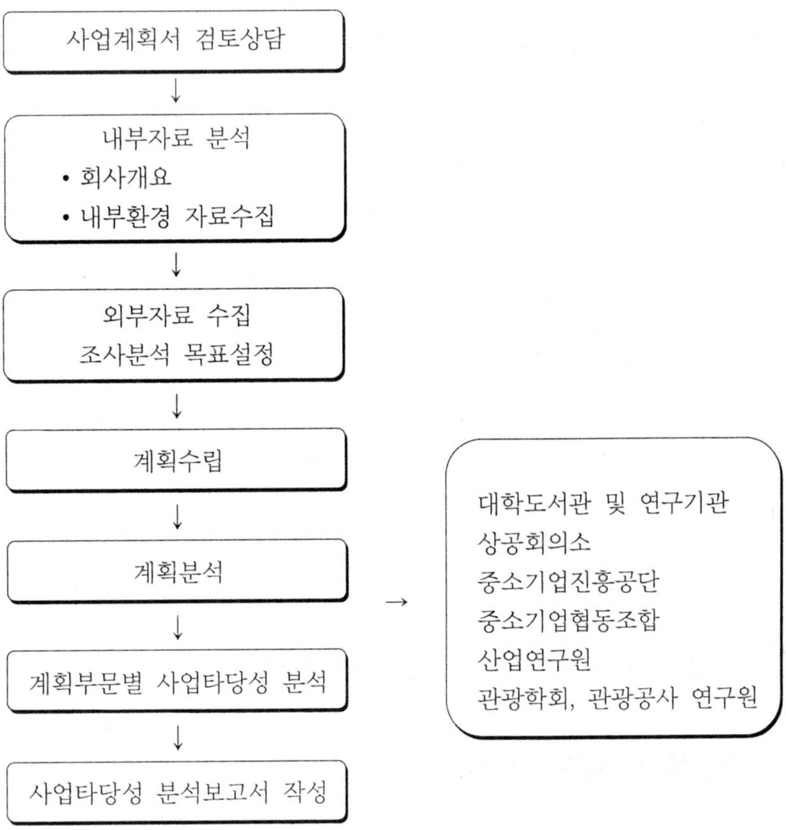

*자료 : 박주관, ≪사업타당성 분석≫, 21세기북스, 2000, p.154

그런데 예비사업성 분석의 외적 요인에 해당되는 후보 아이템에 대한 소비자 및 소비지역의 인식 정도와 사업장의 확보 가능성과 관련업계에 대한 정보자료를 수집해보아야 한다. 물론 그렇게 하기 위해서는 정부 및 협회간행물, 해당업계의 협회 및 조합 탐방, 정부 및 공공기관의 전문가 또는 창업전문 컨설턴트와의 면담을 하는 방법과 다른 판매원 및 관련업계 종사자와의 접촉, 구매자와 소비자와의 면담 등을 통하여 사업을 선정하게 된다.

❷ 사업계획서 작성원칙 및 유의사항

사업계획서 작성원칙 및 유의사항은 창업자의 얼굴인 동시에 창업자 자신의 신용이다. 그러므로 창업자는 효율적으로 창업기업을 설립하여 사업을 지속적으로 성장・발전시켜 나가고자 하는 의지를 체계적으로 정리・기술한 것이기에 다음과 같은 작성원칙과 유의사항에 입각하여 작성되어야 한다.

- 사업계획서는 충분성과 자신감을 바탕으로 작성되어야 한다.
- 사업계획서는 객관성이 결여되어서는 안 된다.
- 계획사업의 핵심내용을 강조하여 부각시켜야 한다.
- 제품 및 기술성 분석에 대한 내용은 전문적인 용어의 사용을 피하고, 단순하고도 보편적인 내용으로 구성한다.
- 자금조달 운용계획은 정확하고 실현 가능성이 있어야 한다.
- 계획사업에 잠재되어 있는 문제점과 향후 발생 가능한 위험요소를 심층분석하고, 예기치 못한 일로 지연되거나 불가능하게 되지 않도록 다각도의 점검이 요구되어야 할 것이다.

❸ 사업계획서 작성의 기본순서와 표준항목

(1) 사업계획서 작성의 기본순서

사업계획서는 그 목적과 용도에 따라 내용과 분량 및 첨부서류에도 큰 차이가 있으며, 직접 작성하느냐, 아니면 외부의 전문기관에 의뢰하느냐에 따라서 다르며, 미리 기본계획과 작성순서를 정하고 작성해야만 시간과 노력을 절약할 수 있다. 또한 그렇게 실행할 경우에는 내용도 충실해지며, 작성시 기본순서에 근거하여 수립하는 것이 바람직하다.

다음은 사업계획서 작성에 필요한 순서를 구체화한 것이다.

첫째, 사업계획서 목적에 의거하여 사업타당성 검증과 창업자 자신의 계획을 구체화하여 작성해야 한다. 그리고 자금조달 방향 설정과 인허가 및 회사설립 목적 등 기본목표와 방향이 정해지지 않으면 사업계획서의 초점을 잃기 쉽다.

둘째, 제출기관에 따라 소정양식이 있는지 우선 알아보아야 하고, 자금조달의 경우는 그 조달처가 은행권 금융회사냐 창업투자회사냐 따라 내용의 차이가 조금씩 다른 점에 주의해야 한다.

셋째, 사업계획서 작성계획의 수립이다. 즉 추진일정상 일정기한 안에 작성해야 한다.

넷째, 사업계획서 작성에 직접 필요한 자료와 첨부서류를 준비하는 일이다.

다섯째, 작성해야 할 사업계획서의 양식을 결정하는 일이다.

여섯째, 실제 사업계획서를 작성하는 일이다. 일정한 양식에 따라 순차적으로 작성하되 추정 손익계산서를 먼저 작성하는 것이 시간절약에 도움이 된다.

일곱째, 사업계획서 편집 및 제출이다. 사업계획서 제출시에는 그 내용을 충분히 숙지하여 설명과 응답에 부족함이 없어야 한다.

(2) 사업계획서 작성의 작성항목

1) 기업체 현황

- 회사개요
- 회사연혁
- 창업동기 및 사업의 기대효과
- 사업 전개방향 및 향후계획

2) 조직 및 인력현황

- 조직도

- 조직 및 인적 구성의 특징
- 대표자 및 경영진 현황
- 주주 현황
- 관계회사 내용
- 종업원 현황과 고용계획
- 종업원 교육훈련 현황 및 계획

3) 기술 현황 및 기술개발 계획

- 제품(상품)의 내용
- 제품(상품)의 아이템 선정과정 및 사업전망
- 기술 현황
- 기술개발 투자현황 및 계획

4) 생산 및 시설계획

- 생산 및 시설 현황 : 최근 2년간 생산 및 판매실적, 시설 현황, 조업상황
- 생산공정 : 생산공정도, 생산공정상의 제문제 및 개선대책
- 원·부자재 사용 및 조달 계획 : 제품단위상 소요 원재료, 원재료 조달 상황, 원재료 조달 문제점 및 대책, 원재료 조달계획 및 전망
- 시설투자 계획 및 효과 : 시설투자 계획, 시설투자 효과

5) 시장성 및 판매전망

- 관련 산업의 최근 상황
- 동종업계 및 경쟁회사 현황
- 판매 현황 : 최근 2년간 판매실적, 판매경로 및 방법
- 시장 총규모 및 자사제품 수요전망
- 연도별 판매계획 및 마케팅 전략 : 연도별 판매계획, 판매 시스템 및 마케팅 전략, 마케팅 전략상 제문제 및 해결방안

6) 재무계획

- 재무현황 : 최근 결산기 주요 재무상태 및 영업실적, 금융기관 차입금

현황
- 재무추정 : 자금조달 운용계획표(자금흐름 분석표), 추정 대차대조표, 추정 손익계산서
- 향후 수익전망 : 손익분기점 분석, 향후 5개년 수익전망, 순현가법 및 내부 수익률법에 의한 투자수익률

7) 자금운용 조달계획

- 소요자금
- 조달계획
- 연도별 증자 및 차입계획
- 자금조달상 문제점 및 해결방안

8) 사업추진 일정계획

9) 특정 분야별 계획

- 공장입지 및 공장설립 계획 : 공장입지 개황, 현 공장소재지 약도 및 공장건물, 부대시설 배치도, 설비 현황 및 시설투자 계획, 공장자동화 현황 및 개선대책, 환경 및 공해처리 계획, 공장설치 인 · 허가 및 의제처리 인 · 허가 관련 기재사항, 공장설치 일정 및 계획
- 자금조달 : 자금조달의 필요성, 소요자금 총괄표, 소요자금 명세서, 자금조달 형태 · 용도 · 규모, 보증 및 담보계획, 차입금 상환계획
- 기술개발 사업계획 : 사업내용 및 연구목표, 연구개발 인력구성, 개발효과, 개발공정도, 개발사업 추진계획 및 소요자금
- 시설근대화 및 공정개선 계획 : 추진목적, 분야별 추진계획

10) 첨부서류

- 정관
- 상업 등기부등본
- 사업자등록증 사본
- 최근 2년간 결산서류

- 최근 월합계 잔액시산표
- 경영진 · 기술진 이력서
- 공업소유권(특허 · 실용신안) 및 신기술 보유 관계 증빙서류
- 기타 필요서류

제3장

호텔 프로젝트의 접근방법

❶ 호텔 프로젝트의 기본단계와 시장조사

(1) 호텔 프로젝트의 기본단계

호텔사업의 성공 또는 실패는 계획의 단계(혹은 설계의 단계)에서부터 결정된다고 할 수 있다.

즉, 일반기업의 상품계획에 있어서 곤란성이나 복잡성이 다종다양하게 내재하고 있는 것처럼 호텔사업도 사업계획 및 상품계획의 기본적 특수성이 존재한다. 그러므로 호텔기업은 사업계획의 출발점에서부터 호텔이용객의 기본적 속성과 개념이 반영되어야 한다. 따라서 그러한 이념의 구현은 고객의 욕구에 만족할 수 있는 물적·인적 서비스를 상품으로 계획하고, 나아가 호텔시장에 적합한 판매정책을 전개해나가지 않으면 안 된다.

다시 말해서 고객이 어느 호텔에서 어떤 서비스를 어느 정도의 요금으로 이용하겠는가를 조사 연구해서 계획하고 실행해나가야만 한다. 어디까지나 마케팅 컨셉은 항상 고객지향적 호텔계획으로 구성되어야 한다.

호텔기업 사업계획 기본방향이 마케팅(고객) 지향에 두고 계획의 구상에서부터 개업에 이르기까지 기초적 요소를 체계화해야 한다. 따라서 사업계획의 기본적 관리과정은 일반상품 계획과는 달리 그 특수성을 사전에 인식하고 다음과 같은 방향으로 단계를 체계화해야 한다.

1단계 : 시장조사

그 입지에 호텔을 건설하여 수지채산이 맞을 것인가, 또한 그 토지에 동업종 경쟁자를 능가할 수 있는 규모로 건설하는 데 적합한 곳이며, 시장성이 좋아 장래에도 증가할 수 있는지를 검토한다.

↓

2단계 : 건설계획

앞의 시장조사에서 얻은 자료를 토대로 설계도를 자성하고, 최종 업종구성을 결정하여 각 부문 설계도를 토대로 건설에 착수한다.

↓

3단계 : 투자계획

자금계획이 마련되고 최종 사업계획이 입안되며, 소요별 투자계획이 이루어지는 단계이다.

↓

4단계 : 사업계획

모든 계획이 실천되어 개업의 준비와 개업 후 계속 호텔을 운영해 나가는 데 모든 계획이 4단계로서 완성되는 것이다.

(2) 호텔 프로젝트의 시장조사

호텔 프로젝트에 있어서 시장조사에 의한 투자는 매우 중요한 역할을 담당한다. 즉, 호텔 사업계획을 누구나 효과적으로 실시하기란 매우 어려운 것이다. 따라서 이를 극복하고자 시장조사를 실시하게 되는데, 이것은 사업을 계획하기에 앞서 신제품 발매 상품의 라이프 사이클(life cycle) 변화, 수요예측 및 소비자 기호변화 등을 정확하게 파악하기 위해서 실시하는 것이다. 그 이유는 현대사회는 생활의 다양화, 개성화, 가치 추구의 다변화 등으로 개인 라이프 사이클이 서로 상이할 뿐만 아니라 소비자 만족과 속성의 천차만별로 점차 신제품이나 사업계획을 구축하는 데는 고객가치 창출이 매우 중요한 의미를 갖는다. 또한 수지채산을 예측할 경우 이용객의 동향파악이 최대의 중요한 요소로서 시장조사를 철저하게 해두어야 한다. 그러므로 호텔 프로젝트를 계획하는 데 필요한 시장조사는 다음과 같이 조사가 이루어져야 한다.

첫째, 토지조사 중에서 입지로서의 도시 선정문제가 이루어지면, 그 다음에 개발계획을 조사하고 교통량 조사, 동 업종수 조사, 생활생계 조사와 인구 조사, 산업 조사, 소비구조 조사 등으로 이루어진다. 아울러 시장성을 검토하여 구체적인 토지의 선정이 이루어진 후에 이용객의 수요예측, 이용객의 양적·질적 예측, 숙박료 조사, 유인흡인력 조사, 동업종 이동 조사 등이 이루어진다. 그리고 수용규모의 검토에서는 수용정원의 산출과 효율적인 수용인원의 검토가 이루어진다. 그 내용으로는 수용정원 산출, 복합적 업종계획, 생산성 검토, 수익성 검토 등을 실시하고, 객실 구조와 수용객실 층에 따른 효율적인 객실 유형별 규모의 검토도 이루어져야 될 것이다.

둘째, 건설계획은 앞의 시장조사를 토대로 그 타당성을 분석한 후에 건설계획을 수립한다. 건설계획은 설계자 및 건축자 등으로 구성된 전문가에 의해서 건설계획이 입안되어야 한다. 입안되는 과정은 기본계획 작성의 타진, 탁상모형 제작, 최적조직의 검토, 기본설계도 작성 착수, 평면계획도, 입면계획도, 각 부문 상세도 종합, 최적업종 규모의 결정, 투입자본의 검토(① 주요건축비, ② 설비비, ③ 비품비, ④ 부대시설비), 투입자본의 종합, 자금회수 계획의 검토, 이익계획(① 수입계획, ② 원가계획, ③ 인건비계획, ④ 판매계획, ⑤ 관리비 계획, ⑥ 감가상각비 계획, ⑦ 이익계획), 이익종합계획 등으로 건설계획이 이루어지게 된다.

셋째, 투자계획이 이루어진다.

즉, 자금계획으로 최종 사업계획이 입안되면 그 계획의 순서로 입지조건에서 시작하여 수요예측, 수입계획, 원가계획, 인원계획, 인건비 계획, 관리비 계획, 판매계획, 감가상각비 계획, 자금조달 계획, 투자계획, 평면계획, 건설비 예산, 설비계획 등을 꼼꼼히 살펴보아야 된다.

넷째, 사업계획이 이루어진다.

호텔기업 사업계획은 입지에 의해서 부대영업 종류를 정하고, 그 수지채산을 수립하여 영업을 개시한다(사업계획 종합 → 결정보고 → 개업 실무지도 → 개업 준비 등).

이와 같이 호텔계획을 추진하는 데 있어서 특히 채산계획은 구체적인 이익성과 수요의 예측가능성 등의 확실한 조사계획이 없으면 정확한 실행 가능성을 보장할 수가 없게 된다.

❷ 호텔 프로젝트의 접근방법

(1) 타당성 조사 분석에 의한 접근

호텔영업을 위한 타당성 조사에서 개발을 추진하고자 할 때 조사항목은 일반적으로 다음과 같은 접근으로 이루어지고 있다. 즉 지역특성 분석, 교통특성 분석, 상권 분석, 부지조건 분석, 장래성 분석, 사업의지 분석, 계획지침 분석, 사업환경 분석, 사업수지 분석 등과 같은 조사항목으로 이루어지고 있으나, 개발여건(입지조건)에 따라 간략하게 조사되는 경우도 있다.

예를 든다면 입지조건, 교통여건, 기후조건, 주변 관광자원, 주변환경, 토지 이용계획, 토지명세, 사업의 효과 등과 같이 조사항목을 간략하게 하는 경우도 있다.

이처럼 타당성 조사를 실시하는 이유와 그 목적을 설명하면 다음과 같다.

첫째, 투자여건 하에서 건설계획을 추진하고 있는가를 분석할 수 있다.
둘째, 계획된 시설의 최적규모와 등급을 결정할 수 있다.
셋째, 재정의 성패를 위한 가장 정확한 타당성 조사를 실현할 수 있다.

한편, 타당성 조사의 사전 유념사항은 다음과 같다.

- 조사가 왜 착수되고 있는가?
- 무엇이 평가되어야 하는가?
- 어떻게 평가되어야 하는가?
- 누가 했는가?
- 언제 이루어졌는가?

이러한 원칙에 따라 사전에 유념하면서 진행하는 것이 좋다.

또한 호텔계획의 기본적인 타당성 조사 절차를 영업측면에서 살펴보면 다음과 같다.

첫째, 환경조사에서 국민관광의 의식변화, 외래관광객 유치동향, 외국 관광산업과의 비교, 향후 전망에 대한 조사 등이 이루어져야 할 것이다.

〈표 3-1〉 제주도의 S호텔 건립시 실제 타당성 조사

제1편 시장 분석	1. 지역 특성분석 1) 지역 특성 ① MACRO 적 특성 ② 주요계획 관련 • 제주종합 개발계획 • 중문단지 개발계획 ③ 관광 시장 ④ 관광진흥자금 융자 현황 2. 시장성 분석 1) 관광호텔업의 현황 ① 전국 및 서울지역 ②호텔업계에서의 제주권 위치 ③ 입도객의 추이 ④ 제주도 및 서귀포지역 2) 관광호텔업의 전망
제2편 시설 계획	1) 기존 현황분석 ① 제주도 내 주요 숙박시설 개요 ② 등급별 주요 호텔 시설비교 ③ 중문관광단지 내 주요 건축 규제사항 ④ 주차장 산출기준 2) 시설 계획 ① 제안시설 구성의 배경 ② 스페이스(space) 프로그램 ③ 기능 분석 • 전체기능 관련도 • 부분기능 관련도 1 • 부분기능 관련도 2
제3편 사업성 검토	1) 영업 전략 ① 기본 컨셉 ② 영업전략 및 대상고객 ③ 부문별 영업전략 • 객실부문 • 식음부문 • 조리부문 ④ 홍보 및 판촉 계획 2) 조직 및 인력 계획 ① 조직 및 업무분장 • 조직도 • 업무분장 ② 인력계획 ③ 채용계획 ④ 급여계획 ⑤ 교육계획 3) 투자비 분석 및 자금조달 계획 4) 사업성 검토 ① 특급호텔 수요공급 분석 ② 손익검토 전제사항 ③ 손익계획 ④ 자금계획 ⑤ 매출 및 재료비 계획 ⑥ 인건비 계획 ⑦ 경비 계획 ⑧ 경쟁사 현황 및 S호텔의 경험 ⑨ 결론 및 의견
제4편 참고자료	1. 호텔사업의 플로 차트(flow chart) 2. 개업 전 업무추진 일정표 3. 관광호텔 사업 인·허가 절차 4. 관광호텔 등급심사 기준

둘째, 시장조사에서 관광권역과 지역상권 조사, 교통환경 및 이용경로, 거시적 입지조건, 건설적지 능력평가, 경쟁기업의 능력을 평가해보아야 한다.

셋째, 호텔개념 설정을 하기 위해서 호텔의 성격, 호텔 경영형태 설정, 시설기능의 수준, 서비스 수준의 설정(설비연구, 계획의 정의, 공간 프로그램, 운영상의 묘, 예산) 등의 제반요건을 충분히 고려하여 개념을 설정한다.

넷째, 시설계획에서 먼저 입지평가(부지평가, 건축조건), 목표시설, 설계계획(호텔등급 검토, 내부 요구기능의 설정)을 먼저 한다.

다섯째, 운영 기본계획에서도 운영 시스템, 마케팅, 조직, 직무분장, 인원계획을 세운다.

여섯째, 투자계획에서 공사 준비, 개업 준비, 개업 등 일련의 과정을 기간별로 표시하여 소요자금을 추정한다.

일곱째, 손익계획에서 매출계획, 재료비, 인건비 계획, 경비계획, 자금수지계획, 투자수익성 분석 등 미래 재무상태가 어떠한지를 점검해본다.

(2) 사업계획서 유형분석에 의한 접근

사업계획서의 유형분석 접근에 있어서 가장 중요한 내용은 “무엇을 가지고 얼마나 투자해서 얼마를 벌 수 있겠는가?” 하는 것이 핵심요소이다.

이미 타당성 조사에서 어떤 여건과 요소를 가지고 검토한 결과를 사업계획서에 반영하는 경우와 같이 누가, 무엇을 가지고, 얼마를 투자해서, 어디서, 누구에게, 어떻게, 언제, 얼마를 벌 수 있을까?라는 것으로 사업계획의 내용을 토대로 유형분석을 실시해야 한다.

즉, 호텔경영을 성공적으로 수행하기 위해서는 이상과 같은 조건대로 사업계획이 잘 진행되면 창업사업이 성공하기 마련이겠지만, 그렇지 못한 사업주가 많기 때문에 사업계획서의 유형을 몇 가지 형태로 적합하게 예시하여 영업전략을 수립해야 할 것이다.

호텔 사업계획서의 유형분석에 의하면 어떤 호텔을 설정해야 하는가가 사업을 시작하는 경영주에게는 가장 중요한 일이다. 거시적 입지조건과 미시적 입지조건을 가지고 건설 적지평가에서 어떤 호텔이 가장 타당할 것인가 하는 것은 주변 경쟁기업과의 평가를 통하여 시장 상황변화 예측에 따라 다르게 생각해보아야 한다.

즉 어떤 호텔을 계획할 것인가 하는 것은 외국의 사례연구와 호텔업의 형태별 특징과 향후 호텔업 발전예측을 기본으로 사업방향을 추정하여 호텔개념을 설정한 후 접근을 하게 된다. 또한 호텔의 성격과 경영형태, 시설기능의 수준, 서비스 수준의 설정 등이 확정되어야 할 것이다.

〈표 3-2〉 창업요소별 주요 내용

구 분	창업요소	내 용
누가	창업자	창업자 개요, 인원 및 조직계획
무엇을 가지고	아이템	개발계획, 상품계획, 서비스계획 가격계획, 설비계획, 자재계획 외주계획
얼마를 투자해서	자금	투자계획, 자금계획
어디서	입지	입지계획, 지사(대리점)계획
누구에게		판매계획, 매출계획, 수출계획
어떻게		마케팅계획, 홍보선전계획
언제		일정계획
얼마를 벌 수 있을까		원가계획, 이익계획, 상환계획, 배당계획

〈표 3-3〉 호텔 사업계획서의 실례(사례호텔의 표본임)

1) **소규모 호텔 사업계획서**

① 사업계획서 개요
② 사업의 목적
③ 사업계획 내용
④ 건설계획
⑤ 공정표
⑥ 소요자금 및 조달방법
⑦ 사업의 효과
⑧ 고용계획
⑨ 수지예산서
⑩ 제1 2 3 4 5차년도 추정수지
⑪ 외화획득 계획
⑫ 차입금 상환계획

2) 중·대형호텔 사업계획서

① 사업계획의 개요
② 사업계획의 목적
③ 입지분석
④ 관광객 추세 분석
⑤ 시장분석 및 경쟁호텔 분석
⑥ 자금조달 계획
⑦ 시설규모
⑧ 부문별 기자재 분석
⑨ 운영관리
⑩ 기술도입 계약
⑪ 마케팅 분석
⑫ 추정 손익계산서

3) 초대형호텔 사업계획서

① 시장지역 및 입지분석
② 시장분석
③ 컨벤션, 부대시설, 카지노의 시장조사
④ 시설형태, 공간배분, 상품화 계획
⑤ 인사조직 계획
⑥ 마케팅 전략
⑦ 재무 타당성 검토
- 투자비 산정 및 자본조달 계획
- 연차별 추정손익 계획
- 추정 손익계산서
- 현금흐름 추정
- 투자 수익성 검토

⑧ 결론 및 제언
- 사업계획에 대한 결론
- 제 언

4) 콘도미니엄 사업계획서

① 조감도, 위치도, 지적도
② 사업의 목적
③ 사업의 개요
④ 개발여건(입지조건)
입지조건, 교통여건, 기후조건, 주변 관광자원, 주변환경, 토지 이용계획, 토지명세, 사업효과
⑤ 사업계획 내용
- 현 황

- 소요자금 세부내역
- 자금조달 계획
- 시설현황
- 기계 · 전기, 통신설비 내용

⑥ 조경 계획
⑦ 오수정화 시설 계획
⑧ 소화설비 계획
⑨ 건설공
⑩ 인원
⑪ 회원모집 계획
⑫ 구좌당 예정분양가 및 운영 계획
⑬ 추정 손익계산서
⑭ 가구 · 집기비품 · 취사도구 명세
⑮ 별첨(객실분양가 예정 산출근거)

- 분양면적에 전부 포함할 수 있는 공유면적
- 분양면적에 일부 포함할 수 있는 공유면적
- 분양면적 제외 부분 집계
- 객실 분양면적 산출근거
- 객실대지 지분면적 산출
- 건물비 분양가 산출근거
- 분양가 산출근거(대지+건물)

---

*자료 : 김정근, 김충호(1999), 관광경영연구소

제4장

사례호텔의 프로젝트 접근모형[2)]

❶ 한국관광의 외부환경 분석

(1) 국내외 관광동향 분석

1) 국외 관광동향

- 세계관광기구(WTO)에서 2002년 1월에 발표했던 잠정통계에서는 2001년 세계관광이 전년대비 1.3% 감소한 것으로 나타났으나, 6월 18일 수정발표한 최신자료에서는 0.6%의 미미한 감소에 그친 것으로 나타남.
- WTO에 따르면 2002년에는 관광산업이 회복세를 기록하는바, 특히 하반기에는 낙관적이라고 전망하였고, WTTC(World Travel & Tourism Council)도 2003년에는 6%의 높은 성장세로 회복될 것으로 예상하였음.
- 최근 세계경제 침체의 영향으로 관광산업의 가시적인 회복은 양호한 세계경제 상황과 잠재수요의 강한 발산이 가시화되는 2004년 초반기 이후가 될 것으로 전망함.

---

2) 사례호텔은 2003년 7월에 대규모로 개관을 한 제주지역의 라마다플라자호텔을 선정하였다. 자료를 위해 적극 협조해준 호텔기업과 관계자에게 고마움을 전한다.

〈표 4-1〉 지역별 국제관광자 수(2000~2001)

(단위 : 백만 명, %)

지 역	2000년			2001년			
	인 원 (백만 명)	성장률(%)		인 원 (백만 명)	성장률(%)		
		2000/1999	1990-2000 평균		합계 (2001/2000)	1-8월 (전년 동기대비)	9-12월 (전년 동기대비)
세 계	**696.7**	**6.8**	**4.3**	**692.7**	**-0.6**	**2.9**	**-8.6**
아 프 리 카	**27.2**	**3.4**	**6.1**	**28.2**	**3.8**	**6.1**	**-1.4**
북 아 프 리 카	10.1	6.8	1.8	10.6	4.8	11.2	-10
서 아 프 리 카	2.7	6.4	7	2.8	6.9	-	-
중앙아프리카	0.5	7.9	3.8	0.6	9.9	-	-
동 아 프 리 카	5.8	-1.1	7.3	6	3.8	-	-
남 아 프 리 카	8.1	1.7	15	8.2	1.2	-	-
미 주	**128.4**	**5**	**3.3**	**120.8**	**-5.9**	**0.3**	**-20.4**
북 미	91.2	4.9	2.4	85	-6.8	-0.1	-22.6
카리브해지역	17.4	6.9	4.3	16.9	-3	2	-14.5
중 미	4.3	8.9	9	4.4	1.8	8.8	-14.6
남 미	15.5	2.3	7	14.5	-6.2	-2.2	-15.6
동아시아태평양	**109.1**	**12.7**	**7.2**	**115.1**	**5.5**	**9.6**	**-4.2**
북 동 아 시 아	62.5	13.2	8.4	65.6	5	6.7	0.9
남 동 아 시 아	37	13	5.6	40.1	8.3	15.4	-8.2
오 세 아 니 아	9.6	8.9	6.5	9.4	-2.1	6.4	-22
유 럽	**402.7**	**5.8**	**3.6**	**400.3**	**-0.6**	**1.8**	**-6.2**
북 유 럽	44.2	1.2	4.3	42	-4.8	-3.8	-7.3
서 유 럽	141.2	4	2.2	140.2	-0.7	2.3	-7.7
중 동 유 럽	76.1	4	5.7	75.8	-0.3	2.8	-7.6
서 유 럽	126.6	8.8	3.6	127.6	0.8	2	-1.9
동지중해유럽	14.7	26.2	7.1	14.7	-0.1	7.2	-17.2
중 동	**23.2**	**13.2**	**10**	**22.5**	**-3.1**	**0.4**	**-11.4**
남 아 시 아	**6.1**	**5.4**	**6.8**	**5.7**	**-6.3**	**1.4**	**-24.4**

* 자료 : WTO(World Tourism Organization), 세계국제관광 추정 통계자료(2002.6.15)

2) 국내 관광동향

- 1997년 이래 외래 관광객 수가 매년 증가하다가 세계경기의 침체, 테러의 발생, 한국 항공사의 파업 등으로 인하여 2001년에 외래 관광객은 전년대비 3.3% 감소하였음.
- 이로 인하여 2001년에는 국제관광 분야에서 발생한 관광수입은 63억 달러, 관광지출은 69억 달러로 관광수지는 약 6억 달러의 적자를 보이고 있음.
- 한편, 사례호텔이 개관하는 2003년 하반기 이후에는 국내경기 회복, 저금리 기조와 내수 진작책, 수출 호조 및 주5일근무제 등으로 인하여 향후 관광시장의 활성화가 시작될 것으로 전망함.
- 다만, 정부가 고평가되고 있는 한화가치 조정에 개입하지 않을 경우 국민의 해외여행은 경기불황에도 불구하고 급속도로 증가되고 상대적으로 국내 여행객 수가 줄어들어 호텔영업에 부정적인 영향을 미칠 것으로 전망함.
- 또한, 일본 고객 의존도가 큰 특정지역(제주시장)의 경우 엔화의 평가절하도 영업에 부정적인 영향을 줄 것으로 전망함.

〈표 4-2〉 2002년 국제관광 예측 종합표

(단위 : 명, %, $)

구 분	1996년	1997년	1998년	1999년	2000년	2001년	2002년
외래객입국(천명)	3,684	3,908	4,250	4,660	5,321	5,147	5,453
(전년대비증감률%)	-1.8	6.1	8.8	9.6	14.2	-3.3	6.5
내국인출국(천명)	4,649	4,542	3,067	4,342	5,508	6,084	6,282
(전년대비증감률%)	21.7	-2.3	-32.5	41.6	26.9	10.5	3.6
관광수입(백만불)	5,430	5,116	6,865	6,802	6,609	6,282	6,549
(전년대비증감률%)	-2.8	-5.8	34.2	-0.9	-2.8	-7.8	6.7
관광지출(백만불)	6,963	6,262	2,640	3,975	6,377	6,886	7,651
(전년대비증감률%)	18.0	-10.1	-57.8	50.6	60.4	11.5	8.0
관광수지(백만불)	-1,533	1,146	4,225	2,827	232	-604	-1,102

* 자료 : ≪한국관광정책≫, 2002년 신년호, 통권 제12호, ≪2002년 우리나라 국제관광 전망≫, 2002.1.
* 주 : 1996년부터 2001년까지는 실측치이나, 2002년은 중립적 시나리오에 의해 예측치를 작성한 것임.

❷ 제주지역 관광시장 분석

(1) 관광환경 분석

1) 인구동향

- 2000년도 총 인구수 543,323명 대비 2001년 4,641명(0.84%) 증가하였으며 1997년부터 2001년까지 제주도 평균 인구증가율은 0.91%로 나타남.
- 제주시 인구는 제주도 전체 인구의 52%, 북제주군 18.2%, 서귀포시 15.57%, 남제주군은 14.11%를 차지하는 것으로 나타나, 제주도민 10명 중 5명이 제주시에 거주하는 것으로 나타남.
- 제주시 지역을 제외한 모든 지역의 인구는 감소 추세에 있으며, 이는 제주도 내 타 지역에서 제주시로의 전입으로 도시집중화 현상을 보이며, 이는 사례호텔의 단순인력 조달에 긍정적인 요인으로 작용될 수 있음.
- 1999년도는 IMF로 인해 제주시에서 농촌으로의 귀농현상이 있었으나, 2000년 이후부터는 남·북제주군의 인구는 감소하고 있으며, 제주시는 큰 폭의 인구증가율을 보이고 있음. 서귀포시는 인구증가율 폭은 낮으나 점차 증가하고 있는 것을 알 수 있음.
- 향후 사례호텔의 개관을 전후하여 제주시로의 인구전입이 빠르게 이루어질 것으로 예측되어 향후 식음료업장의 활성화 및 서비스 강화에 중점을 두어야 할 것으로 판단됨.

〈표 4-3〉 2001년 제주도 인구통계

(단위 : 세대, 명)

구 분	한국인				외국인			합 계		
	세대수	인 구			인 구			인 구		
		남	여	계	남	여	계	남	여	계
총 계	183,248	271,394	275,495	546,889	513	562	1,075	271,907	276,057	547,964
제주시	94,368	140,378	144,120	284,498	284	315	599	140,662	144,435	285,097
서귀포시	28,344	42,346	42,783	85,129	92	99	191	42,438	42,882	85,320
북제주군	34,775	50,040	49,977	100,017	93	98	191	50,133	50,075	100,208
남제주군	25,761	38,630	38,615	77,245	44	50	94	38,674	38,665	77,339

* 자료 : 통계청 인구분석과, ≪전국 세대 및 인구 통계≫, 2002년 1월

〈표 4-4〉 군별 인구 통계(1997~2001)

(단위 : 명)

시 군 별	인 구				
	1997년	1998년	1999년	2000년	2001년
제 주 시	266,316	270,842	274,371	279,087	285,097
서귀포시	84,976	85,147	85,978	85,737	85,320
북제주군	98,417	100,540	100,939	100,395	100,208
남제주군	78,651	78,186	78,205	78,104	77,339
계	528,360	534,715	539,493	543,323	547,964

〈표 4-5〉 제주도 시군별 인구증가율 비교 분석

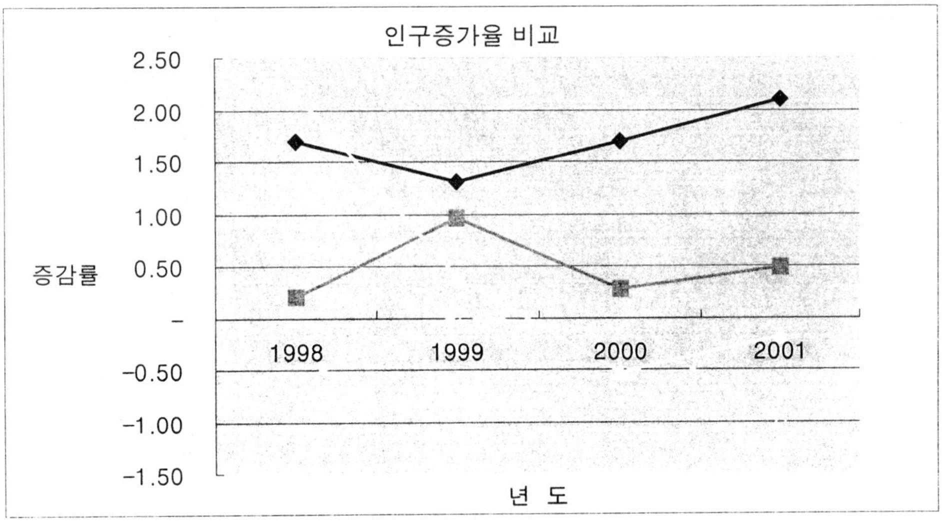

2) 기후 분석

- 제주도는 서울지역과 비교하여 평균기온이 약 4℃ 가량 높으며, 강수일과 흐린 날이 각각 365일 중 1/3을 차지하여 쾌청한 날이 드문 것으로 나타남.
- 제주시와 서귀포시를 비교해보면 서귀포시가 제주시보다 상대적으로 평균기온이 높으며, 강수량도 많음.

〈표 4-6〉 1996~2001년 제주도 기온 통계

구분	평균기온℃	최저기온℃	최고기온℃	강수일	흐린날	맑은날	폭풍일	강수량mm
제주	16.15	-1.95	35.31	128일	138일	49일	6일	1,427
서울	12.9	-14.31	35.01	102일	94.1일	111일	0일	1,520

* 자료 : 대한민국 통계정보 홈페이지(www.nso.go.kr)

3) 면적 및 주거현황 분석

- 제주도 면적은 서울시(605.53Km)의 약 3배 정도임.
- 제주도는 유인도 8개, 무인도 55개로 총 63개 도서로 이루어져 있으며, 북제주군 지역의 도서가 51개를 차지해 총 도서의 81%를 차지하고 있음.

〈표 4-7〉 제주도 면적 구성비

(단위 : km^2)

구분	계	전	답	과수원	대지	도로	임야	기타(목장용지)
제주도	1847.1	347.5	8.2	187.7	45.9	69.7	920.8	267.3
제주시	255.5	30.4	0.6	29.1	12.9	11.4	129.8	41.3

* 자료 : 제주도청, 제주도 주요 통계자료 재구성

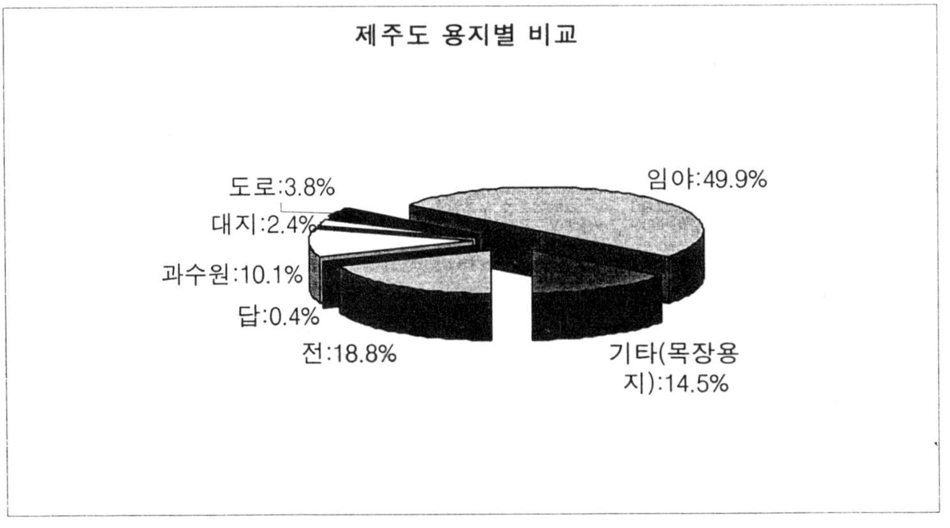

- 한편, 제주도의 총 가구수는 138,564이며, 총 주택은 136,344호로 주택 보급률은 98%를 유지하고 있다. 그리고 주거 형태로는 아파트 거주 선호도가 매년 증가되고 있으며, 주변의 좋은 교육시설과 대형 유통시설로 인하여 거주 선호도가 가장 높은 지역은 신제주 연동지역으로 대형 아파트가 밀집해 있음.

〈표 4-8〉 지역별 주택 보급률

구 분	세대수	종 류 별 주 택 수						
		합계	보급률 (%)	단독주택	아파트	연립주택	다세대 주택	영업용 건물내 주택
1995	117,918	110,277	93.52	75,083	15,990	8,958	5,554	4,692
1996	121,867	114,226	93.73	75,612	18,476	9,233	6,161	4,744
1997	124,260	117,829	94.82	77,476	19,385	9,456	6,768	4,744
1998	127,750	122,151	95.62	82,855	22,120	9,725	7,451	–
1999	128,962	124,773	96.75	83,453	23,103	10,353	7,864	–
2000	133,265	129,369	97.08	84,015	24,983	10,906	9,465	–
제주시	69,835	62,409	89.37	28,309	20,172	6,419	7,509	–
서귀포시	20,837	20,111	96.52	12,659	4,206	2,236	1,010	–
북제주군	23,130	26,903	116.31	24,332	189	1,850	532	–
남제주군	19,463	19,946	102.48	18,715	416	401	414	–

* 자료 : 제주도청 지역정책과, 〈지역별 주택보급률(1995-2000)〉, 2001년 1월

4) 제주지역 주요 관광지

- 사례호텔 이용고객이 상대적으로 용이한 해수욕장은 당사와 자동차로 7분 거리에 위치한 이호해수욕장과, 당사로부터 자동차로 20분 거리의 함덕해수욕장이 있으며, 이는 북제주군과 제주시에서 가장 뛰어난 입지조건을 겸비한 해수욕장으로 평가되며 선호도가 높음.
- 이호해수욕장은 주로 인근 지역주민이 자주 찾는 곳으로 비교적 조용한 편이나 함덕해수욕장은 젊은층 관광객이 선호하여 방문객이 많아 조용한 분위기에서 휴식을 취하기에는 부적합한 해수욕장으로 평가됨.
- 제주도 주요 관광지는 대부분 서귀포와 중문지역에 운집되어 있고, 제주시

지역에는 관광객이 선호하는 관광명소가 없어 당사의 지리적 여건상 영업에 불리한 요소로 작용될 소지가 있음.

- 따라서 사례호텔에 투숙하는 고객들이 중문관광단지로 이동이 용이할 수 있도록 다양한 편의제공이 필요함(예 무료 렌터카 제공 등).

〈표 4-9〉 제주지역 주요 해수욕장 현황

해수욕장 명	총면적(m²)	백사장 면적(m²)	길이	시 설 물(동)		휴게소	이용객(명)
				화장실	탈의 및 샤워장		
총 계	1,999,740	822,234	4,510	22	16	6	420,400
이호해수욕장	**42,000**	**36,000**	**600**	**2**	**1**	**1**	**45,700**
곽지해수욕장	150,000	128,926	350	1	1	-	16,990
협재해수욕장	239,000	107,243	700	2	2	1	95,865
함덕해수욕장	465,000	231,278	900	4	3	1	52,645
김녕해수욕장	160,000	49,587	200	3	1	1	22,410
화순해수욕장	99,174	20,000	250	2	1	-	25,500
중문해수욕장	107,400	39,200	560	5	4	2	120,778
표선해수욕장	251,204	160,000	400	1	1	-	27,490
신양해수욕장	307,439	24,000	300	1	1	-	8,778
하모해수욕장	178,523	26,000	250	1	1	-	4,244

〈표 4-10〉 제주도 주요관광지 관광객 수 및 징수액

(단위 : 천명, 백만 원)

지 역	관 광 지 명	인 원	징 수 액
서귀포시 및 남제주군	천지연	1,518	2,205
	천제연	569	843
	정방폭포	590	862
	협재굴 및 쌍용굴	1,172	3,960
	산굼부리	1,124	1,650
	산방굴사	759	1,142
	안덕계곡	6	7
	제주민속촌	485	1,469
	해양수족관	364	1,387
	제주조각공원	149	362
	제주 관광식물원	1,282	7,166
	제주 분재예술원	237	774
제주시 및 북제주군	제주도민속자연사박물관	948	627
	삼성혈	265	275
	목석원	526	861
	만장굴	580	866
	일출봉	767	1,199
	항몽유적지	138	37
	한라산국립공원	545	589
	비자림	116	123
	신천지미술관	118	249

❸ 사례호텔 입지분석

(1) 사례호텔 외부환경 분석

1) 사례호텔 주변환경

- 사례호텔은 구제주의 삼도2동에 위치하며, 남쪽은 전농로를 경계로 삼도1동과 접해 있고, 서쪽은 서사로를 중심으로 삼도1동, 탑동로를 중심으로 용담1동과 접해 있으며, 동쪽으로는 건입동, 이도1동과 인접해 있으며, 북쪽

으로는 탑동 해안과 경계를 이루고 있음.

- 사례호텔의 지리적 특성은 삼도2동은 삼국시대부터 탐라국의 행정중심지로서 육지부와 왕래하는 포구로 이어져 내려왔을 뿐만 아니라 주요 행정이 이루어졌던 관덕정, 제주목 관아지, 향사당 등이 자리잡고 있어 제주의 정치 · 경제 · 문화의 중심지였음을 알 수 있음.
- 행정구역상 사례호텔의 소재지인 삼도2동은 27개 통 122개 반으로 이루어져 있고, 동 내의 주요기관으로서는 제주중앙파출소, 제주체신청, 제주소방서 삼다파출소 등이 있음.
- 사례호텔의 반경 0.5Km 내 삼도2동(전체 제주시민의 3.69% 거주) 지역은 몇몇 숙박시설과 상가를 제외하면 낙후된 주택이 대부분이고, 주택 임대자들이 거주하여 가계수입이 상대적으로 낮은 것으로 평가됨.
- 제주시의 탑동지역은 테마거리(예 겨울철을 제외한 매주 토요일 공연을 제주시 주관으로 행사중임)로 집중 육성 발전시키는 장기적인 전략에 따라 제주지역 젊은층의 이용 선호도가 높아지는 추세로 장기적인 안목에서 영업 활성화 측면에 긍정적인 점으로 작용될 소지가 있음.
- 용담1동과 일도1동은 사례호텔에서 반경 1Km 내에 있으며, 총 거주자는 전체 제주시민의 5.14%이며, 일도1동의 경우 상가 밀접지역이나 주택은 낙후되었고, 용담1동의 경우 비교적 큰 아파트가 4개 있으며 안정된 주택지구임.
- 용담2동과 이도1동은 사례호텔에서 반경 1.5Km 내에 있으며 총 거주자는 제주시민의 9.59%이며, 건입동과 삼도1동은 사례호텔에서 반경 2Km 내에 있으며 총 거주자는 제주시민의 9.78%임.
- 따라서 사례호텔이 위치한 탑동지역은 제주 K호텔이나 제주 G호텔처럼 주택지나 발전된 상가지역에 위치하고 있지 않아 인근 지역주민을 대상으로 하는 식음료 수입은 기대할 수 없는 다소 불리한 입장이나 제주시의 도시구조상 당사까지 자동차로 10～25분가량 소요되므로 큰 영향은 없을 것으로 사료됨.

〈표 4-11〉 호텔 주변 주거지 및 상권

(단위 : 명)

제주호텔로부터의 기점		세 대	인 구		
			남	여	계
0.5Km	삼도2동	3,736	4,929	4,980	9,859
1km	용담1동	3,354	4,541	4,860	9,401
	일도1동	2,060	2,618	2,621	5,239
1.5km	용담2동	5,790	9,153	9,048	18,201
	이도1동	2,756	3,565	3,869	7,434
2km	건입동	4,130	5,885	5,896	11,781
	삼도1동	4,776	7,012	7,406	14,418
	일도2동	12,114	19,467	20,112	39,579
3Km 이상	이도2동	12,647	19,682	20,544	40,226
	화북동	6,359	10,360	10,459	20,819
	삼양동	2,554	4,101	4,199	8,300
	봉개동	849	1,336	1,284	2,620
	아라동	4,139	5,976	5,954	11,930
	오라동	1,713	2,584	2,488	5,072
	연동	11,696	15,808	16,770	32,578
	노형동	10,365	15,509	16,059	31,568
	외도동	3,346	5,008	4,983	9,991
	이호동	1,328	2,075	1,961	4,036
	도두동	656	1,053	992	2,045
제주시		94,368	140,662	144,485	285,097

2) 접근성

- 왕복 4차선 지방도로변에 접하고 있어 교통을 이용한 접근이 용이하며, 제주항과 제주국제공항이 각각 1km, 1.5km 거리에 있어 약 5분~10분 가량 소요됨.
- 사례호텔이 주요 상업지구에 위치하고 있어 유동차량과 인구는 많으나 탑동삼거리에 진입하기 위하여 경유하게 되는 중앙로터리, 남문로터리, 동문로터리 도로망 구조가 단일망으로 형성되어 주 교차로에 교통량이 집중하는 현상이 나타나고 있음.

3) 적합성

- 사례호텔 부지는 사유지로서 호텔건축에 법적 규제가 없으나 개발에 있어서는 타 지역과 비교하여 건축비용이 많이 소요됨.
- 부지 내 호텔시설이 비교적 넓게 배치되어 쾌적성에서는 경쟁호텔보다 유리하나 일반 관리비의 부담요인이 있을 수 있음.
- 계획부지 3면은 바다로 에워싸이고 남쪽은 개방된 상태로 조망이 뛰어남.
- 국도 · 공항 · 항만과 쉽게 연결되는 도로망으로 접근성이 양호하고, 주요 상권과 3km 지점에 위치함.

4) 주변지역

- 주변상권, 대형 유통업체, 유원지 시설 등이 갖추어져서 탑동 방파제 주변으로 유동인구가 많음.
- 주변 식당가가 많이 형성되어 사례호텔 식음료업장 수익에 영향을 미칠 것으로 사료됨.
- 향후 제주국제자유도시 계획이 본격화될 경우 사례호텔의 위치는 자유무역지역으로 분류되어 물류 흐름의 중심지가 될 가능성이 많고, 대형 쇼핑시설이 인근지역에 설치 운영될 경우 영업상 막대한 긍정적인 영향을 미칠 것으로 사료됨.

(2) 제주지역 관광시장 동향 분석

1) 국내 관광시장

- 한국관광공사의 "국민국내여행 실태조사" 자료에 따르면 1993년에 2억6천만명이었던 국민국내관광 총량은 지속적으로 증가하여, 1999년에는 2억7천만 명으로 감소하였으나 2001년에는 3억3천만 명으로 증가하였음.
- 한국관광연구원 자료에 의하면 국민국내관광 총량(연인원 기준)은 2011년에 5억6천만 명으로서, 당일 관광객 3억4천만 명, 숙박관광 2억2천만 명이 차지할 것으로 추정됨.
- 또한 향후 사례호텔 개관 후, 주5일근무제에 따른 여행수요와 관광관련 사

업체의 공급변화로 사례호텔의 영업수익 측면에서 긍정적인 영향을 미칠 것으로 예상됨.

- 체육과학연구원 조사(2001년 7월)에 의하면 현재 주말여가와 주5일근무제 도입시 희망여가를 묻는 설문조사에서, 주말여행은 1.7%에서 21.5%로 증대할 것으로 나타났으며, 등산 및 낚시는 2.3%에서 10.2%로, TV시청 및 비디오 감상은 28.6%에서 2.1%로 감소할 것으로 조사됨.
- 한국관광연구원이 당일 및 숙박여행의 기존 여행추세를 반영하여 유사사례(예 일본)의 적용을 통해 국민 국내여행 수요를 예측해본 결과, 관광수요 증대효과는 향후 6년간 총 3억200만 명(연인원) 증가를 예상할 수 있으며, 이는 연평균 5천만 명 증가가 있음을 의미함.

〈표 4-12〉 국민 국내관광 추이

구 분		1991	1993	1995	1997	1999	2001
당일 관광	경험률(%)	56.6	83.7	80.1	78.4	77.4	85.9
	1인당 참가회수(회)	1.6	3.3	5.3	5.7	3.7	4.56
	관광객(천명)	–	28,298	27,082	28,196	27,836	32,266
	관광총량(천명)	–	110,894	177,328	204,276	134,505	171,289
숙박 관광	경험률(%)	56.1	70.9	69.2	59.6	63.7	71
	1인당참가회수(회)	0.9	1.5	1.6	1.3	1.4	1.49
	1인당참가일수(일)	–	4.4	3.7	3.9	3.8	4.17
	관광객(천명)	–	23,971	23,396	21,435	22,909	26,670
	관광총량(천명)	–	149,436	124,519	139,900	138,102	156,639
국민 관광	경험률(%)	72.7	93.2	92.6	87.9	91.8	96.7
	1인당참가회수(회)	2.2	4.8	6.9	7	5.1	6.05
	1인당참가일수(일)	–	7.7	8.9	9.6	7.6	8.73
	관광객(천명)	–	31,509	31,307	31,612	33,015	36,323
	관광총량(천명)	–	260,329	301,847	344,176	272,607	327,928

* 자료 : 한국관광공사, 국민여행 실태조사 각 연도 재구성

〈표 4-13〉 국민국내관광 총량

(단위 : 천 명)

구 분	2002	2005	2008	2011
국민국내관광 총량	352,404	494,279	513,538	564,983
당일관광 총량	205,162	297,852	312,443	344,835
숙박관광 총량	147,242	196,427	201,095	220,148

* 자료 : 한국관광연구원, 〈제2차 관광개발기본계획 수립〉, 2000.11

〈표 4-14〉 주5일근무제에 따른 국민국내관광 예측(2002~2007)

(단위 : 백만 명)

구 분		2002	2003	2004	2005	2006	2007	합계
국민국내관광 예측	숙박	149.8	159.9	175.9	188.2	197.6	205.6	1076.9
	당일	165.4	180.3	198.3	212.2	222.8	231.8	1210.8
	소계	312.1	340.2	374.2	400.4	420.4	437.3	2284.6
5일 근무제 순수 효과	숙박	2.6	7.5	18.2	25	28.7	30.8	112.7
	당일	12.9	21.3	32.5	39.3	42.6	43.9	192.5
	소계	12.4	28.8	50.7	64.3	71.3	74.6	302.1
총계	총계	324.5	369	424.9	464.7	491.7	511.9	2,586.7

* 자료 : 한국관광공사 한국관광정책, 〈주5일근무에 따른 관광부문 뉴트랜드 및 경제효과 전망〉, 2001년 가을호
* 주 : 주5일근무제에 의한 순수 증대효과는 국민국내관광 예측의 자연증가율과 동제도 도입에 의한 증대효과를 고려한 추정치임.

2) 제주 방문 내국인 관광객

- 제주도는 국제자유도시 계획수립 시행, 월드컵 중국특수, 전국체육대회 및 관광, 스포츠 이벤트, 각종 행사 및 학술대회 개최 등이 호재로 작용하여 내국인 내도객 수는 2001년 대비 6.6%가 증가한 것을 비롯하여 매년 증가추세에 있는 것으로 평가되고 있음.

〈표 4-15〉 2001년 관광객 입도현황

구 분		2001	2000	1999	2000년대비	1999년대비
총 계		4,197,574	4,110,934	3,666,836	2.1	14.5
내국인	소 계	3,907,524	3,822,509	3,419,871	2.2	14.3
	일반단체	698,123	627,033	584,116	11.3	19.5
	수학여행	326,370	311,795	211,259	4.7	54.5
	신혼여행	183,480	240,272	316,506	△23.6	△42.0
	가족 및 개별	2,699,551	2,643,409	2,307,990	2.1	17
외국인	소계	290,050	288,425	246,965	0.6	17.4
	교포	10,501	14,737	15,139	△28.7	△30.6
	일본	147,525	147,358	126,128	0.1	17
	홍콩	20,329	28,777	31,894	△29.4	△36.3
	미국	10,935	11,216	7,788	△2.5	40.4
	중국	71,650	57,236	46,247	25.2	54.9
	싱가폴	9,506	9,710	8,673	△2.1	9.6
	기타	19,604	19,391	11,096	1.1	76.7

3) 제주 방문 외국인 관광객

- 국내외 경기의 점진적인 회복세, 월드컵경기 개최 등이 호재로 작용하여 외국인 내도객 수는 2001년 대비 20.7%가 증가한 약 35만 명에 이를 것으로 전망하고 있음.
- 중국이 제주관광의 주요 시장으로 부상되며, 중국의 3대 연휴와 일본의 연휴기간 및 여름휴가철 중심으로 외국인 관광객 대거 입도가 이루어지는 모습을 보이고 있음.
- 향후 해외홍보는 일본과 중국지역의 주 판촉기간인 3, 4, 9월 이전에 적극적인 광고 및 마케팅 활동이 이루어져야 할 것으로 보임.

〈표 4-16〉 외국인 국적별 유치현황(1994~2001)

(단위 : 명)

구 분	1995	1996	1997	1998	1999	2000	2001
교포	20,323	21,610	15,594	18,324	15,139	14,737	10,501
일본	152,672	128,529	121,446	117,948	126,128	147,358	147,525
미국	3,163	3,800	3,082	5,079	7,788	11,216	10,935
대만	29,471	25,778	13,543	8,467	2,222	2,294	2,414
영국	346	254	691	605	482	325	358
중국	2,582	3,944	5,075	15,142	46,247	57,236	71,650
홍콩	28,020	18,447	18,191	43,101	31,894	28,777	20,329
기타	5,307	6,891	6,781	15,035	17,065	26,482	26,338
계	241,884	209,253	184,403	223,701	246,965	288,425	290,050

* 자료 : 제주도 관광진흥과, 〈2002년 전망 및 관광객 유치목표〉, 2002년 1월

〈표 4-17〉 외국인 관광객 연도별 월별 입도추세

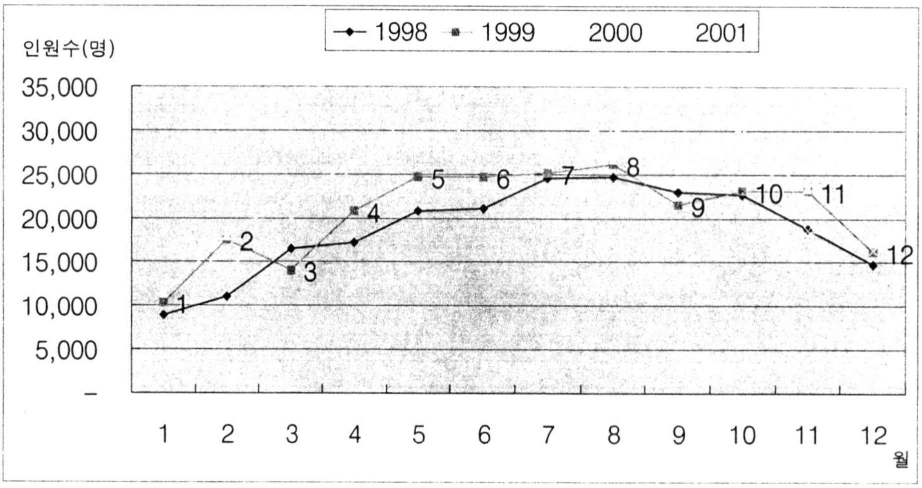

4) 제주 국제자유도시 기본계획

① 제주 국제자유도시의 목표

- 세계경제의 변화를 주도하기 위해 제주도의 지정학적 · 전략적 위치를 활용하여 새로운 투자처를 모색하는 투자가들을 위한 최적의 투자환경을 갖춘 국제자유도시로 개발.
- 21세기 경쟁력인 청정환경과 독특한 섬 문화를 바탕으로 제주도를 세계적인 관광휴양지 및 연구 개발지로 개발.
- 다양한 배경과 국적을 가진 주민들이 제주도에 거주하도록 유도하며, 외국인 거주자는 현재의 1%에서 5~10% 수준으로 증가.
- 제주의 전통문화와 유산이 보존된 가운데 국제적인 사고 · 관례 · 패션 등이 포용되는 섬이라는 명성으로 사업 시너지 효과 기대.

② 주요 분야별 발전전략

㉮ 관광산업

- 제주관광의 새로운 전략은 여행수요가 급속히 증가하는 동북아 관광객들이 제주도를 관광목적지로 정하도록 하는 상품개발 및 관광시스템 도입

구 분	제주도 내	한국 및 해외
추진내용	· 서귀포항 재개발 · 중문사업단지 및 대형수족관 시설 설치 · 면세쇼핑 시설의 조성	· 적극적인 홍보활동 · 출입국 관리제도 개선을 통한 접근성 강화

㉯ 첨단산업

- 제주도는 지식근로자와 기업들에게 매력적인 자연환경을 보유하고 있음.
- 세계적인 외국어학교, 국제관광학교를 설립하여 내국인의 해외유학을 제주도로 유치하고자 함.

구 분	제주도 내	한국 및 해외
추진내용	· 생물산업, 생명공학 연구개발 · 외국어학교, 국제관광학교의 설립	· 세계 유수의 대학과 연계 · 세계적인 학자 초빙

㉰ 물류산업(항공물류)

• 제주도는 동북아의 지역간 교역루트로서 매우 중요한 위치에 입지하고 있음.
• 고부가가치 상품은 선박 대신 항공을 이용하여 운송됨.

구 분	제주도 내	한국 및 해외
추진내용	· 항공운송시설의 확충 · 화물유통단지 조성	· 자유무역지역에 물류관련 회사 등 유치 인센티브 제공

㉱ 금융산업(역외금융)

• 동북아시아에서는 역외금융 시스템을 갖춘 지역이 아직 없음.
• 제주도는 한국 · 일본 · 중국 · 대만 지역의 이용자들에게 역외금융 서비스를 제공할 이상적인 입지조건을 갖추고 있음.

구 분	제주도 내	한국 및 해외
추진내용	· 독립적 금융감독기구 설립 · 휴양형 주거단지의 조성	· 투자 인센티브의 확대 · 단순하고 저율의 조세체계 확립

③ 기본 개발 프로젝트

• **공항 자유무역지역 조성**
  – 1차 산업물의 첨단 가공, 수출 촉진과 항공 물류산업의 발전기반 마련을 위한 자유무역지역을 조성
  – 위치 : 제주시 용담동
  – 면적 : 436,400m(132,000평)
  – 사업비 : 2,000～2,500억 원
  – 주요시설 : 제조, 가공시설, 화물보관소, 냉동 저장시설, 오피스 빌딩, 면세 쇼핑시설

• **쇼핑 아울렛 개발**
  – 국내외 고객의 쇼핑관광 활성화를 위한 대형 쇼핑 아울렛 설치
  – 위치 : 미정(관광객 접근이 용이한 지역)
  – 면적 : 약 200,000(60,000평)
  – 사업비 : 약 300억 원

– 주요시설 : 쇼핑센터, 특산물 판매장, 패스트푸드점, 주차장, 식당

• **첨단과학기술단지 조성**
  – 제주도의 생물자원과 청정 자연환경을 활용한 생명공학 연구 교육 및 창업지원 기능이 결합된 첨단과학기술단지로 조성
  – 위치 : 제주시 아라동
  – 면적 : 446,833m²(135,000평)
  – 사업비 : 4,000~5,000억 원
  – 주요시설 : 연구시설, 교육시설, 지원시설

• **휴양형 주거단지 개발**
  – 주거 · 레저 · 의료 기능을 겸비한 세계적 수준의 휴양 주거단지를 조성.
  – 위치 : 서귀포시 예례동
  – 면적 : 226,800m²(68,000평)
  – 사업비 : 5,500~6,000억 원
  – 주요시설
    · 주거시설 : 콘도미니엄, 전원주택 등
    · 휴양시설 : 골프장, 의료 · 상업 시설, 스포츠센터 등

• **중문관광단지 확충**
  – 중문관광단지 내 상업시설과 해양공원을 조성하여 국제적인 종합 위락관광단지로 육성
  – 위치 : 서귀포시 중문동
  – 면적 : 101,180m²(30,000평)
  – 사업비 : 2,000～3,000억 원
  – 주요시설 : 상업시설 및 해양 관광시설

• **서귀포 관광미항 개발**
  – 서귀포항의 수려한 자연경관을 활용하여 관광미항으로 재개발
  – 위치 : 서귀포시 송산동
  – 면적 : 47,500m²(14,000평)
  – 사업비 : 900~1,000억 원
  – 주요시설 : 호텔, 낚시 빌리지, 유람선, 접안시설, 면세점, 상업시설, 페리터미널

- **생태 · 신화 · 역사 공원 조성**
  - 제주도의 생태적 가치와 독특한 전통문화를 이용한 테마공원 조성
  - 위치 : 미정
  - 면적 : 약 490만m²(148만 평)
  - 사업비 : 1000~1500억 원
  - 주요시설 : 생태공원과 신화 · 역사공원

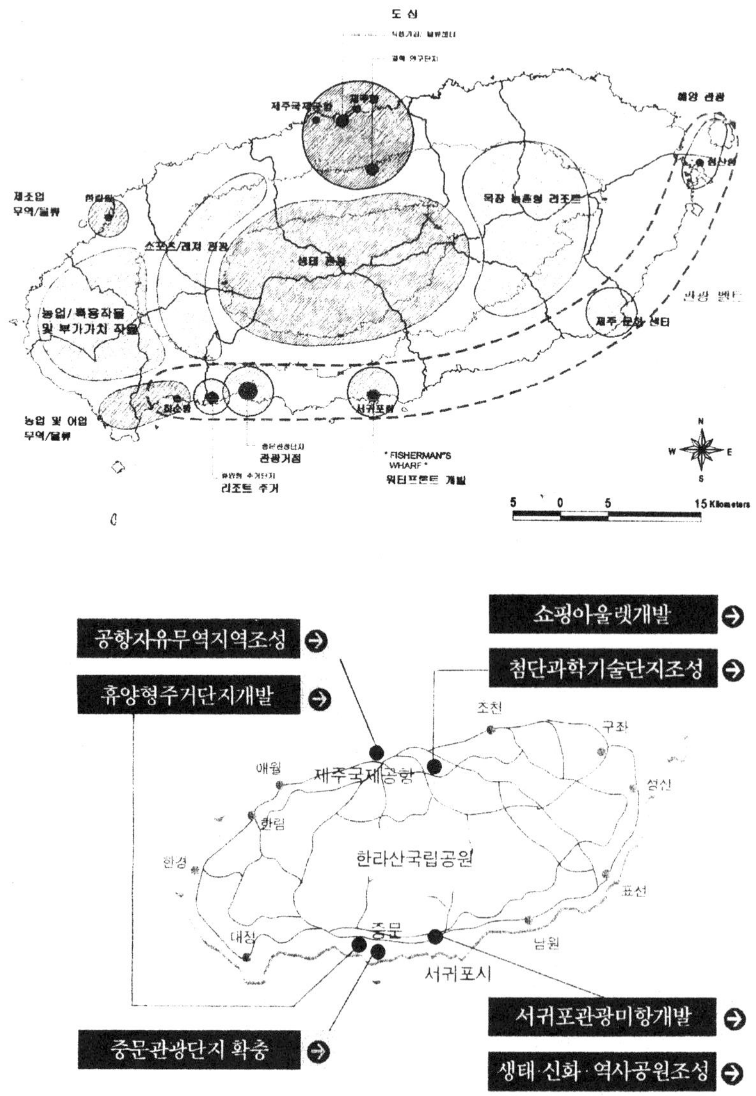

* 자료 : 국제자유도시 추진기획단, 〈제주도 국제자유도시 개발타당성 조사 및 기본계획〉, 2000. 6.

[그림 4-1] 제주도 국제자유도시 개발타당성 조사 및 기본계획

❹ 사례호텔의 일반현황

(1) 건립배경과 업무내용

1) 건립배경

사례호텔의 건립배경은 고정자산 투자확대를 통한 자산구조의 건실화 및 장기적으로 안정적인 수익원을 확보할 뿐만 아니라 국민 의식수준 향상과 레저문화 욕구 증가추세에 따른 호텔산업의 성장과 국민 건전관광문화 정착에 기여하는 데 있다.

2) 업무내용

- 기본계획 수립확정(소재지: 제주시 삼도2동 OOO번지, 대지 : OOO평, 객실수 : OOO실, 투자규모 : OOO억 원 등을 잠정적으로 결정)
- 호텔부지 매입안 의결
- 사업승인
- 부지매매 계약
- 사업계획 수립 용역
- 건립계획안 의결
- 건립계획 승인
- 설계용역 계약
- 건립계획 변경안 의결
- 공사 도급계약
- 기공식
- 추가부지 사업계획 용역
- 건립계획 변경의결
- 건립계획 변경승인
- 설계변경
- 재착공

(2) 사례호텔 시설현황

1) 호텔건립 개요

구 분	내 용	비 고
건축물의 높이	34.9m	• 35m 고도제한지구
대 지 면 적	5,993.40평	• 3필지
건 축 면 적	3,516.49평	• 건폐율 58.67%
연 면 적	19,242.83평	• 용적률 246.95%
규 모	지하 1층, 지상 9층	• 주차 : 272대(지하 222대,지상 50대)
공 사 기 간	1995. 12 ~ 2003. 4	
사 업 비	1,862억 원	• 토지구입비 396억 원 포함

2) 시설 개요

구 분	실 수	시 설 내 용
객 실	380	한실 20실, 양실 323실, 일반스위트 12실, 키드 스위트 20실, 디럭스 스위트 4실, 로열 스위트 1실
식음료	8	중식당, Food Court, 일식당, 바(Bar), 로비라운지, 커피숍, 중정, Executive Lounge
연 회	5	대연회장 1실, 소회의실 4실
Fitness	7	실내 · 외 수영장, 남 · 여 사우나, 헬스, 에어로빅, 테라피센터
기 타	8	면세점, 카지노, Retail Shop, Pro Shop, 로고상품 판매점, Sundry Shop, 이용실, 비즈니스 센터

[그림 4-2] 제주 라마다프라자 호텔

3) 직원숙소 개요

구 분	내 용
대 지 위 치	제주도 제주시 이도1동 1705-5 외 3필지
대 지 면 적	2,034.70㎡(615.50평)
지역 · 지구	일반상업지역, 일반주거지역, 구도지구, 방화지구
건 축 면 적	590.09㎡(178.50평)
연 면 적	1,887,62㎡(571.00평)
주 차 대 수	계획 23대(법정 : 7대)
설 비	기숙사 : 중앙난방(기름), 사택 : 개별난방(LPG)

구 분	면적(평)	세대수	실 구 성
기숙사(기존)	13.79평	9세대	침실 3개, 거실, 화장실 겸 욕실
기숙사(증축)	3.43평	50세대	침실 1개, 화장실 겸 욕실
사 택	24.90평	4세대	침실 2개, 거실, 주방과 식당, 화장실 겸 욕실 2개
계		63세대	

4) 부대시설 개요

구 분	면 적(평)	실 수	층 수	비 고
휴 게 실	3.43	2(남 · 여)	3층	공동취사장은 비번 근무자를 위한 간이 취사시설임
공동취사실	3.43	2(남 · 여)	3층	
세 탁 실	3.43	2(남 · 여)	3층	
체력단련실	3.43	2(남 · 여)	3층	

(3) 경영방침

VISION
- 세계 일류수준의 호텔기업
  (The World's Dominant Hotel)
- 지속적인 교육을 통한 최고의 서비스 호텔
  (The Exceptional Service Hotel By Continuing Training)

⬇

MISSION STATEMENT
- 끊임없는 고객감동(Everlasting Customer-Satisfaction)
- 모든 직원이 주인(People Are No.1 Property)
- 창의적인 도전의식(Creative Challenging Mind)
- 이익창출 최우선화(Maximizing Profit)

⬇

영업 목표
- 안정적인 영업기반 구축
- 고품격 선진호텔 이미지 구축
- 조기 흑자경영 달성

❺ 사례호텔의 시설 분석

(1) 종합적 시설 분석

- 사례호텔의 시설구성을 동종업계와 비교할 경우 총 연면적 중 영업부문의 면적 구성비 및 수익면적의 구성비가 G호텔이나 S호텔보다는 낮고 L호텔과는 유사한 수준이다. 이는 아트리움 형태 등 공용부문과 주차장 등 관리부문 면적비율이 높기 때문으로 고객 서비스 제고 차원에서는 바람직할 수 있으나 건물의 이용효율은 낮은 편임.
- 제주지역의 특성을 감안하여 건물의 투자수익성을 분석할 경우 식음료나 부대시설보다는 상대적으로 수익성이 높은 객실 비중이 높은 것이 바람직하다고 전제할 경우 건축 규모와 객실 수를 비교하면 사례호텔과 L호텔은

연면적 대비 51평당 객실 1실이며, G호텔은 27평당 1실, S호텔은 40평당 1실로서, G호텔이 건축규모에 비하여 가장 많은 객실을 보유하여 투자수익성이 가장 높고 사례호텔과 L호텔이 가장 낮다고 볼 수 있음. 이것은 사례호텔이 아트리움 형태의 건물 형태이기 때문인 것으로 평가됨.

- 건축규모와 객실 수의 관계가 중간 정도인 S호텔 수준을 적용할 경우 사례호텔의 건축규모에는 현재보다 100실이 많은 480실 정도의 객실을 보유하는 것이 가장 이상적일 것으로 판단됨.
- 사례호텔 건축의 가장 특징적인 면은 아트리움 로비로서, 이는 모든 고객에게 웅장함과 개방감을 제공하는 장점이 있는 동시에 냉난방비의 과다한 지출로 영업수지에 불리한 점은 있으나 쾌적한 서비스 제공에는 기여할 것으로 판단됨.
- 또한 국내에서 바다와 가장 인접한 호텔로서 투숙객들에게 유람선을 탄 듯한 독특한 체험을 제공하는 장점이 있는 반면, 해풍이나 해일 등에 의한 시설물의 부식 등 건물의 유지관리에 유념하여야 할 것임.
- 이상과 같은 분석에도 불구하고 미래지향적인 호텔 시설투자로 쾌적한 고객 서비스 제공은 후발기업으로서 유리한 경쟁력이 될 수 있으며, 최근 넓은 공간의 고객욕구 추세에 부응할 것으로 사료됨.

〈표 4-18〉 영업장 및 수익면적 구성비율 비교

구 분	사례호텔	G호텔	S호텔	L호텔
영업 : 관리, 공용(%)	49 : 51	55 : 45	56 : 44	49 : 51
수익 : 비수익(%)	42 : 58	51 : 49	44 : 56	41 : 59

(2) 객실부문 시설현황

- 이익 기여도가 가장 높은 객실부문의 면적 구성비를 동종업계와 비교할 경우 G호텔과 S호텔보다는 낮고, L호텔과는 동일한 수준으로 효율적인 스페이스 프로그램(Space Program)이 미반영되어 투자수익률이 동종업계보다 상대적으로 불리할 것으로 전망됨.

〈표 4-19〉 객실면적 구성비율

구 분		사례호텔	G호텔	S호텔	L호텔
객실면적 비율(%)	연면적대비	28.21	37.24	34.94	28.15
	영업면적대비	57.83	67.87	62.42	57.92

- 사례호텔의 객실은 한실의 비율이 동종업계에 비하여 다소 많은 편이나, 향후 주5일근무제 등으로 인하여 가족단위 여행객의 증가를 예상할 경우 적정한 보유로 판단됨.
- 동종업계에서는 도입사례가 없는 키드 스위트(Kid Suite)는 마케팅 측면에서 강점으로 작용할 것이며, 이는 새로운 트랜드를 선도하며 동종업계와 차별화의 포인트가 될 것임.
- 객실면적에 있어서는 S호텔 및 L호텔과 비슷한 수준이며, 제주시권의 잠재적인 경쟁업체인 G호텔과 K호텔보다는 넓어 객실시설 경쟁우위를 유지할 수 있음.
- 객실 내 중앙집중식 진공청소 시스템 설치로 룸메이드의 효율적인 객실정비로 룸메이드 인건비 절감에 기여할 것으로 사료됨.
- 신규호텔로서 객실가구의 모던하고 수려한 디자인, 전객실 샤워부스, 욕조설치, 일반실의 32인치 HD TV, 스위트의 42인치 PDP TV 설치, 미니바장의 독창적인 디자인, 더블룸의 러브소파 설치, 발코니 에너지절감 센서 설치 등으로 기존 동종업계와 차별화를 추구하여 호텔 경영수지에 긍정적인 요인이 될 것임
- 객실의 모양이 세로가 길고 가로가 좁게 직사각형으로 설계되어 침대와 가구배치 측면의 공간이 좁아져 전체적으로 넓직한 느낌이 부족한 실정이나 객실면적은 S호텔, L호텔과 비슷하여 경쟁력 유지 가능함.
- 객실관련 서비스 제공시 건물의 길이가 약 205m로서 동선이 길어 서비스 인력이 많이 요구되어 생산성 저하의 원인이 되며, 인건비 절감에 유의하여야 할 것임.
- 3층의 정원층 객실은 객실과 객실 사이의 시선 차단을 위하여 콘크리트 벽을 설치하여 측면 시야의 방해로 작용, 답답한 느낌을 줄 수 있으나 정원제공에 따른 신선한 객실 서비스 제공이 가능함.
- 국내외 귀빈이 투숙하는 로열 스위트와 고객의 유동이 많은 로비구역의 가구는 고급스럽고 화려하게 상징적으로 장식하기 위하여 수입가구로 설치할 계획임.
- 사례호텔은 바다와 최근접하여 시공되어 바다가 보이는(Ocean View) 객실 발코니에서 어선, 여객선, 파도, 방파제, 낚시 모습, 항공기 등을 관망할 수 있어 시원한 느낌을 주는 장점이 있음.
- 로비구역은 수려한 가구 디자인과 소파 주위에 독창적인 Lighting Tower 설치로 가구, 아트리움, 조명의 조화로 동종업계와 차별화된 분위기를 연출할 것임.

- 프런트에서 바다를 관망할 수 있으며 프런트 시스템은 국내외에서 유명한 '피델리오 오페라' 최신 모델을 도입하여 고객관리, 체크인, 체크아웃 서비스가 신속하고 정확하게 수행되어 업무효율의 극대화가 가능함.
- 고객이 호텔에 도착, 도어걸과 벨걸의 영접을 받으며 자동 리볼빙 도어를 통과, 1층의 에스컬레이터를 이용하여 2층의 프런트 데스크에 도착, 용모단정하고 세련된 리셉션니스트의 도움을 받아 체크인한 후 벨걸의 수화물 서비스 및 객실안내로 새롭고 산뜻한 감성의 서비스를 체험하며 객실에 도착, 탁트인 발코니 바다전망, 객실에 설치된 쌍안경으로 어선, 여객선, 해녀들의 물질 모습, 섬 · 항공기 · 갈매기 · 낚시꾼의 한가한 모습 등 바다의 풍광을 실감있게 즐길 수 있어 동종업계와 차별화 서비스가 가능함.
- 전망용 엘리베이터 내에 설치된 15.1인치 LCD 모니터, 1층과 2층에 설치된 엘리베이터 로비 벽면의 42인치 PDP 패널을 통하여 뉴스 · 드라마 · 스포츠 · 영화 등을 감상할 수 있으며, 호텔의 영업장과 메뉴 소개, 외부 회사의 광고를 유치하여 장기적으로 수익을 거양할 수 있음.

〈표 4-20〉 룸 형태(room type)별 객실 수 및 객실면적

구 분		사례호텔		G호텔		S호텔		L호텔	
		객실수	면적(평)	객실수	면적(평)	객실수	면적(평)	객실수	면적(평)
스탠더드	한실	20	12.1/13.1	17	10.0	12	11.8	10	12.2
	온돌베드	–	–	–	–	63	11.8~14.0	35	12.2~14.2
	트윈	197	12.1/13.1	376	7.5~10.0	190	11.8~14.0	281	12.2~14.8
	더블	126	12.1/13.1	70	7.5/10.0	126	11.8~14.0	147	12.2~14.8
스위트	한실	2	26.1	1		–	–	–	–
	양실	10	24.2	46	17.3~21.5	34	20.0~24.0	24	16.8~28.6
	키드	20	13.9~28.2	–	–	–	–	–	–
디럭스 스위트	한실	1	53.3	–	–	–	–	–	–
	양실	3	48.4	1	30.5	2	48.0	2	61.9
로열 스위트		1	77.4	1	78.7	2	80.0/84.0	1	85.8
계(실)		1		202.2		74.8		116.2	

(3) 식음료부문 시설현황

- 식음료부문의 면적비율은 동종업계보다 매우 높은 수준이므로 식음료 매출 비중을 높이는 데 주력하여야 할 것임.

〈표 4-21〉 식음료부문 면적 구성비율

구분		사례호텔	G호텔	S호텔	L호텔
식음료면적 비율(%)	연면적대비	7.79	4.22	3.81	2.85
	영업면적대비	15.51	7.69	6.81	5.86

- 커피숍과 로비라운지, 바 등의 면적 및 좌석 수가 동종업계에 비하여 상대적으로 많은 편이므로 투숙객뿐만 아니라 제주시 로컬(Local) 고객을 적극 유인할 수 있는 마케팅 전략을 구사하여야 할 것으로 판단됨.
- 동종업계 대부분이 보유하고 있는 양식당을 사례호텔은 보유하고 있지 않으나 커피숍에서 양식기능을 담당하는 멀티 기능(Multi Function)으로 효율성을 극대화할 수 있음.
- 동종업계 대부분이 한식당을 보유하고 있으나 한식당은 많은 인력이 투입되고 원가 비중이 높으므로 개별업장을 보유하기보다는 사례호텔과 같이 일식당에서 단체를 위한 조식을 제공하는 정도로 대처하는 것이 바람직할 것임.
- 중식당은 제주시권에서 P호텔만이 설치 운영하고 있으며, 현시점에서는 수익성이 저조한 실정이나 중국관광객 증가에 대비한 전략적인 업장으로 육성할 필요성이 있음.
- 일식당 내부는 스시카운터와 철판구이 코너, 별실 4개소를 보유하고, 특히 #1번 별실은 신발을 신은 채 출입이 가능한 방이며, #2번과 #3번은 각각 다다미 형태의 일본풍으로 꾸며진 각각 8석의 수용능력에서 2개의 방을 합칠 경우 20석 정도의 단체 수용이 가능하고 #3번은 온돌방으로서 고객의 모임 성격 등에 따른 좌석안배의 융통성을 띠고 있음.
- 옥외 수영장 인근에 하절기 선셋 바베큐(Sunset Barbecue) 영업을 하여 추가매출을 올릴 수 있는 훌륭한 장소이나 주방과의 동선, 수영장 이용고객을 제외한 수영장 외부로부터의 고객출입 동선이 별도로 없는 점을 고려하여야 할 것으로 판단됨.
- 스포츠바와 레스토랑은 제주도 동종업계 유일의 복합시설로서 다양한 고객층을 수용할 수 있는 포켓볼, 다트, 미니골프퍼팅 등의 오락시설과 가족단위 등 각종단체 수용이 가능한 5개소의 별실노래방, 무대, 홀 내부 바 카운터, 키프바틀(Keep Bottle) 진열대, 중년층을 위한 별도의 공간이 마련되어 고객을 끌어들이는 시설로 손색이 없음. 다만, 운영시 다양한 이번트성 요일별 프로그

램과 엔터테인먼트(Entertainment)를 계획하여 분위기를 차별화하여야 함.

- 룸서비스는 제주도 내 동종업계의 실적이 저조하여 주간에는 일식당에서 서비스를 담당하고 야간에는 스포츠바에서 서비스를 담당하며, 오더테이커(Order Taker)는 컨시어지에서 일괄적으로 역할을 담당하나, 스포츠바 주방에 위치한 준비실로부터 객실까지의 소요시간이 많이 요구되므로 주문된 식음료 준비 및 서비스시 관련부서의 협조를 도모하여 신속·정확한 서비스를 생명으로 하여야 함.

〈표 4-22〉 식음료 업장별 면적 및 수용인원

구 분	사례호텔		G호텔		S호텔		L호텔	
	면적	좌석수	면적(평)	좌석수	면적(평)	좌석수	면적(평)	좌석수
일식당	178.1	170	200	260	72	72	118.6	106
한식당	–	–			81	102	129.9	122
중식당	147.3	112	–	–	–	–	–	–
커피숍	263.7	홀 152 데크120	140	165	121	91	145	62
로비라운지		94						
중 정	136.7	64	–	–	–	–	–	–
스포츠바	252.4	267	36	38	91.4	100	165.2	135
푸드코트(임대)	260.8	210	–	–	–	–	–	–
양식당	–	–	68	118	112	108	127.8	116
디스코텍	–	–	290	300	–	–	–	–

(4) 연회장부문 시설현황

- 연회장부문의 면적비율은 S호텔이나 L호텔에 비하여는 낮은 편이나 직접적인 경쟁상대인 G호텔보다는 높은 편으로 시설 경쟁력에서 우위에 있으며, 장기적인 컨벤션 산업의 발전을 예상할 때 적정 보유로 판단됨.

〈표 4-23〉 연회장 면적 구성비율

구 분		사례호텔	G호텔	S호텔	L호텔
연회장면적 비율(%)	연면적대비	3.89	2.97	6.31	6.90
	영업면적대비	7.97	5.41	11.27	14.19

- 동종업계와 비교시 대연회장의 규모는 L호텔과 비슷한 수준이며 S호텔과 G호텔보다는 넓은 편으로 연수·세미나 등의 시장에서 시설 경쟁력을 갖추고 있으며, 장점으로 판단됨.
- 사례호텔은 중규모의 연회장은 없으나 대연회장을 4개소로 분할하여 사용가능하며, 소연회장은 제주지역 동종업계와 비슷한 수준으로 동종업계보다 유리할 것으로 사료됨.
- 특히 컨벤션 로비는 바다전망이 넓게 펼쳐져 행사 전 리셉센 파티시 옥외 같은 생동감 있는 분위기로 한층 더 고조시킬 수 있는 여건임.
- 컨벤션센터의 이동식 칸막이(Sliding Wall)는 성능이 뛰어난 독일산 반자동식으로 크고작은 각종 연회행사 수용에 탄력적으로 대처할 수 있어 효율적임.
- 컨벤션센터에서 각종 국제행사를 위한 동시통역 시설지원이 가능하며, 장비는 급속도로 첨단화되어가는 추세인 반면, 동시통역 행사 빈도수가 적어 장비 임대업체를 통하여 계약으로 행사가 가능토록 하여 최초 투자비용을 절감하고자 함.
- 컨벤션센터의 그랜드볼룸 5개소와 세미나룸 4개소에 슬라이딩 스크린이 설치되어 각종 세미나 행사에 편의성을 극대화함.

〈표 4-24〉 연회장 실수 및 면적

구 분	사례호텔		G호텔		S호텔		L호텔	
	면적(평)	실수	면적(평)	실수	면적(평)	실수	면적(평)	실수
대연회장 (100평 이상)	293	1	147	1	219	1	309	1
					136	1		
중소연회장 (100평 미만)	25	4	83	1	39	1	82	1
			38	1	34	1	49	2
			20	1	23	1	43	1
					19	1		
					14	1		

(5) 기타 부대업장 시설현황

- 부대시설은 호텔의 부대수익 사업으로 중요한 부문이나 영업구조 특성상 매출 확대에 한계가 있고, 인건비 등 부대비용이 약 97% 정도로서 수익률

이 미약하여 사례호텔에서는 인건비 등 각종 부대비용을 절감하기 위하여 부대시설 전체를 임대로 전환하여 운영하도록 계획함.

- 제주지역 동종업계 추세가 부대시설을 임대로 전환하여 운영하는 추세임을 감안하여 사례호텔에서도 사업초기의 경영부담 해소 및 영업 조기 정상화에 기여할 수 있도록 임대로 운영하고, 향후 부대시설의 영업이 활성화되어 이익이 발생하는 시점에 영업방침을 재검토하여 부대사업 수익극대화를 도모하고자 함.

〈표 4-25〉 부대업장 시설현황

구분	S호텔	L호텔	G호텔	K호텔	사례호텔
임대시설 현황	카지노 미용실 이발소 구두닦이 세신실 선드리 토산품점	카지노 면세점 미용실 이발소 구두닦이 세신실 선드리 토산품점	카지노 미용실 이발소 구두닦이 세신실 선드리 토산품점	카지노 미용실 이발소 구두닦이 세신실 선드리 잡화점 토산품점	카지노(예정) 미용실 이발소 헬스크럽 에어로빅 남・여 사우나 실・내외 수영장 선드리 프로숍 테라피센터 리테일숍

- 최근의 호텔업계에서 부대사업 구성시 스파사업을 강화하는 추세에 있으며, 사례호텔에서도 변화의 추세를 반영하여 건강사업의 일종인 스파형 테라피 사업을 도입하였으며, 제주지역의 특1급 호텔에서 처음으로 도입하는 사업으로서 동종업계와 차별화 기대가 가능함.
- 사례호텔의 부대시설은 고객수요가 수도권 호텔처럼 많지 않고 수요가 적은 점을 반영하여 시설규모는 비교적 적게 계획함으로써 호텔의 구색을 갖추는 형태로 일본 단체관광객의 선호도를 감안하여 운영 예정.
- 사우나는 내부시설이 협소한 편으로 독크가 남녀 각 1개씩만 있으며, 냉탕・온탕의 면적도 1~2평 정도로 시공되어 일시에 많은 인원을 수용하기에는 문제가 있으나 제주시권의 영업에는 무리가 없다고 판단되며, 쾌적한 서비스 제공에는 적정할 것으로 사료됨.

- 실내수영장은 규모와 시설이 우수한 편이며, 특히 동굴바 지역에는 폭포탕, 선탠룸, 바가지탕, 수중바 등이 설치되어 동종업계와 차별화가 가능하고 고객에게 새로운 느낌을 줄 수 있음.
- 실외수영장은 설치면적이 협소하여 수영장 수조가 적은 편으로 고객에게 쾌적한 공간 제공이 불가능하여 파르테논 신전을 모델로 한 수영장 주위의 대형 콘크리트 기둥은 부피가 커서 중압감을 느끼게 하여 고객에게 안정감을 주지 못하는 단점이 있음.
- 헬스클럽은 약 100평 정도로서 비교적 쾌적하게 설계가 되었으며 최신장비를 구매 설치하여 투숙객 및 제주시민의 체력 단련장으로 적합하다고 판단됨.
- 에어로빅은 수요가 많지는 않으나 헬스회원 또는 관련 행사에 이용될 수 있으며, 구색을 갖추는 데 적당하다고 판단됨.
- 6층의 테라피센터는 최근 리조트 호텔업계의 건강관련 스파사업의 추세를 반영하여 하이드로 욕조마사지, 플로팅 배스, 아로마테라피, 건강 오일마사지, 손·발 마사지 등 새로운 서비스를 투숙객에게 제공하도록 하며, 초기에는 경영부담 해소를 위해 임대로 전환하여 운영하고, 향후 영업이 활성화되어 많은 이익이 발생할시 직영체제를 검토할 예정임.

〈표 4-26〉 사례호텔 부대업장 시설현황

구 분		위 치	수 량	면 적	비 고
1	면세점	1층	1	180평	450평(확장시)
2	리테일숍		4	54.5평(전체)	(13.1~13.9평)
3	선드리	2층	1	5.3평	
4	실·내외 수영장	3층	2	335평(실내) 248평(실내)	실·내외
5	프로숍	5층	1	4.9평	
6	사우나		2	118.7평(남) 79.8평(여)	남·여
7	이발소		1	3평	
	구두닦이		1	1평	
	세신실		2	4평	남·여 전체
8	테라피센터	6층	1	140평	남·여
9	판매점		1	6평	
10	에어로빅		1	20평	
11	헬스크럽		1	80평	
12	카지노	8층	1	560평	

(6) 주방부문 시설현황

- 모든 주방은 2대 조건, 즉 원활한 배기·배수와 3대 원칙인 위생적·기능적·경제적 원칙을 전제조건으로 설계에 반영 시공하는 것을 기본으로 주방시설을 배치하여야 하는바, 이론적 면적대비 실제 면적비율(객관적 조리) 만족도, 운영자 선호도, 편리도를 만족하기 위한 경험적 근거를 공통점으로 합리적인 주방기구 배치는 어려움이 있으나, 식재료 구매시의 가공 정도, 주방 운영자의 운영방침에 따라 차이점이 있다. 이러한 현실적인 점을 고려하여 2대 조건과 3대 원칙에 충실한 배치나 운영을 기본방침으로 운영예정임.
- 이론적 건축 면적비율에 대비하여 전체적으로 충분한 공간확보가 이루어졌으나, 잔반 처리실, 바·룸 서비스, 커피숍 등이 최소면적으로 시공되어 있으나 서비스 팬추리 공간이 부족함
- 각 주방의 작업 동선은 기구배치의 효율성을 극대화하여 우수한 편이나, 커피숍, 바·룸 서비스, 일식주방이 메인 주방과의 거리와 룸서비스를 위하여 음식제조 후 서비스까지의 동선 거리가 원거리에 배치된 관계로 인력 및 효율적인 서비스에 제약을 받을 수 있음.
- 장비 측면에서는 새로운 기술혁신의 제품 변화가 있는 것은 아니지만, 필요 욕구에 의한 장비 설치로 생산성과 업무의 효율성을 극대화시킬 수 있는 장비가 설치되나, 가스 기구 및 장비는 기술이 뛰어나고 내구성이 강한 외국 제품과의 혼용이 미흡함.
- 구획에 있어서는 지하 1층 식음료 창고, 부처, 제과주방 등 생산업무 주관의 주방은 탁월하나, 영업활동의 커피숍, 중식, 바·룸 서비스, 일식주방은 건물 특성을 고려하여 볼 때 최적 면적으로 계획되어 있음.
- 환경 측면에 있어서는 2대 원칙, 3대 조건에 의한 환경설비가 우수하나, 관광지 호텔인 한·일 식당에서 즉석구이 요리제공은 로비 인접 영업장으로 배기를 감안하여 제약이 될 소지가 있음.

〈표 4-27〉 주방별 면적분석

층별	주 방 명	좌석 수	1일이용객	건축면적(평)	비 고
B1F	식음료 창고		2,925	152.8	
	부처		1,800	36.2	
	제과		1,236	56.8	
	메인		951	180.2	
	직원식당	225	700	78.5	
	잔반 처리실		2,925	31.5	
1F	중식 주방	112	169	50.6	
	후드 코트	210	105	70.7	
2F	연회장	800	160	138.1	
	커피숍	152	228	27.3	
	델 리		70	5.4	
	로비라운지	94	282	7.5	
	일식 주방	146	222	48.1	
	바 · 룸 서비스	267	134	36.1	
	초밥 카운터	15	15	25.4	
	철판구이	9	18	6.8	
M2F	중정	64	64		
3F	실내 수영장	58	29	3.3	
	실외 수영장	30	30	3.3	
5F	사우나	24	24	2.7	
8F	카지노			8.8	
		2,206	1,550	929.2	

*1일이용객 : 좌석 수×영업장 회전율(식음료 영업정책)

식음창고/잔반처리실 : 각 영업장 이용고객 수+직원식당 식수+30%

제과 : 각 영업장 이용고객 수+20%

부처 : 각 영업장 이용고객 수+직원식당 식수−30%

〈표 4-28〉 사례호텔 각 부문별 면적구성비

<table>
<tr><th colspan="3" rowspan="2">구 분</th><th colspan="2">면 적</th><th colspan="2">구성비(%)</th></tr>
<tr><th>㎡</th><th>평</th><th>부문별대비</th><th>연면적대비</th></tr>
<tr><td rowspan="14">영업부문</td><td rowspan="3">객 실</td><td>객 실</td><td>16,831.01</td><td>5,091.38</td><td>54.24%</td><td>26.46%</td></tr>
<tr><td>지원시설</td><td>1,112.35</td><td>336.49</td><td>3.58%</td><td>1.75%</td></tr>
<tr><td>소 계</td><td>17,943.36</td><td>5,427.87</td><td>57.83%</td><td>28.21%</td></tr>
<tr><td rowspan="3">연회장</td><td>연회장</td><td>1,873.71</td><td>566.80</td><td>6.04%</td><td>2.95%</td></tr>
<tr><td>지원시설</td><td>598.82</td><td>181.14</td><td>1.93%</td><td>0.94%</td></tr>
<tr><td>소 계</td><td>2,472.53</td><td>747.94</td><td>7.97%</td><td>3.89%</td></tr>
<tr><td rowspan="3">식음료</td><td>영업장</td><td>3,249.57</td><td>982.99</td><td>10.47%</td><td>4.22%</td></tr>
<tr><td>지원시설</td><td>1,562.56</td><td>472.67</td><td>5.04%</td><td>2.46%</td></tr>
<tr><td>소 계</td><td>6,663.23</td><td>2,015.63</td><td>21.47%</td><td>10.47%</td></tr>
<tr><td rowspan="3">피트니스
(Fitniss)</td><td>영업장</td><td>2,179.08</td><td>659.17</td><td>7.02%</td><td>3.43%</td></tr>
<tr><td>지원시설</td><td>997.09</td><td>301.62</td><td>3.21%</td><td>1.57%</td></tr>
<tr><td>소 계</td><td>3,176.17</td><td>960.79</td><td>10.24%</td><td>4.99%</td></tr>
<tr><td colspan="2">편의시설</td><td>2,625.76</td><td>794.29</td><td>8.46%</td><td>4.13%</td></tr>
<tr><td colspan="2">부 문 계</td><td>31,029.95</td><td>9,386.56</td><td>100.00%</td><td>48.78%</td></tr>
<tr><td rowspan="11">관리 · 공용부문</td><td rowspan="6">관 리</td><td>사무시설</td><td>2,152.82</td><td>651.23</td><td>6.61%</td><td>3.38%</td></tr>
<tr><td>주방시설</td><td>1,467.36</td><td>443.88</td><td>4.50%</td><td>2.31%</td></tr>
<tr><td>후생시설</td><td>1,244.23</td><td>376.38</td><td>3.82%</td><td>1.96%</td></tr>
<tr><td>주차시설</td><td>6,588.17</td><td>1,992.92</td><td>20.22%</td><td>10.36%</td></tr>
<tr><td>설비시설</td><td>5,109.75</td><td>1,545.70</td><td>15.68%</td><td>8.03%</td></tr>
<tr><td>소 계</td><td>16,562.33</td><td>5,010.10</td><td>50.83%</td><td>26.04%</td></tr>
<tr><td rowspan="4">공 용</td><td>객실복도</td><td>5,387.76</td><td>1,629.80</td><td>16.54%</td><td>8.47%</td></tr>
<tr><td>E/V, 계단</td><td>4,324.01</td><td>1,308.01</td><td>13.27%</td><td>6.80%</td></tr>
<tr><td>PUBLIC</td><td>6,308.64</td><td>1,908.36</td><td>19.36%</td><td>9.92%</td></tr>
<tr><td>소 계</td><td>16,020.41</td><td>4,846.17</td><td>49.17%</td><td>25.18%</td></tr>
<tr><td colspan="2">부 문 계</td><td>32,582.74</td><td>9,856.28</td><td>100.00%</td><td>51.22%</td></tr>
<tr><td colspan="3">합 계</td><td>63,612.69</td><td>19,242.84</td><td></td><td>100.00%</td></tr>
<tr><td colspan="3">수익 : 비수익</td><td colspan="4">42 : 58</td></tr>
</table>

* 스카이바 560평은 카지노로 변경예정이므로 식음료에서 제외하여 편의시설에 포함

〈표 4-29〉 동종업계 부문별 시설구성비

〈G호텔〉

구 분		면 적		구성비(%)	
		m^2	평	부문	전체
영업부문	객실부문	17,118.77	5,178.43	67.87%	37.24%
	연회부문	1,364.76	412.84	5.41%	2.97%
	식음료	1,939.06	586.57	7.69%	4.22%
	피트니스	1,443.57	436.68	5.72%	3.14%
	편의시설	3,356.62	1,015.38	13.31%	7.30%
	부문계	25,222.78	7,629.89	100.00%	54.87%
관리 · 공용부문	관리	8,209.33	2,483.32	39.58%	17.86%
	공용	12,533.9	3,791.50	60.42%	27.27%
	부문계	20,743.23	6,274.83	100.00%	45.13%
합계		45,966.01	13,904.72		100.00%
수익 : 비수익		51 : 49			

〈L호텔〉

구 분		면 적		구성비(%)	
		m^2	평	부문	전체
영업부문	객실부문	23,754.64	7,185.78	57.92%	28.15%
	연회부문	5,819.7	1,760.46	14.19%	6.90%
	식음료	2405.3	727.60	5.86%	2.85%
	피트니스	1,851.51	560.08	4.51%	2.19%
	편의시설	7,184.07	2,173.18	17.52%	8.51%
	부문계	41,015.22	12,407.10	100.00%	48.61%
관리 · 공용부문	관리	24,942.37	7,545.07	57.51%	29.56%
	공용	18,425.38	5,573.68	42.49%	21.84%
	부문계	43,367.75	13,118.74	100.00%	51.39%
합계		84,382.97	25,525.85		100.00%
수익 : 비수익		41 : 59			

〈S호텔〉

구 분		면 적		구성비(%)	
		m²	평	부문	전체
영업부문	객실부문	19,592.68	5,926.79	62.42%	34.94%
	연회부문	3,538.64	1,070.44	11.27%	6.31%
	식음료	2,136.90	646.41	6.81%	3.81%
	피트니스	3,061.21	926.02	9.75%	5.46%
	편의시설	3,060.53	925.81	9.75%	5.46%
	부문계	31,389.96	9,495.46	100.00%	55.99%
관리 · 공용부문	관리	12,519.72	3,787.22	50.73%	22.33%
	공용	12,158.24	3,677.87	49.27%	21.68%
	부문계	24,677.96	7,465.08	100.00%	44.01%
합계		56,067.92	16,960.55		100.00%
수익 : 비수익		44 : 56			

제 II 편

호텔기업 운영계획서

제5장

관리부문 운영계획서

❶ 조직 및 인력 운영계획

(1) 조직계획

1) 기본 방침

- 탄력적 인력관리를 위한 최소 조직으로 효율적인 팀 제도 도입.
- 전문분야 중심 단위의 팀제 조직으로 유사업무의 통합운영으로 유기적이고 통제가 용이한 단순 명료한 조직설계.
- 성과주의 원칙과 미래 조직에 부합되는 창의력 및 유연성을 갖춘 조직으로 구성.

2) 조직구성의 원칙

조직구성을 위한 5대 원칙을 설정하여 조직설계에 반영하고자 함.

- 다기능의 원칙(multi-functional system) : 조직의 구성원이 다기능 업무를 수행할 수 있게 함으로써 순환근무제 실시가 가능토록 함.
- 계층 단순화의 원칙 : 조직의 계층을 단순화하여 중간관리층의 비대화를 방지하고 의사소통의 원활화를 추구할 수 있도록 함을 원칙으로 함.
- 영업 우선의 원칙 : 영업활동 위주의 조직으로 최상의 서비스 제공과 영업 활성화에 주력하는 조직구성.
- 책임과 권한의 위양원칙 : 조직의 부서장과 조직에게 책임과 권한을 대폭 부여하여 책임경영 및 자율경영의 기본체계를 확립함.
- 기획 · 조정의 원칙 : 호텔의 영업 · 기획 · 관리 · 마케팅 등 경영활동을 기업 전체의 시각에서 조정 통합하여 중복업무의 요소를 사전 제거하여 효율

적인 조직구성을 원칙으로 함.

3) 조직도

- 임원은 대표이사 사장, 부사장, 총지배인, 감사로 구성
- 총지배인은 관리·영업 부문을 총괄하며, 총지배인 밑에 본부장을 두어 보좌하게 함.
- 총지배인과 본부장 밑에 6개 팀과 서울과 부산에 사무소를 두며, 다음과 같이 업무를 분장함.
  - 기획재무팀 : 기획, 교육, 재무, 전산업무
  - 인사총무팀 : 인사, 총무, 시설관리, 구매, 계약업무
  - 마케팅팀 : 마케팅, 예약, 홍보, 판촉업무
  - 객실팀 : 객실, 고객관리, 객실정비, 피트니스 센터(Fitness Center), 면세점, 숍(Shop), 카지노 등 부대시설 관련업무
  - 식음료팀 : 식음료, 연회 업무, 식음료업장 관련업무 일체
  - 조리팀 : 한식·일식·양식·중식 조리 및 기물관리 관련업무 일체

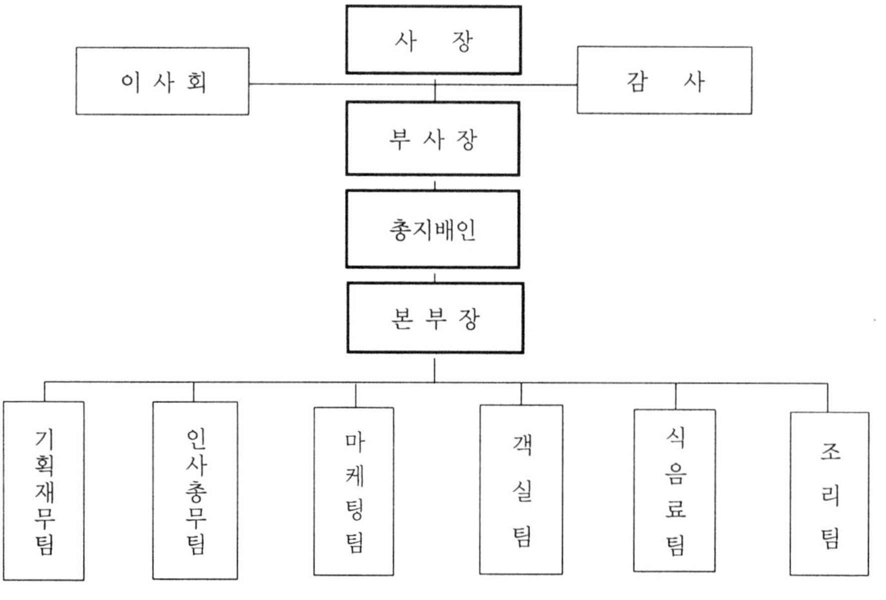

[그림 5-1] 사례호텔의 조직도

(2) 인력 운용계획

1) 기본 방향

- 인력구성은 정규직과 비정규직으로 구분
  - 정규직에는 관리직 · 영업직으로 직군을 세분화하여 직위를 부여
  - 비정규직은 계약직과 아웃소싱으로 구성하고, 아웃소싱이 어려울 경우 계약직으로 채용
- 소요인력 및 구성비율 현황
  - 운용인력은 비정규직 포함 객실 1실당 0.8명 수준을 목표로 함
  - 정규직 대 비정규직 비율을 ( )% : ( )% 정도로 유지함을 원칙으로 함
  - 정규직 1인당 연 매출액은 2억7천만 원 이상, 비정규직 포함시 1인당 8천만 원 이상을 목표로 매출액 실적에 비례한 인력운영 체계 수립
- 인건비 설계기준
  - 매출액 대비 인건비 비율을 2003년 33%(영업기간 기준), 2004년 32%, 2005년 이후부터 30% 이내로 유지함을 원칙으로 함(급여에는 봉사료가 포함되며, 봉사료는 회사 수입으로 처리)
  - 우수인력 확보를 위하여 개인별 임금수준은 제주시권에서 동종 특1급 호텔과 동등한 수준을 유지함
  - 기존호텔 단위 업무를 통 · 폐합하여 개인별 업무범위를 확대하여 최소 인력으로 운영하되 그에 상응하는 보수 책정
- 조직의 전문화 및 경쟁력 유도
  - 팀장은 부서별 과장급 이상 중에서 매년 당해연도 사업실적 평가에 따라 매년 직책을 부여하여 재배치함.
  - 익년도 사업계획 및 예산편성으로 사업을 주관하도록 하며, 인재양성 및 조직의 경쟁력을 유도함(단, 영업부서를 옮길[Transfer] 수 없도록 하여 전문화를 이루도록 함).

2) 각 부서별 인력운용 계획

- 정규직과 비정규직의 구성 비율은 ( )%:( )%로 구성하여 최소인력으로 운영함과 동시에 영업우선의 조직구성 : 원칙에 따라 관리직과 영업직 구성비율

을 23% : 77%로 다음과 같이 구성함.

- 동종업계는 경영수지 개선을 위하여 계속적인 구조조정으로 정규직 및 임시직 인력을 감축하고 있으며, 신규 충원시 아웃소싱(Outsourcing) 또는 임시직으로 충원하는 추세로 대부분 연봉제를 운영하고 있는 실정임.

〈표 5-1〉 사례호텔의 부서별 인력구성 현황

(단위 : 명)

구 분			관 리			영 업					합계
			기획	총무	소계	마케팅	객실	식음료	조리	소계	
임 원											4
정규직	팀장	부장	1	–	1	–	–	–	–	–	1
		차장	1	1	2	1	1	1	1	4	6
		과장	1	1	2	3	2	2	1	8	10
	대리		1	3	4	4	2	2	2	10	14
	계장		3	2	5	–	7	5	5	17	22
	주임		2	3	5	–	5	6	3	14	19
	사원		4	3	7	–	5	1	7	13	20
	소계		13	13	26	8	22	17	19	66	92
계약직			–	3	3	6	18	13	19	56	59
용 역			–	41	41	3	46	41	19	109	150
합 계			13	57	70	17	86	71	57	231	305

〈표 5-2〉 제주지역 동종업계 인력운용 현황(2002년 10월 말)

(단위 : 실, 백만 원, 명)

구 분		G호텔	S호텔	L호텔	평 균	사례호텔
객 실 수		512	429	500	480	380
매 출 액(2001년도)		29,957	41,093	34,905	35,318	25,000
종업원 수		357	452	529	446	301
직원 1인당 매 출 액	정규직	105	168	141	138	272
	임시직포함	84	91	66	80	83
객실 1실당 인 원 수	정규직	0.56	0.57	0.49	0.54	0.24
	임시직포함	0.70	1.05	1.06	0.94	0.79
매출액대비 인건비성 경비비율		36%	33%	36%	35%	33%

(3) 인력 채용계획

1) 채용원칙

- 인터넷 홈페이지 및 신문 공고를 통한 공개채용
- 수시 접수된 입사지원서는 공개채용시 포함하여 분야별 채용예정
- 필요 인력은 최소 개관 3개월 전까지 채용완료 예정

2) 우수 인재상

- 신체 건강하고 건전한 사고를 가진 용모단정한 자
- 고객을 만족시킬 수 있는 봉사정신이 투철한 자
- 세계화에 부응할 수 있는 외국어 실력을 갖춘 자
- 주인의식을 바탕으로 책임감이 투철한 자
- 능력이 있으며 예의를 갖춘 자
- 팀워크를 중요시하며, 개성을 존중하고 창의력이 뛰어난 자

3) 채용기준

- 인건비 절감 및 생산성 극대화를 위한 다기능자(Multi-Function Player)

- 특급호텔 근무경력자 우대
- 해당분야 자격증 소지자
- 어학능력 우수자(영어 · 일본어 · 중국어)
- 신입사원의 경우 관광 · 호텔 관련학과, 외국어 전공자 우대
- 연소자 우대
- 영업직은 여성인력 우대

4) 전형방법

- 서류심사 → 면접(일반면접 및 외국어면접) → 실기(필요시) → 신체검사
- 서류심사
  - 인사담당자와 각 팀장이 응시자 개개인의 학력, 경력, 연령, 자격증 보유 여부, 어학능력 등을 종합적으로 반영하여 심사
  - 3배수 이내 선별
- 면 접
  - 일반면접자 : 사장, 부사장, 총지배인, 본부장
  - 외국어면접자
    - 영어 : 부사장 및 총지배인
    - 일본어 · 중국어 : 외부에서 평가위원 위촉

(4) 분야별 아웃소싱 추진계획

1) 목 적

- 후발기업으로서 전문분야에 인력을 집중하여 경쟁력을 제고하고자 핵심분야를 제외한 분야의 업무는 아웃소싱을 원칙으로 함.
- 아웃소싱 분야는 전문기업에 위탁함으로써 장기적인 파트너 관계를 형성하여 하나의 통합 시스템으로 운영.
- 성 · 비수기 편차가 심한 제주지역의 특성을 고려하여 탄력적인 인력관리 및 인건비 절감을 목표로 효율적인 원가관리를 통하여 호텔의 성장과 경쟁력, 핵심역량 강화를 도모하고자 함.

2) 아웃소싱 원칙

- 전문분야 및 단순업무를 중심으로 인력관리의 유연성을 도모할 수 있는 분야
- 아웃소싱 인력은 외주용역을 원칙으로 하되 불가능시 계약직으로 대체하여 채용 예정

3) 아웃소싱의 장점

구 분	내 용
필요인력의 신속한 선발 · 배치	• 자체인력을 구성시 적임자 변별의 한계와 비용절감 • 다양한 인력 수급망에 의한 사전 면접을 통한 구직자의 직종 · 능력을 고려하여 적합한 인력을 신속히 선발 • 필요 인력에 대한 2차 면접과정을 통해 적재적소에 배치 가능
경비절감 효과	• 장기근속에 따른 상대적 인건비 상승문제 해결 • 부적합한 인력의 즉각 교체 가능으로 인한 경영효율의 향상
인력관리의 용이	• 입사 구비서류, 건강진단, 신원보증, 교육이 불필요 • 인사관리업무의 감소 • 인력의 교체, 증감 및 퇴직처리문제 해결의 용이
고용관리의 용이	• 파견관리자의 의견과 불만사항을 사전에 파악, 노사문제를 원만히 해결
각종 사고에 대한 보상처리 문제의 해소	• 근무중 사고시 본인의 재정보증 및 노동부에 산재보험 가입
직접 지급의무 면제	• 파견직원에 대한 급여(퇴직금, 건강보험료, 국민연금 고용보험 업무수행) • 용역대금 결재에 의한 비용지출로 지급의무 완료

4) 아웃소싱 업체 선정기준

- 특급호텔에 적합한 자격증, 어학능력, 용모, 서비스 마인드 등을 갖춘 인력을 보유한 업체 선정
- 사례호텔 개관 전 용역사의 지속적인 교육을 통한 직원간 근무자세 향상을 도모하여 일체감을 조성

• 업체선정 기준은 실적, 업체규모, 재무상태, 공급 능력 등을 감안하여 결정

5) 직원식당 위탁운영 계획

• 각종 위생관련 사고발생 증가에 따라 전문성을 갖춘 운영자에게 위탁함으로써 다양한 식단 및 메뉴 제공으로 직원 복리후생 증진 및 근무의욕 고취
• 인력관리의 효율성 제고 및 운영 제경비 절감 도모

6) 직원식당 이용대상

• 대상 : 당사 임직원, 용역업체, 임대업체, 공무출입자
• 관리방법 : 식권 발행
• 식권 발행 : 영업부 교대자, 통상근무자, 용역사에 대한 근무체계에 따라 식권 지급

7) 업체 선정방법

• 우수업체를 선정하기 위한 업체의 제안서를 받아 식단가, 위탁운영 사업장 수, 자재수급 시스템, 메뉴 운영수준, 위생관리 및 서비스 시스템 등을 비교 검토하여 우수업체를 위탁운영 업체로 선정
• 시설 및 집기비품 제공 : 기본설비 당사 제공(종업원식당 가구류, 기본 시설)

❷ 교육훈련 계획수립

(1) 기본방향

• 우수인재 양성
• 고객 서비스 제고를 통한 이윤창출
• 기업 경영환경 변화에 따른 생존경쟁과 조직인의 팀워크 활성화
• 미래를 준비하는 대내적 결속력과 팀워크 제고
• 훈련과 화합을 통한 정신력 강화
• 전사원의 의식전환 및 창의적인 업무 수행

(2) 교육방법

1) 교육 주체에 따른 구분

<table>
<tr><th>구 분</th><th>자체교육</th><th>위탁교육</th></tr>
<tr><td>강 사</td><td>• 임원 및 간부사원
• 사내강사
• 직무별 경력자</td><td>• 교육훈련원 강사
• 관련분야 대학교수
• 호텔 교육원 교수
• 기타 교육 가능자</td></tr>
<tr><td>교 재</td><td>• 호텔 사업계획서 및 관련자료
• 제규정집
• 업무 매뉴얼
• 직무별 자료
• 전문도서
• 시청각 교재</td><td>• 전문강사의 강의원고
• 관련분야 시청각교재
• 업무 매뉴얼
• 기타 교육자료</td></tr>
<tr><td>장 소</td><td>• 사내</td><td>• 연수기관
• 관련 호텔 및 교육장소</td></tr>
<tr><td>기자재</td><td>• 사내 교육용 기자재 비치</td><td>• 위탁기관에서 제공</td></tr>
<tr><td>비 고</td><td colspan="2">• 교육시 준비사항
– 교육용 기자재는 직원채용 전 선구입하여 교육의 효율성을 증가
· 빔프로젝트, 노트북, 화이트 보드
– 교육용 교재는 사전준비</td></tr>
</table>

2) 사례호텔의 개관 전·후에 따른 구분

구 분	교 육 내 용
개관 전	• 신입사원 교육 – 회사에 대한 이해, 호텔에 관한 이해, 서비스 및 예절, 성희롱 교육, 인간관계관리, 직장인의 마음자세 등 • 간부사원 교육 – 리더십 스킬(Skill)의 향상, 관리자의 역할, 조직활성화 기법, 팀 목표관리 기법, 변화에 대응할 수 있는 조직관리, 과학적 관리의 이해 등 • Starter Kit(프랜차이즈 개관준비 매뉴얼 20일) – 프랜차이즈 도입으로 인한 선진 운영기법 • 판촉교육 – 판매 기법 • 집체교육
개관 후	• On The Job Training – Mentor 제도 운영 – Starter Kit(프랜차이즈 개관준비 매뉴얼 20일) 반복교육 – 자체 매뉴얼 제작 교육 • 외국어 교육 • 전문기관 위탁교육 • 해외연수

❸ 사례호텔 개관 전 교육

(1) 교육목표

- 개관대비 조직력 강화
- 업무수행 표준 설정
- 직무수행능력 강화
- 서비스 기본교육 강화

(2) 교육훈련 내용 및 일정

<table>
<tr><th colspan="2">구분</th><th>교 육 내 용</th><th>대 상</th><th>강 사</th><th>일 정</th><th>장소</th></tr>
<tr><td rowspan="3">위탁교육</td><td>간부
교육</td><td>• 회사의 이해
• 리더십 스킬(Skill)의 향상
• 관리자의 역할
• 조직활성화 기법
• 팀 목표관리 기법
• 변화에 대응할 수 있는 조직관리
• 과학적 관리의 이해</td><td>대리
이상</td><td>총지배인
본부장
외부강사</td><td>'03.3월
(4일간)</td><td>외부
연수시설
제주현장</td></tr>
<tr><td>신입
사원
교육</td><td>• 회사의 이해
• 호텔직원으로서의 기본자세
• 회사생활에 필요한 소양교육</td><td>계장
이하</td><td>임원
본부장
외부강사</td><td>'03.4월
(3일간)</td><td>외부
연수시설</td></tr>
<tr><td>집체
교육</td><td>• 회사의 이해
• 서비스 교육
• 커뮤니케이션 기법
• 인간관계관리
• 직장인의 마음자세
• 직장인의 에티켓
• 전직원 한마음</td><td>전직원</td><td>본부장
내부강사
외부강사</td><td>'03.5월
(4일간)</td><td>외부
연수시설</td></tr>
<tr><td rowspan="3">자체교육</td><td>판촉
교육</td><td>• 회사의 이해
• 판매기법</td><td>마케팅</td><td>총지배인
본부장</td><td>'03.3월
(3일간)</td><td>제주현장</td></tr>
<tr><td>신입
사원</td><td>• 소양교육
• 직무교육
• 어학교육</td><td>계장
이하</td><td>각 팀장
외부강사</td><td>'03.5~6월</td><td>호텔내부</td></tr>
<tr><td>개관예
행연습</td><td>• 개관예행연습</td><td>전직원</td><td>각 팀장</td><td>'03.6월</td><td>호텔내부</td></tr>
</table>

(3) 교육방침

- 제주지역 특성을 감안하여 외부교육보다는 내부적인 교육계획 수립.
- 교육에 대한 시간적·경제적 투자를 감안하여 효율적인 교육계획 수립.
- 모든 교육과정에 대한 관리계획 수립
- 개관업무 진행상 주중 집체교육이 힘든 경우는 주말을 이용하여 계획 수립

구 분	내 용
교육대상	• 전 임직원 • 개관업무의 만전을 기하기 위하여 분반교육 실시 • 각 분반 계획은 각 팀장이 작성하여 제출
교재 및 장비	• 교육교재는 업무 매뉴얼, 강사 교육자료 이용 • 교육관련 장비는 구입
평 가	• 성적 평가는 교육이행태도, 보고서, 과제물 이용평가 • 교육 태도가 불성실하거나 교육에 대한 불만을 토로하거나 하는 경우는 차후 인사위원회에서 채용 재검토

(4) 사례호텔의 교육단위별 주요내용

1) 간부사원 과정별 프로그램 개요

<table>
<tr><td>교육대상</td><td>간부사원(26명)</td><td>목표</td><td colspan="3">• 조직관리, 리더십 배양, 팀목표관리, 사내강사 양성</td><td>교육시기</td><td>2003년 3월</td></tr>
<tr><td>교육장소</td><td>도내 연수원</td><td>기간</td><td>3일간(17H)</td><td>방법</td><td>외부, 자체강사</td><td>인원배정</td><td></td></tr>
</table>

<table>
<tr><th>구분</th><th>1일차</th><th>2일차</th><th>3일차</th><th>비고</th></tr>
<tr><td>06:00</td><td></td><td colspan="2">기상 / 정리정돈</td><td></td></tr>
<tr><td>07:00</td><td></td><td colspan="2">아침식사</td><td></td></tr>
<tr><td>08:00</td><td>회사 앞 집결</td><td colspan="2">교육준비</td><td></td></tr>
<tr><td>09:00</td><td>인원확인 및
장소이동</td><td>회사 소개</td><td>연봉제 소개</td><td></td></tr>
<tr><td>10:00</td><td>프로그램 소개
팀 구성</td><td rowspan="2">조직관리 기술</td><td rowspan="2">커뮤니케이션
스킬(Skill)</td><td></td></tr>
<tr><td>11:00</td><td>입소식
팀별토론</td><td></td></tr>
<tr><td>12:00</td><td colspan="3">점심식사</td><td></td></tr>
<tr><td>13:00</td><td rowspan="2">관리자의 역할</td><td colspan="2">팀별 단합게임</td><td></td></tr>
<tr><td>14:00</td><td rowspan="2">팀목표관리기법</td><td rowspan="2">문제해결과 의사결정</td><td></td></tr>
<tr><td>15:00</td><td rowspan="2">변화관리에 대응할 수
있는 조직관리</td><td></td></tr>
<tr><td>16:00</td><td>전체 토론</td><td>전체토론</td><td></td></tr>
<tr><td>17:00</td><td rowspan="2">리더십 스킬의 향상</td><td rowspan="2">코칭과 육성기술</td><td>퇴소식 및 회사이동</td><td></td></tr>
<tr><td>18:00</td><td>해산</td><td></td></tr>
<tr><td>19:00</td><td colspan="3">저녁식사</td><td></td></tr>
<tr><td>20:00</td><td colspan="3">팀별토론</td><td></td></tr>
<tr><td>21:00</td><td colspan="3">팀장회의 / 각 팀원 정신교육 자료 소감발표</td><td>정신교육자료</td></tr>
</table>

<table>
<tr><td>교육강사</td><td>외부강사(14H),
자체강사(3H)</td><td>숙박비</td><td>13실*2박*100,000
=2,600,000</td><td>식사</td><td>7회*5,000*26명
=910,000</td></tr>
<tr><td>강사료</td><td>14H*300,000*1회
=4,200,000</td><td>기타</td><td>음료, 교재 2,000,000</td><td>계</td><td>9,710,000</td></tr>
</table>

2) 각 단원별 교육내용

단원명	교육목표	단원내용	시간
관리자의 역할	· 환경변화에 따라 조직과 조직구성원들을 어떻게 변화시키고 조직에서의 리더십을 어떻게 발휘해나갈 것인지 연구	· 환경변화와 관점의 전환 · 변화에 창조적 대응을 위한 관리자의 역할 · 관리자의 자기진단(강약점 분석) · 관리자의 핵심역량 육성 · 소식의 문세 · 조직문제 해결을 위한 방법	2H
변화관리에 대응할 수 있는 조직관리	· 급변하는 환경 속에서 생존과 발전을 함께 추구해야 하는 조직과 개인의 변화관리 방법과 변화 촉진자로서 리더의 역할을 습득	· 변화란? · 자기변화와 팀변화 · 변화관리에 대응 방법 · 변화에 대한 심리적 현상과 저항관리 · 변화 프로세스 파워와 영향력	2H
조직관리 기술	· 부서 내 문제점을 해결하고 조직 활성화를 실현시킬 수 있는 기본지식과 실력을 배양한다.	· 팀워크와 부서 활성화 · 조직 활성화 기술 · 조직윤리의 파악 · 조직 활성화와 관리자의 역할 · 활성화된 팀의 창조	2H
팀 목표 관리 기법	· 부서 내 문제점을 해결하고 조직 활성화를 실현시킬 수 있는 기본지식과 조직 전체의 시너지 효과를 극대화하는 목표관리 스킬을 배양한다.	· 기업의 목표와 조직의 목표 · 목표의 방침, 목표관리, 리더의 목표설정 · 목표의 구비조건 · 목표달성 계획서 · 목표기술서의 작성	2H
커뮤니케이션 스킬	· 인간관계의 발전에 커뮤니케이션이 핵심관건임을 이해하고 말하기 기술, 듣기 기술, 피드백 기술을 습득하여 역동적 인간관계를 구축한다.	· 커뮤니케이션 프로세스 · 대화에서 피해야 할 것, 대화의 분석 · 커뮤니케이션의 3방향 · 커뮤니케이션의 장애와 극복방법 · 효과적인 경청법과 피드백	2H
문제해결과 의사결정	· 부서 내 문제에 대한 과학적인 분석과 문제해결의 과정(Process)으로서 의사결정을 해나가는 스킬을 학습한다.	· 문제란? · 문제의식 · 문제유형 · 문제해결 프로세스 · 의사결정 분석, 의사결정 프로세스 · 의사결정 실습	2H

단원명	교육목표	단원내용	시간
리더십 스킬의 향상	· 21세기 기업환경에 대응하여 관리자의 중요한 덕목인 리더십에 대하여 이해한다	· 리더십의 정의와 중요성 · 바람직한 리더십 플로(Flow) · 리더의 자질 · 상황대응의 리더십 진단분석 · 효과적인 리더의 행동 · 리더십과 동기부여	2H
코칭과 육성기술	· 관리자의 역할 중에 중요한 것은 성과를 창출할 수 있는 부하를 육성하는 것이다. 이를 위한 관리자의 코칭방법과 서포트(Support)하는 환경을 조성한다.	· 지도와 육성의 기본사고 · 부하의 직무에 대한 연구 · 육성의 효과와 목표 · OJT. OFF JT, OJT Needs 파악 · 코칭기술, 코칭의 영향력 원천 · 효과적인 업무지도와 코칭 · 종합 피드백	2H

3) 종사원 과정별 프로그램 개요

교육대상	팀원교육(66명)	목표	• 올바른 기업관 고취, 기본소양 배양, 업무이해 배가		교육시기	2003년 4월
교육장소	도내 연수원	기간	3일간(22H)	방 법	외부, 자체강사	교육방법	

구분	1일차	2일차	3일차	비고
06:00		기상 / 정리정돈		
07:00		아침식사		
08:00	회사 앞 집결	직장인 에티켓 / 정신 마인드 혁신		
09:00	인원확인 및 장소이동	호텔의 이해와 자기인식	지식경영과 창조적 업무	
10:00	프로그램 소개 팀 구성			
11:00	입소식 팀별토론	인간관계와 커뮤니티	자기개발	
12:00	점심식사			
13:00	회사소개 및 시설 조직 및 복리후생, 규정	체험 학습		
14:00		경영관련	인간관계와 커뮤니티	
15:00	연봉제	전체토론	과학적인 업무진행 방법	
16:00	호텔의 이해와 자기인식	지식경영과 창조적 업무	전체토론	
17:00	정신 마인드 혁신	과학적인 업무진행 방법	퇴소식 및 회사이동	
18:00	과학적인 업무진행 방법	직장인 에티켓	해산	
19:00	저녁식사			
20:00	팀별토론			
21:00	팀장회의 / 각 팀원 정신교육 자료 소감발표			정신교육자료

교육강사	외부강사(19H), 자체강사(3H)	숙박비	17실*2박*100,000 =3,400,000	식사	7회*5,000*66명 =2,310,000
강사료	18H*300,000 =5,400,000	기 타	음료, 교재 5,000,000	계	16,110,000

4) 각 단원별 교육내용

단원명	단원내용	시간
회사소개(자체강사)	· 회사소개(경영이념, 현황, 영업체계) · 연봉제 소개	2H
호텔의 이해와 자기인식	· 호텔의 목표와 이윤, 원가요소 · 조직인으로서 사원의 역할 · 사원의 자질과 요구 능력	1.5H
과학적인 업무진행 방법	· 의식적으로 일한다. · 과학적인 업무 진행방법 · 업무를 적극적으로	3H
지식경영과 창조적 업무	· 지식경영의 의의 · 지식인의 활동, 창조적 팀 활동 · 문제해결과 창조적 업무설계	1.5H
인간관계와 커뮤니케이션	· 커뮤니케이션 기법 · 올바른 대화의 방법 · 인간관계를 원활하게 하기 위한 방법	1.5H
직장인 에티켓	· 직장에서의 에티켓 · 인간관계와 에티켓 · 사교 에티켓	2H
정신·마인드 혁신	· 세계화 마인드(Global Business Mind) · 경영, 경제 변화에 따른 신입사원의 대응자세 · 일터에서의 윤리(Ethics in Business)	2H
경영관련	· 신경영·기술·마케팅의 기본이해 · 회계관리 · 단체협약	1H
체험학습	· 조직개발 및 인간관계 활성화 · 교류분석(Transactional Analysis) · 문제해결과 의사결정 게임	2H
자기개발	· 기획능력, 목표관리 · 상담기술, 정보관리 · 성공의식과 미래설계(Life Planning)	1.5H

❹ 사례호텔 개관 후 교육

(1) 교육목표

- 업무수행 표준 설정
- 직무수행능력 강화
- 서비스 기본교육 강화

(2) 교육방향

- 계층별 교육으로 업무의 질 향상
- 직무 및 서비스 교육 강화로 매출목표 달성과 연계
- 개관 전 교육을 바탕으로 한 전문화

(3) 계층별 교육내용

- 계층별 교육 모델 및 목표

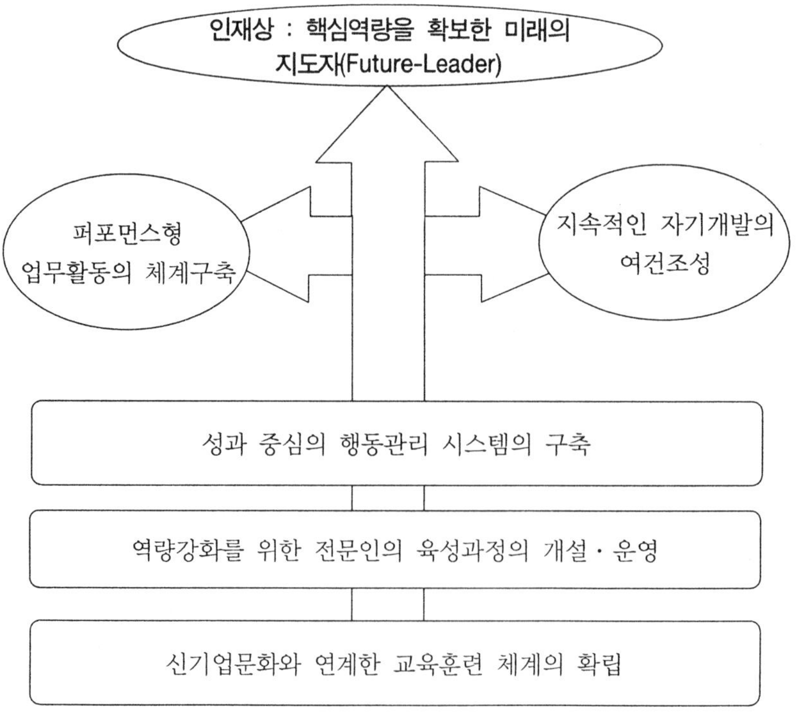

• 계층별 교육 내용

구 분		교 육 내 용	시간	방법
위탁 교육	임원	• 경영관리 기법, 호텔업의 환경 및 변화	1주	외부
	부장	• 전략적 조직관리 과정 – 팀 조직의 경영원리, 조직관리의 기본 – 변화 환경과 전략적 대응 – 전략게임, 생존경쟁의 서바이벌 – 실무문제 적용(Action Planning)	3일	외부
	과장	• 성과관리 리더십 과정 – 왜 우리는 새로운 출발을 하여야 하는가? – 성과관리 리더십 – 관계 리더십과 성과관리 리더십 – 목표설정과 행동계획 – 실무문제 적용(Action Planning)	3일	외부
	대리 · 계장	• 효과적인 커뮤니케이션 과정 – 커뮤니케이션의 중요성, 사회적 유형 – 신뢰 모델, 커뮤니케이션 발휘 기술 – 조직활동과 커뮤니케이션 게임 – 관계설정과 역할 연기, 실무문제 적용(Action Planning)	3일	외부
	주임	• 합리적인 업무 프로세스 개발과정 – Introduction, PA(문제분석), SA(상황분석) – DA(결정분석), PPA(잠재적 문제 분석) – 실무문제 적용(Action Planning)	3일	외부
	중견사원	• 행동적 사원 육성 교육 – 개인과 조직, 조직의 이해, 팀 빌딩 – 커뮤니케이션, 일, 효율적인 시간관리 – 나의 미래	3일	외부
	사원	• 효과적인 퍼스널 리더십 개발과정 – 효과적인 퍼스널 리더십 개발의 개요 – 준비, 동기부여의 이해, 태도와 습관 – 목표설정과 퍼스널 리더십 – 리더십 개발을 위한 행동계획 – 시간관리	3일	외부

• 자체 실시교육 내용

구 분		교 육 내 용	시간	방법
자체 교육	해외연수	• 선진호텔 견학 • 국제화 감각 배양	1주	견학 후 보고서 제출
	외국어 교육	• 전직원 대상 –근무시간을 고려하여 강의시간 개설	8주	초빙강사
	서비스 교육	• 각 팀별 교육교재를 통한 실습 • 월 1회 사내강사를 이용한 점검		반복적인 교육
	OJT 교육	• On The Job Training –Mentor 제도 운영 –Starter Kit(프랜차이즈 개관준비 메뉴얼 20일) 반복교육 –자체 매뉴얼 제작 교육		

❺ 사례호텔의 제규정 수립계획

(1) 기본 방향

• 호텔영업의 특성을 감안 동종업계 규정(Policy & Procedure) 등을 참고하여 영업 경쟁력을 확보하고 향후 운영기준을 설정하여 경영 효율화를 도모할 수 있는 방향으로 제정함.

(2) 규정 목록

구 분	규 정 명	규정수	추진일정
조직규정	직제규정 직제규정시행규칙	2	2003.2월
인사 · 보수규정	인사규정 급여규정 평가규칙 취업규칙 표창규칙 교육관리규칙 복리후생규정 여비규정	8	2003.3월
사무관리규정	위임전결규칙 문서규칙 제안제도운영규칙 업무인계인수규칙 보안관리규칙 노사협의회운영규칙 직원숙소운영규칙 전산정보처리운영규칙	8	2003.3월
영업관련규정	습득물 및 장기보관물품처리규칙 상품권관리규칙 접대규정 할인규칙	4	2003.4월
재무규정	회계규정 회계규정시행규칙 재산관리규칙 계약업무처리규칙 감사규정	5	2003.4월
계		0	

❻ 사례호텔의 공간구성 배치계획

(1) 부서별 사무실 배치현황

• 업장별 근무인원 및 업무형태를 감안하여 배치

구 분	층별	명 칭	면 적		용 도	근무 인력
			㎡	평		
관리 부문	1F	사무실	57.64	17.43	사장실	1명
	1F	사무실	32.67	9.88	부사장실	1명
	1F	사무실	31.90	9.64	감사실	1명
	1F	사무실	80.53	24.36	부속실 및 대기실	2명
	1F	사무실	369.67	111.82	관리부사무실(기획 · 관리)	25명
	1F	임원회의실	10.61	3.21	임원회의실	
소 계			583.02	176.34		30명
영업 부문	2F	사무실	34.20	10.34	영업회계	2명
		사무실	47.88	14.48	객실부 사무실	7명
		사무실	144.42	43.68	식음 · 판촉	13명
		사무실	71.32	21.57	전산실	2명
		사무실	19.77	5.98	방송실	1명
		사무실	38.08	11.51	총지배인실	2명
		사무실	19.38	5.86	교환실	4명
		사무실	12.83	3.88	연회주방	1명
		사무실	4.42	1.33	로비라운지와 커피숍	1명
		사무실	9.92	3.0	중식당	1명
		사무실	50.57	15.29	하우스키핑 사무실	5명
		사무실	34.20	10.34	영업회계사무실	2명
	B1	사무실	10.42	3.15	주방사무실	3명
소 계			497.41	140.07		44명
합 계			1,080.43	316.41		74명

(2) 사무실 배치도

• 임원실

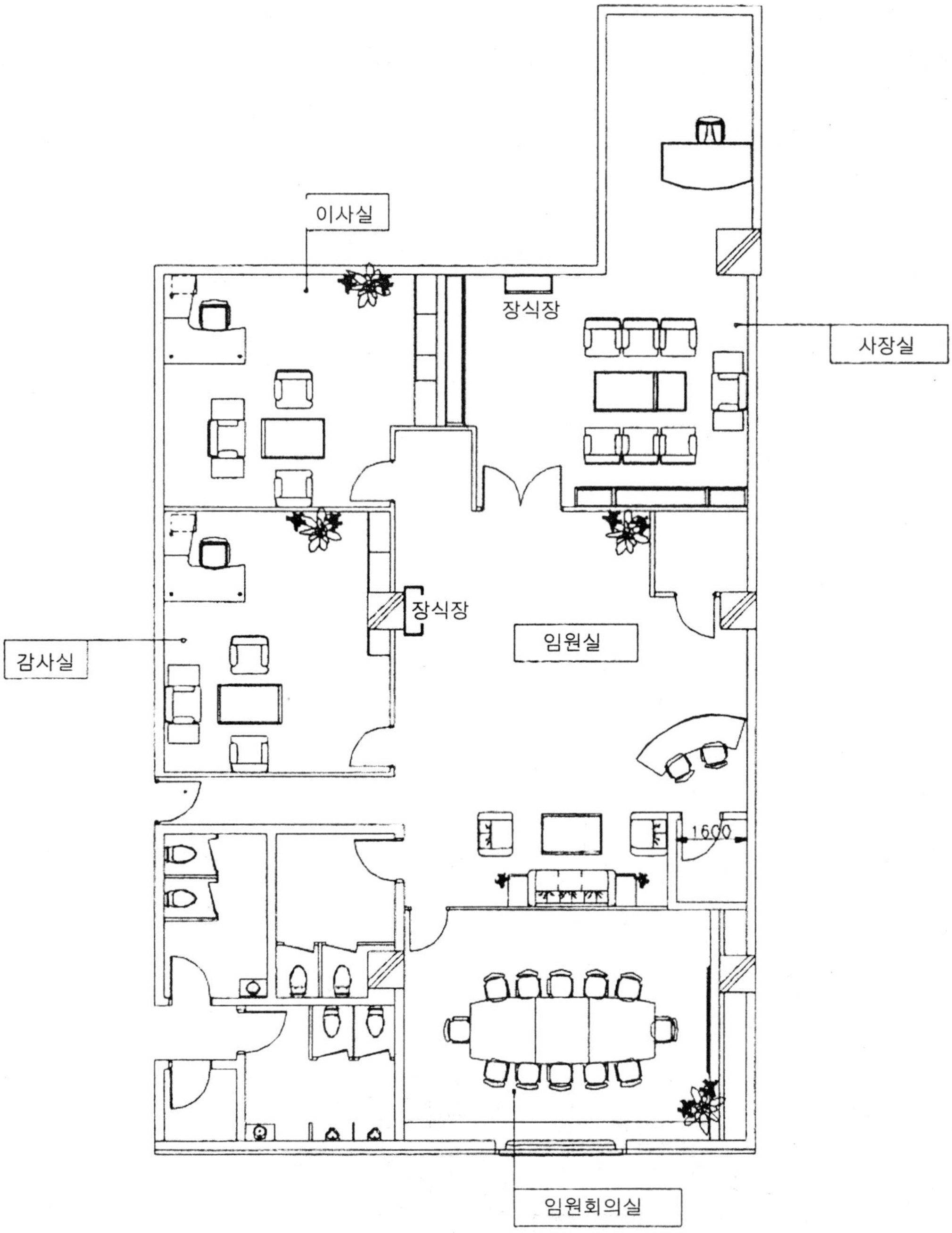

• 관리부문 사무실

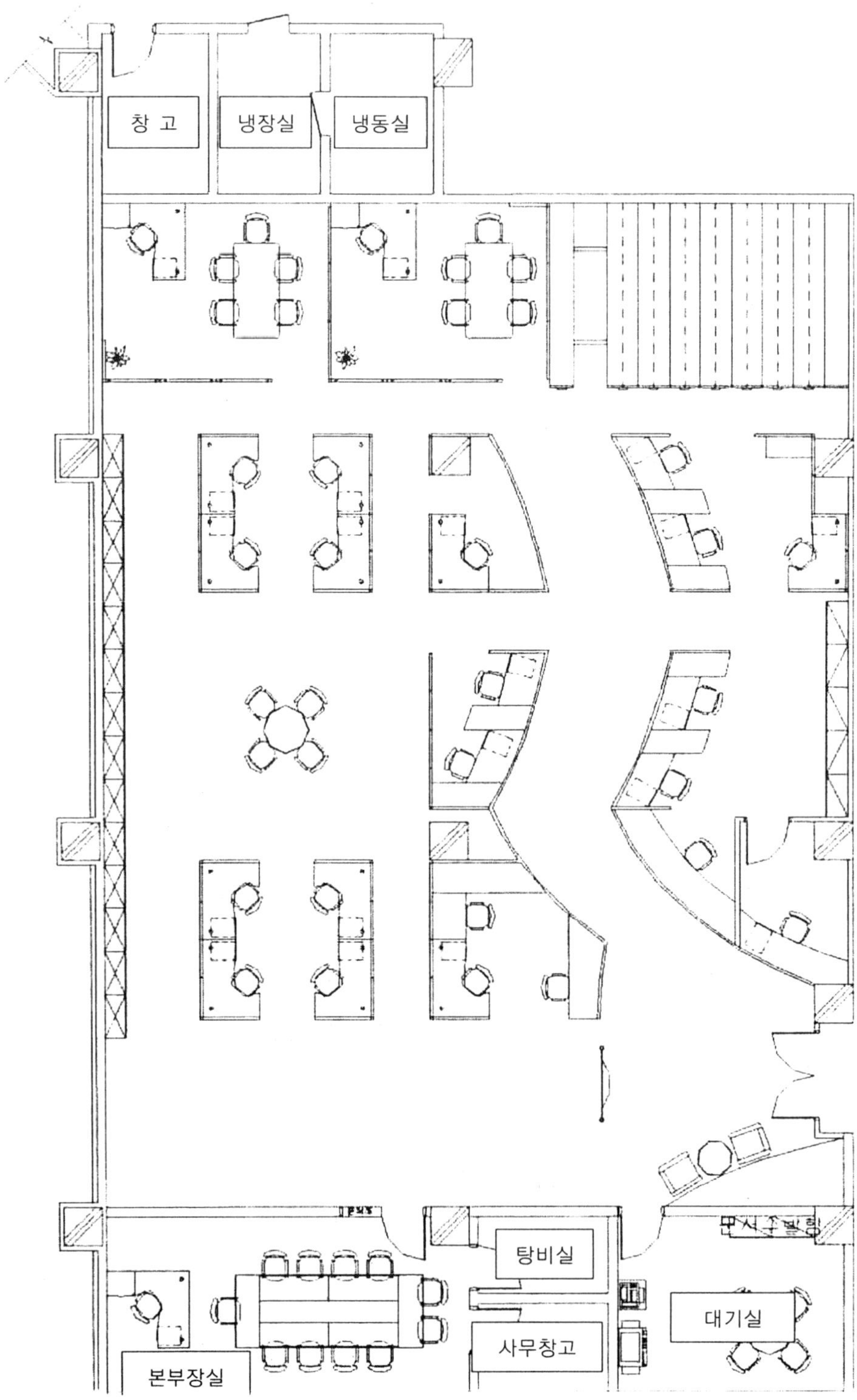

• 전산실, 객실팀 사무실

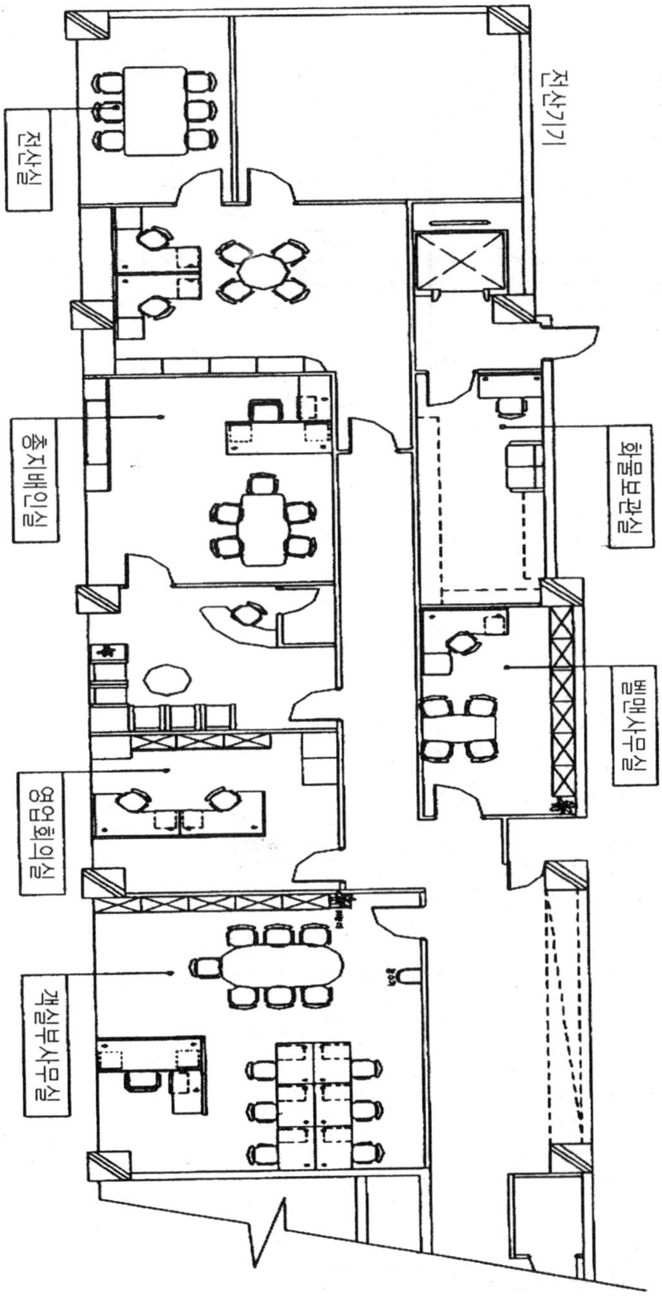

• 식음료, 마케팅팀 사무실

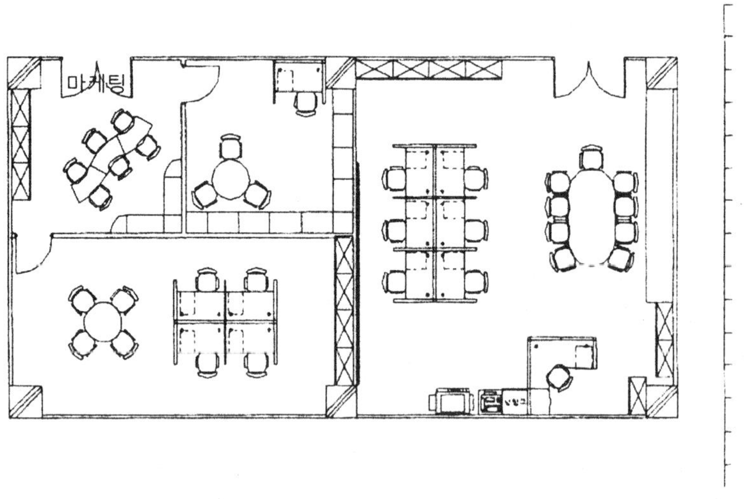

• 구내식당

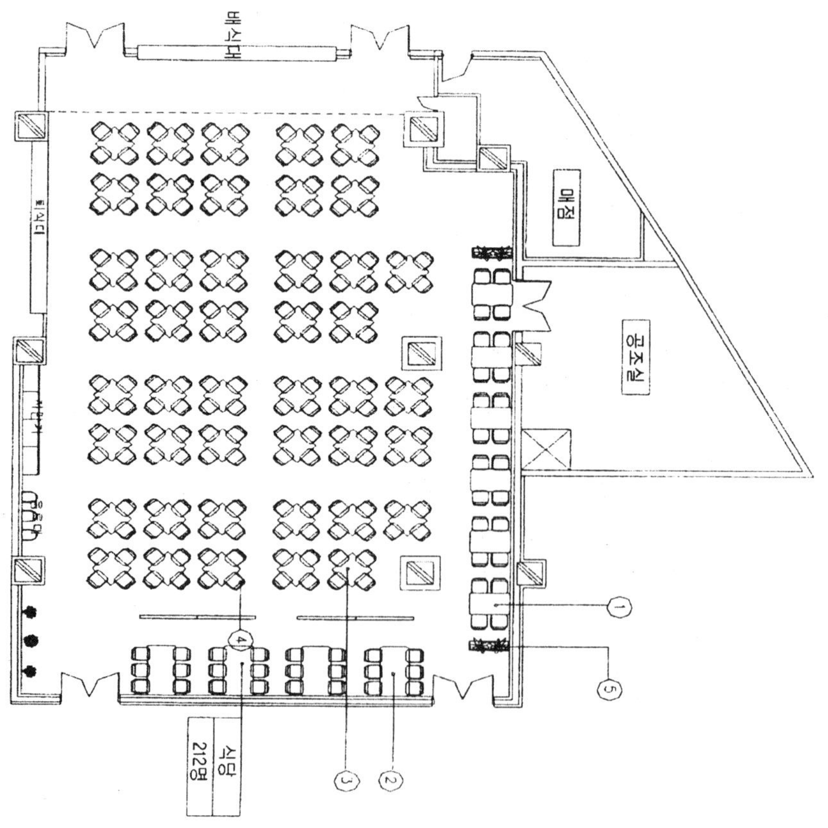

• 직원 락카

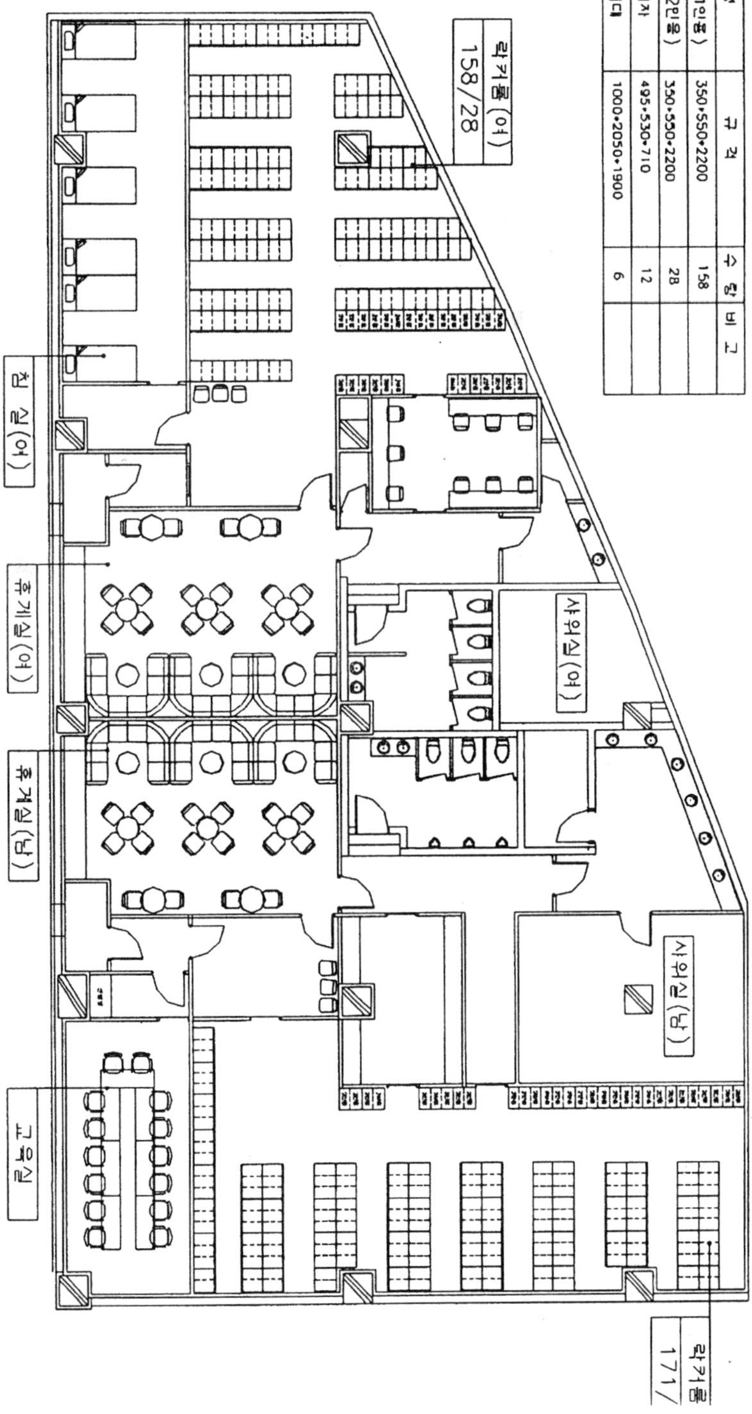

룸(여) ー

품 명	규 격	수 량	비 고
락카(1인용)	350•550•2200	158	
락카(2인용)	350•550•2200	28	
보조의자	495•530•710	12	
이층침대	1000•2050•1900	6	

3	보조의자	495•530•710	3

제6장

전산업무 도입계획

❶ 사례호텔의 전산시스템 구성

(1) 전제조건

• 사례호텔과 체인호텔간의 시스템이 상호 호환이 가능한 기종 및 소프트웨어 도입 운영
• 적정한 업무량에 맞는 시스템 구축과 확장성을 고려하여 도입
• 전체 구축비용의 관점에서 경제성 여부를 고려하여 도입
• 타 시스템과의 인터페이스를 위한 안전성을 고려하여 도입
• 제주지역의 특이성을 감안하여 유지보수 업체의 지원체제를 고려하여 도입 (교육 및 유지보수, 동종업계 정보제공 등)
• 국내 관련법 개정시 소프트웨어 변경 지원체제를 고려하여 도입

(2) 운영방침

1) 목 표

• 호텔 업무를 단계별로 개발계획을 수립하여 전산효율을 극대화함과 동시에 원가절감 방안을 기초로 한 시스템 안정화를 최우선으로 함.
• 경영정보 시스템 구축으로 경영정책 수립 지원이 용이하도록 함.
• 호텔업무의 표준화를 통하여 인력운용의 폭을 증가시킬 수 있도록 함.

2) 방 침

• 신규개발인 경우는 경제성을 고려하여 자체개발, 외주로 구분하여 결정

• 모든 시스템에 대한 매뉴얼을 작성하여 교육계획 수립
• 업무처리는 매뉴얼을 기본으로 함
• 수작업 업무를 최소화함
• 후발기업으로서의 단점인 시스템 안정화를 조기에 정착
• 관련 자료의 기밀 · 보안 유지

(3) 전산시스템 구성요소

1) 소프트웨어 부문

• 호텔영업 및 관리업무에 대한 운영을 위하여 개발된 프로그램 전체를 의미함
  − 프런트 오피스 시스템(Front Office System), 백 오피스 시스템(Back Office System)

2) 하드웨어 부문

• 네트워크(Network) 장비, S/W운영 서버(server), 개인 사용자용 PC 등 일체의 제품을 포함함.

3) POS

• 영업장 매출에 대한 정산 시스템으로 투숙객에 대한 후불정산이 가능하여야 하고, Recipe 관리를 손쉽게 하기 위하여 B/O 시스템과 인터페이스가 가능하여야 함.

4) 홈페이지

• 사례호텔의 영업매출을 위한 도구 또는 홍보의 매개체로서 인터넷을 이용한 예약이 가능하도록 하고, 호텔상품에 대한 광고효과 등 업무의 효율성을 증가시킬 수 있음.

❷ 네트워크 구축

(1) 정 의

• 네트워크란 컴퓨터와 컴퓨터를 연결하는 것으로 연결방법은 케이블만 이용하여 연결하는 방법과 중간에 어떤 장비를 통하여 연결하는 방법이 있음

(2) 필요성

• 고가의 자원(서버, 프린터, S/W 등)을 여러 명의 사용자가 동시에 공유
• 각 부서간 원활한 업무 소통
• 정보의 공유 및 신속한 정보 교환
• 업무의 단순화

(3) 구축 목적

• 정보통신 기술의 발전추세에 따라 초고속 인터넷을 구성함으로써 향후 정보인프라 구축
• UTP케이블의 거리에 따른 속도제한 해소
• 인터넷, 멀티미디어 통신 서비스를 보다 대중적이고 보편적으로 이용

(4) 구축 범위

• 기본 백본(Backbone) 망 구성
  – 사례호텔은 동선이 긴 관계로 UTP케이블로 지원할 수 있는 100M 거리제한이 있으므로 전산실에서 5군데로 구분하여 일정한 위치까지는 광케이블을 포설하고, 나머지 영역은 건설본부에서 공사중인 OA라인을 이용하여 구성
• 각 아울렛에서 클라이언트(Client)까지(2003년 6월중)
  – 설치 일정은 개관 후 사무용 가구 및 PC 도입 완료 후 포설 예정
  – 케이블 및 장비를 구입하여 자체 포설
• 객실 인터넷 사용을 위한 객실 내 아울렛에서 가구 포트(Port)까지(380객

실)(2003년 6월중)
- 설치 일정은 개관 후 사무용 가구 및 PC 도입 완료 후 포설 예정
- 케이블 및 장비를 구입하여 자체 포설

- 서울사무소 구축(2003년 5~6월)
  - 기존 사용장비를 그대로 사용하고 제주와 연결을 위한 라우터(Router) 및 DSU 장비는 임대하여 사용
  - 라우터(Router) 및 DSU 임대비용은 전용회선 구축방안 참조

❸ 전용선 구축(사례호텔과 서울사무소)

(1) 서울판촉사무소와 사례호텔 연결방법

1) 전용회선

- 전용회선이란 공중전기통신회선의 일부를 국내 두 지점간 직통으로 연결하여 24시간 끊김 없이 사용할 수 있는 통신 서비스

2) 프레임 릴레이(Frame Relay)

- 기업의 본사 LAN(Host)과 지사 LAN(터미널)간에 가상사설망(VPN : Virtual Private Network)을 구축하여 본사와 지사, 지사와 지사간에 데이터를 송수신할 수 있는 초고속 데이터통신 서비스
- 전용회선과 비교하면 전용회선은 직접 연결하여 사용하지만 이 서비스는 중간에 F/R 교환기를 설치하여 가입자에 한해서만 이 교환기를 통하여 서비스 제공하는 형태인데 가입자 수가 늘어날수록 사용하는 대역폭은 적어짐. 즉 F/R망에서 제공하는 최저속도로 서비스될 수도 있다는 단점이 있음.

3) VPN(Virtual Private Network)

- 보안, 서비스 품질 등의 보장이 가능한 기업용 IP망 및 시스템을 통하여 기업의 본·지사 및 유관기업간의 연결, 안전한 인터넷 접속 및 네트워크 자원 관리 등을 일원화하여 제공해주는 네트워크 서비스

〈표 6-1〉 전용선 구축방법 비교

구 분	전용선	Frame Relay	VPN
장 점	• 통화중이 없으며 24시간 계속 독점 사용 • 고객의 통신방법과 용도에 따라 독자적이면서 다양한 망구축 가능 • 하나의 회선에 전화, 팩스, 데이터 등 다양한 단말기를 접속하여 사용 • 통화중이 없으며 24시간 계속 독점 사용 • 통신량에 관계없이 매월 일정요금(정액제) 납부 • 전국적인 통신망 구축 가능	• 프레임의 다중화 기능으로 초고속통신 및 순간 대량전송 가능 • 최저 전송속도 보장(장점이자 단점)	• 초기 투자비 및 통신비 절감 • 운용 및 관리유지비 절감 • 보안 및 성능(대역폭, 가용성) 보장
단 점	• 가격이 고가 • 장비 구입 및 관리에 따른 경비 발생	• 보안성이 떨어짐 • 계약시 최저속도 연결로 업무처리 속도 저하.	• 사설 IP 이용으로 인한 타사와의 연결시 문제점
요 금 (단위: 천원)	한국통신: 3,004 데이콤: 1,462 하나로통신: 2,704	한국통신: 2,789 데이콤: 2,789	한국통신: 1,970 데이콤: 2,025
공통사항	• 상기 속도는 256K 적용에 따른 요금임. • 상기요금은 정기계약 할인율이 미적용 상태 • 기기 임대료 : DSU/CSU(월 8,000원), 라우터(월 80,000원) 제외		

(2) 서울판촉사무소와 사례호텔 내선 연결방법

- 전화급 전용회선을 신청하여 이용하는 방법과 인터넷 라인을 이용한 VoIP를 적용하는 방법이 있음.
- VoIP를 이용한 방법은 사용료가 기존 전화료보다 저렴하나 장비 구입에 따른 초기 투자비가 투입되며, 인터넷 망을 이용하여 사용하기 때문에 음성을 데이터로, 데이터를 음성으로 변환시켜 전송하므로 통화품질이 아직까지는 우수하지 못한 단점이 있음.
- VoIP는 계속 발전하는 추세이므로 충분한 검토를 거쳐 도입

(3) 외부시스템과 연결 업무

- 고객이 지불방법 중 신용카드 결재시 이지 체크(Easy Check)기를 이용하여 결재하고 있음.
- VAN사를 통해 연결하는 방법은 전용회선을 이용하거나 전화 국선을 이용하는 방법이 있음.
- 고객이 지불관련 신용카드 승인이 필요한 업장은 프런트와 식음업장이며 프런트 신용가드 걸재 관런하어서는 패키지 프로그램(package program) 도입이 확정되는 시점에서 연결방법을 선택하고 식음업장 관련 POS 시스템은 일반적으로 나오는 제품이 신용카드를 이용한 결제가 가능한 제품이 많이 나오는 실정이므로 전용회선을 이용하여 결재할 수 있도록 함.

❹ 업무용 S/W 도입

(1) 사례호텔 업무전산화 목표 및 방향

1) 추진목표

- 호텔 업무를 단계별로 개발계획을 수립하여 전산효율을 극대화함과 동시에 원가절감에 기여
- 경영정보 시스템 구축으로 경영정책 수립 지원
- 호텔업무의 표준화를 통하여 인력운용의 폭 증가

2) 기본방향

- 수작업 업무를 최소화
- 후발기업으로서 단점인 시스템 안정화를 조기에 정착
- 관련자료의 기밀·보안 유지

3) 고려사항

- 전체 구축비용의 관점에서 경제성 여부를 고려

- 적정한 업무량에 맞는 시스템 구축과 확장성 고려
- 타 시스템과의 인터페이스를 위한 안전성 고려
- 유지보수 업체의 지원체제 고려(교육 및 유지보수, 동종업계 정보제공 등)
- 국내 관련법 개정시 스프트웨어 변경 지원체제 고려

4) 사례호텔 업무 구성도

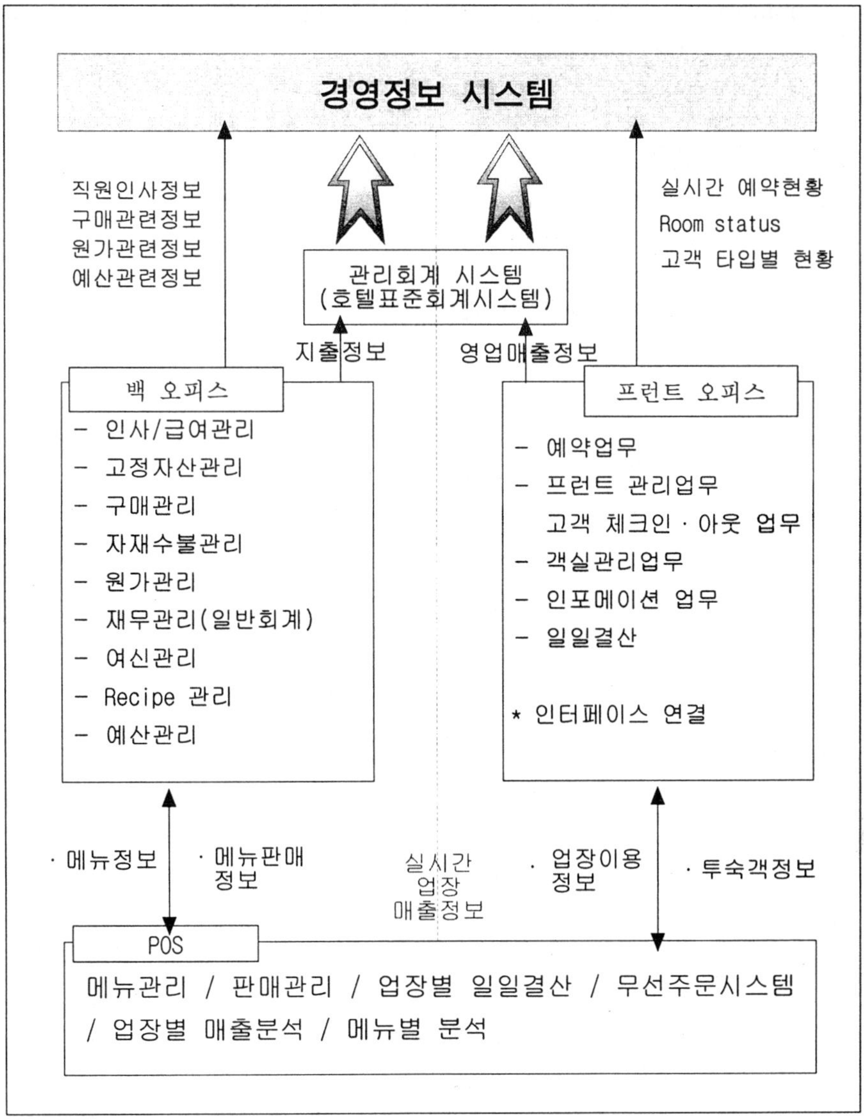

- 구매관리 및 자재수불관리 부분에 바코드(Bar Code) 시스템 도입을 통하여 자재의 투명성을 제고하고 Standard Recipe를 이용한 원가절감에 만전을 기하고자 함.
- POS 시스템 부분에 무선 주문(Ordering) 시스템을 도입하여 서비스 질적 향상을 도모하고 업무의 능률을 향상시키고자 함.
- 관리회계 측면에서 USALI(Uniform of Syetem of Acconting for the Lodging Industry)를 도입하여 업장별 손익을 실시간적으로 체크하여 경영 의사결정에 도움을 주고자 함.

(2) 업무용 S/W 도입

1) 프런트 오피스 시스템

① 프런트 오피스 시스템 단위업무

구 분	업 무	상 세 업 무
프런트 오피스 시스템	Reservation	• Room Status • 예약등록, 변경, 취소 • 선수금 관리
	Registration	• 예약사항 조회 • Room Assign • 체크인 처리 • 출발 · 도착 현황 • Room Change • Room Maid Status
	Front Cashier	• Posting Trans • Balance 조회 • 체크아웃 • Folio 관리 • 후불관리(고객/여행사/직원) • 선수금 관리 • Bill Check
	Night Auditing	• Posting Trans • Rate Discrepance • Room Rate 자동 정산 • 일일예약자료 정리 • Audit Trial • 데이터 백업 • 일일결산 • 유형별 매출분석 집계
	Interface	• Pabx 인터페이스 • POS 인터페이스 • CAS 인터페이스 • PAY TV 인터페이스 • Door Locking System • 객실관리 시스템 • 백 오피스 시스템 인터페이스

② 국내외 패키지 장단점 비교

구 분	국 내	국 외
장 점	• 필요시 수정 가능 • 소스 제공으로 인한 유지보수 편리	• 매뉴얼 및 교육체계가 확실 • 국내외적으로 검증
단 점	• 매뉴얼 및 교육체계가 미비 • 패키지보다는 ERP개념에 가까움 • 소규모 업체로 히스토리(History) 존재 불투명 • 도입시 검증 작업 필요	• 전세계적으로 공통적으로 사용됨으로써 수정불가능 부분이 있음 • 현업 요구사항에 완전히 맞추기 어려움 • 긴급한 프로그램 변경, 확장이 어려움 • 프로그램 수정시 비용추가
설치호텔	• 특2급 이하 호텔 설치	• 특1급 호텔 설치 다수

③ 동종업계 국내외 패키지 설치현황

구 분	프런트 오피스 시스템	백 오피스 시스템	POS	비 고
S호텔	HIS	자체개발	Micros	
L호텔	자체개발	자체개발	NCR	
H호텔	Maxial	Maxial	Micros	
K호텔	HIS	자체개발	Micros	
G호텔	자체개발	자체개발	PC이용	

* 서울지역 특1급 호텔 대부분의 호텔이 패키지 도입하여 사용

• 제주, 서울지역은 특1급 호텔이면서 프랜차이즈를 도입한 대부분의 호텔들이 국외 패키지를 사용하고 있음. 체계적인 교육과 세계각국에 설치되어 검증을 받은 제품들로 인터페이스 및 안전성에 대해서 문제가 없음

• 사례호텔은 2002년 9월 마이크로스 피델리오(Micros Fidelio)에서 개발하여 전세계 16,000여 군데에서 사용중인 피델리오(Fidelio) 제품 중에서 최신 버전인 오페라(Opera)로 도입 결정

2) 백 오피스 시스템

- 백 오피스 시스템(이하 B/O)은 동종업계 호텔들이 대부분 개발하여 사용하고 있음.
- 개발하여 사용할 경우 긴급한 프로그램 변경 및 확장에 따른 대처가 쉽고, 차후 유지보수도 용이함.
- 특 1급 호텔 백 오피스 시스템 도입형태는 패키지와 외주 개발업체에 의뢰 개발하여 시스템을 도입하는 두 가지 방법이 일반적이나 패키지 도입시 국내법 변경에 따른 수정이 곤란하므로 외주 개발업체에 의뢰하여 개발.

〈표 6-2〉 특급호텔 백 오피스 시스템 도입형태(서울, 제주 특1급호텔)

지역	호 텔 명	도입형태	개발업체	비 고
서울	L호텔	패키지	HIS(영문)	유지보수
	H호텔	패키지	Maxial	유지보수
	LS호텔	외주개발용역	이투어링크 (장군시스템)	자체운영
	W호텔	외주개발용역	HP에서 개발	자체운영
	S호텔	외주개발용역	삼성 SDS	자체운영
	WS호텔	외주개발용역	신세계	자체운영
	P호텔	외주개발용역	한화	자체운영
제주	G호텔	자체개발	자체개발	자체운영
	S호텔	외주개발용역	삼성 SDS	자체운영
	L호텔	외주개발용역	롯데정보통신	자체운영
	K호텔	외주개발용역	한진정보통신	자체운영

3) POS

① POS의 정의

- Point Of Sales의 약자로 판매시점 관리를 말한다. 즉, POS 단말기에 의해 제품별 판매정보를 판매 즉시 수집하여 컴퓨터에 보관하고 그 정보를 발주・매입・배송・재고 등의 정보와 연계하여 컴퓨터로 가공처리를 함으로써 매출분석은 물론 고객 동향파악 및 경영분석의 자료를 제공할 수 있도록

지원해주는 시스템

② 동종업계 POS 설치현황

- 서울, 제주지역 대부분의 특1급 호텔이 POS를 도입하여 사용하고 있으며 사용기종으로는 Micros, NCR를 선택하여 운영중임.

③ POS 시스템 도입시 고려사항

- 프런트 오피스 시스템과 연결 용이.
- RF 장치를 이용한 무선 Ordering 기능이 가능.
- 이지 체크(Easy Check)기와 인터페이스가 연결 가능한 제품 선정.

④ POS 시스템 단위업무

구 분	업 무	상 세 업 무
Point-Of-Sales	F&B 관리	• F&B 실적 분석 • 메뉴관리(Recipe 연동) • B/O Recipe 관리와 인터페이스 • 고객 카드키 후불처리 기능 • F/O 시스템과 인터페이스 • F&B 관련 각종 분석 기능 • 무선 Ordering 부분 포함
무선 Ordering 부분	주문메뉴	• 메뉴 다운로드 • 주문관리 • 정산조회 기능 • 업장별 메뉴조회 기능 • 사용자 관리기능

④ 인터페이스

- 모든 인터페이스는 표준 프로토콜인 TCP/IP를 이용한 연결을 원칙으로 함(단, 표준 프로토콜인 아닌 다른 방법이 없을 경우는 제외).
- 고객에게 Charge되는 부분을 제외한 인터페이스는 실시간 처리를 하되 Term을 주어 처리할 수 있도록 하고, 요금이 부과되는 부분에 대해서는 실시간 처리를 원칙으로 함.
- 인터페이스로 인한 H/W의 과부하를 최대한 억제할 수 있도록 구성

〈표 6-3〉 인터페이스 내용

구 분	인터페이스 내용
F/O⇔PABX	• 체크인 · 체크아웃시 객실번호에 의해 전화 사용유무 및 전화요금에 대한 기초정보를 CAS로 전송
F/O⇔CAS	• 전화요금 정보, 객실 Status, 미니바 사용에 대한 처리를 주고 받음
F/O⇔PAY－TV	• 객실 체크인 · 체크아웃 정보를 PAY-TV 시스템으로 전송 • PAY-TV 사용내역을 PMS 시스템으로 전송하여 요금 정산처리
F/O⇔IRIS	• 객실 체크인 · 체크아웃 정보를 IRIS 시스템으로 전송 • IRIS 사용내역을 PMS 시스템으로 전송하여 요금 정산처리
F/O⇔POS	• 객실 체크인 · 체크아웃 정보를 POS 서버 시스템으로 전송 • 객실 후불인 경우는 PMS Folio Master로 후불처리
F/O⇔B/O	• 전일 영업매출에 대한 정보를 재무팀에서 자동분개 처리할 수 있도록 구성
F/O⇔Door Locking	• 체크인시 객실배정으로 고객의 객실사용에 필요한 카드 키를 발행할 수 있도록 구성
F/O ⇔ Room indicator	• 객실 체크인 정보를 Room Indicator 시스템으로 전송하면 객실관리 시스템에서 온도자동 조절 및 청소상태 확인 가능하도록 구성
B/O⇔POS	• 조리 Recipe 관리시스템에서 POS 서버로 메뉴에 대한 정보를 전송시킬 수 있도록 구성(메뉴 가격 변동시) • POS 서버에서 각 메뉴별 판매수량 및 금액을 Recipe 분석관리 쪽으로 전송
B/O⇔연봉제	• 연봉제 개인별 고과점수를 B/O 인사고과관리로 전송

(3) 업무용 H/W 도입

- 동종업계 호텔에서 사용되는 사양을 바탕으로 S/W 납품업체에서 제공하는 H/W사양을 참조하여 시스템 운영에 차질이 없도록 도입 예정
- 라우터－네트워크용 장비 중 서울과 제주를 연결하고 사내망과 연결시 이용 장비임
- 라우터는 구입과 임대 비교 관련하여 구입보다 임대가 차후 장비 업그레이드나 유지보수 관련하여서도 경제적이고 효율적이므로 임대.

• 그 외 장비에 대해서도 임대와 구입부분을 비교하여 구입.

〈표 6-4〉 하드웨어 명세서

구 분	내 용
네트워크 장비	• 보안 및 안정적인 네트워크 환경 구축 • 라우터 • 회선종단장치(DSU/CSU) • 백본(Backbone) 스위치 • 워크그룹(Workgroup) 스위치 • 방화벽(Firewall) • 스위치 HUB • 광트랜시버
업무용 서버	• 프런트 오피스 시스템 서버 • 백 오피스 시스템 서버 • POS 오피스 시스템 서버 • 홈페이지 서버
POS	• 업장용 POS 10대
PC	• PC 70여 대, 노트북 6대 • Thin Client와 비교 검토하여 부분적인 Thin Client 도입에 대하여 검토
프린터	• 영업용 고속 프린터 • 레이저 프린터 • 도트 프린터
기타 부대시설장비	• 항온항습기, UPS

〈표 6-5〉 일반 PC와 Thin Client 비교

구분	일반PC	Thin Client
자료 보안	내부나 외부 모두 자료 노출	윈도우즈 2000의 체계적이고 안전한 자료관리
해 킹	취약한 보안으로 외부에 노출	윈도우즈 2000의 다단계 방화벽 및 모니터링
자료 관리	각자 날짜가 다른 같은 파일을 중복보관	하나의 최신 파일만 관리
자료 검색	공유에 의한 검색과 보안은 상호 반비례	자유롭고 빠르게 검색 가능
자료 백업	중복 반복 대용량 저효율 고비용	고효율 저비용 빠른 복구 가능
응용 프로그램	각자 설치 후 각자 실행	서버에 한번 설치
자료 호환	각기 버전 충돌로 실행 불가 가능	서버 쪽 최신 버전으로 완벽한 호환
H/W 업그레이드	필요시 부분별 구매로 인한 비호환 문제	서버 쪽만 간단히 설치
S/W 버전 업	필요시 개별적 설치로 비호환 문제	서버 쪽 최신 버전으로 완벽한 호환
업무 관리	일일이 직접 확인	개인별로 작업 내용 시간이 기록
관리 인원	분야별 관리인원 필요	한 사람이 간단히 전체를 관리 가능
업무 환경	각 개인별로 복잡 다양한 환경 설정	표준화된 환경기본 제공
업무 집중도	업무를 위한 주변환경에 많은 시간 투자	자신의 업무에만 집중할 완벽한 환경 제공
라이프 사이클	5년	반영구적
TCO	고비용 저효율	저비용 고효율

(4) 홈페이지 운영계획

1) 기본방침

- 홈페이지 내용을 실시간으로 업데이트하여 홍보활동을 극대화
- 자체 유지보수를 통한 비용절감
- 인터넷 패키지 상품을 이용한 매출증대 기여

2) 홈페이지 구성내용

① 회사소개(Corporate Introduction)

- Welcome Massage(사장 인사말), 회사연혁, 조직, Location 등

② **호텔 소개**(Hotel Introduction)

- 객실 : 객실 타입별 동영상 처리(객실 타입별 1컷씩)
- 영업장 : 업장별 동영상 처리
- 연회장 : 인원수별 연회 세팅, 연회 Facility 소개
- 부대시설 현황(전체적으로 1컷)
- 컨벤션센터 현황 및 랜더링
- 부대시설 현황 및 랜더링(Fitness, Spa, Swimming pool 등)

③ **인터넷 예약**

- 고객이 예약시 예약담당자 앞으로 예약메일이 전송되는 방식
- PMS 시스템과 직접연결 방식
  - 메리엇 예약시스템(마샤)
  - 호텔뱅크(Hotel Bank) 예약시스템
  - 자체 구축방식
  - 인터넷 예약시스템은 장단점이 있으므로 신중히 고려하여 도입

④ **공지사항**

- 호텔 보도자료, 직원채용 공고, 입찰공고 및 기타 공지사항 등

⑤ **Q&A 게시판**

- 고객 및 네티즌들의 질문, 건의사항 등에 대한 답변에 관련된 게시판

⑥ **링크**(Link : 관련 사이트 연결)

- 한국관광공사, 관광호텔업협회, 제주도 홈페이지, 체인호텔, 전문 예약대행 업체, 유명관광지 등

⑦ **호텔 사이트 등록**

- 전세계적으로 호텔을 관리하는 사이트와 검색사이트에 사례호텔 홈페이지를 등록함으로써 사례호텔을 찾는 고객이 인터넷을 이용하여 쉽게 검색할 수 있도록 하고자 함

3) 사례호텔 시스템 배치도

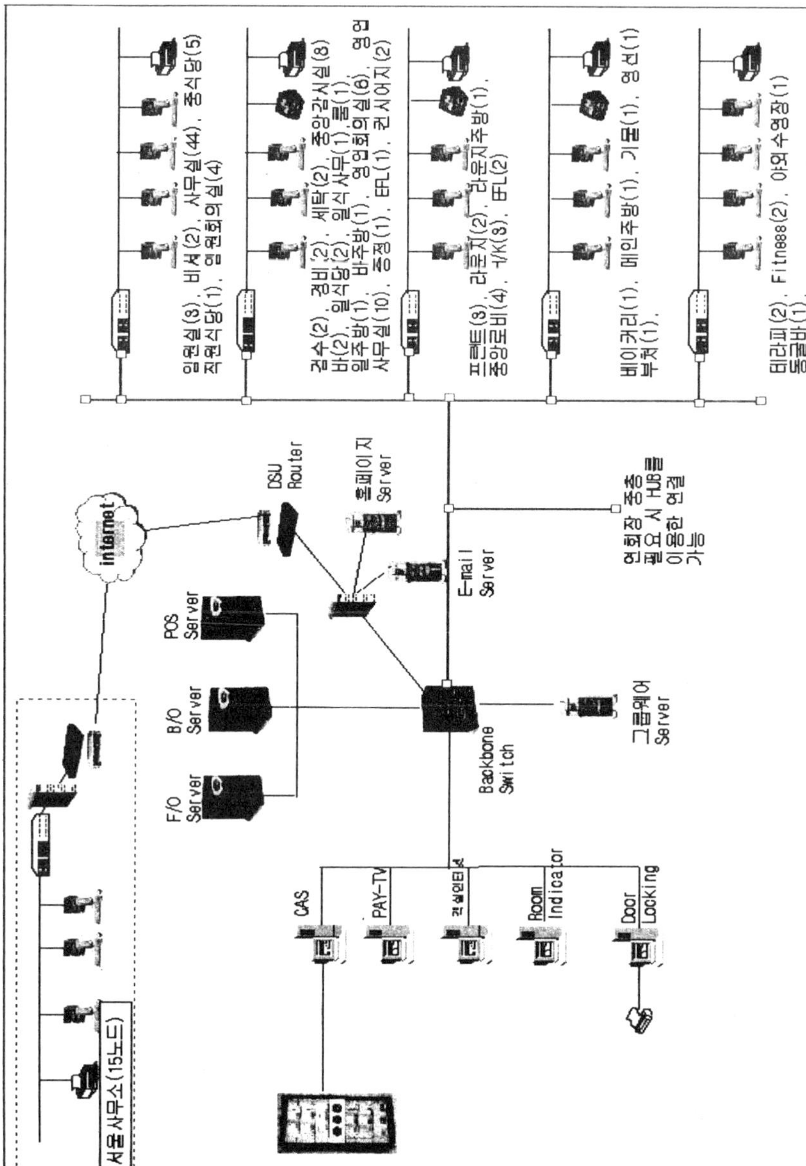

4) 전산교육 계획

① 목 적

- 전산교육을 통하여 전산시스템 사용에 따른 오류를 줄이고 사무업무의 능률을 제고하고자 함

② 운영방침

- 교육일정 계획시 타 교육일정을 검토하여 시행
- 각 교육별 교육목표를 숙지하여 교육의 질적 향상을 최대한 높일 수 있도록 계획.
- 교육 참여를 높이기 위하여 각 팀별 여유시간을 최대한 활용.
- 개관 전 전산교육은 교육일정에 따라 시행하여 개관에 소홀함이 없도록 하고, 개관 후 교육은 매년 사업계획 작성시 교육계획을 작성하여 시행

③ 전산교육의 종류 및 교육방법

구분	OA교육	업무 전산교육	전산관리자 교육
대 상	전직원	각 업무별 담당	전산직원
횟 수	연 2회(상·하반기)	각 팀 월 1회 3일 신규입사자 수시	연 4회
방 법	자체교육	자체교육	위탁교육
내 용	• 회사 내 시스템 교육 • 워드, 엑셀 교육 • 인터넷 교육	• 각 팀별 업무 흐름 • 업무 전산교육	• 네트워크 교육 • DBA 교육 • 온라인 통신 교육
목 표	• 문서작성 능력 배양 • 정보화 기초지식 배양	• 업무처리의 정확성, 신속성, 오류를 최소화	• 현업지원 효과 증대 • IT기술 능력배양

5) 데이터 백업 계획

① 목 적

- 시스템 자원의 장애 또는 기타 사유로 인한 정보시스템 데이터의 파손시 피해를 최소화하고 신속한 복구를 수행하기 위해 데이터를 정기적 또는 필요

시 다른 매체에 백업(Backup)을 실시하여, 적정한 장소에 보관

② 수행방법

• 장애복구계획 수립
  – 연간 장애복구계획 작성
  – 현업의 요구에 따라 각 파트별로 목표 장애복구시간 설정
  – 모든 운영대상에 대한 장애요소를 분석한 후, 이에 대한 대책 수립
  – 하드웨어 복구에 필요한 장비부품 및 장비의 공급시간을 조사 후, 필요한 부품 및 장비를 전산실 내부에 비치
  – 목표 복구시간에 맞는 데이터 백업계획 및 백업장비 결정
  – 목표 장애복구시간을 만족하는지 정기적으로 점검
• 백업계획 수립
  – 연간 백업계획 작성
  – 시스템 신규도입 및 증설시 백업계획에 대한 내용을 연간 백업계획에 반영
  – 백업대상, 백업주기, 백업보관 매체, 보관장소 등을 반영하여 백업계획 수립
• 검토 및 승인
  – 수립된 장애복구계획과 백업계획을 팀장에게 보고하고 승인을 얻음
• 수행 및 보고
  – 백업계획에 따라 시스템 자원 운영담당은 각각의 백업을 수행하고 처리 내용을 백업 관리대장에 기록하고, 백업결과를 팀장에게 보고
  – 설치 또는 변경작업을 위한 임시백업은 해당자원에 대해 별도의 백업의뢰를 하지 않을 수 있으며, 작업이 정상적으로 종료하면 따로 보존하지 않음

③ 데이터 백업계획

• 주간 Daily 데이터 백업(디스크 7개 기준 Daily 자동백업)
• 월말 데이터 백업(매월 말 – 직원에 의한 수작업)
• 반기 데이터 백업(6월 말, 12월 말 – 직원에 의한 수작업)

④ H/W 장애복구 계획

• 주간 시스템 점검표를 작성하여 주간 점검 기록

• 월간 정기점검시 주간 기록표를 참조로 이상 있는 부분에 대한 예방처리 계획 수립
• H/W 유지보수 계약을 통한 월 정기점검 계획수립
• 분기별 점검 계획수립

6) 구매업무 추진계획

① 기본방침

• 이익창출의 원칙 : 원재료의 절감을 통하여 이익창출의 원천으로서 운용
• 염가구매, 품질규정, 납기보장의 원칙 : 품질과 납기를 보장하는 범위 내에서 최대한 염가구매
• 적기, 적소, 적품 공급의 원칙 : 물품구매시 적기, 적소에 적품을 공급하여 구매비용과 재고비용 절감
• 합목적성의 원칙 : 관계법령에 의거하여 물류별 공개성 · 공정성 · 투명성 확보로 대외 신뢰도 확보

② 추진방향

• 회사 규정 및 관계법령을 준수하여 공정성 · 투명성 확보로 예산절감 극대화 도모
• 경험이 풍부하고 재력과 신용이 있는 우수업체를 선정함으로써 계약의 적정이행 확보
• 물류별 전문성이 요구되는 물품 구입시 물품선정위원회를 구성 운영하여 합리적인 물품선정으로 효율적인 물품 구매
• 업장별 구매량을 파악하여 구매기준을 설정하여 추진
• 제작소요기간별 우선순위를 확정하여 구매
• 영업장 특성에 따라 시기별 · 계절별 적기 구매

(5) 사례호텔의 개관 전 구매업무 추진계획

1) 품목별 구매계획

• 개관 전 구매는 고정자산과 재고자산으로 구분하여 다음과 같이 추진

구 분		금 액	비 고
공기구비품	사무용기기	44,900	복사기, 카메라 등
	사무용비품	274,610	사무실, 직원식당 등 집기비품
	전산비품	592,100	서버, 사무용컴퓨터, 프린터 등
	영업장가구류	4,157,960	객실, 식음료, 부대시설 가구류
	린넨, 침구류	456,720	객실, 식음료 린넨, 침구류
	커튼류	244,000	객실, 식음료 커튼류
	조명류	368,012	객실, 식음료, 공용부문 조명류
	객실전자제품	1,197,900	냉장고, 진화기, TV 등
	키드스위트 게임기	19,500	
	스포츠바 특수음향	60,000	
	노래방기기	53,000	
	웨곤류	77,000	객실, 식음료 카트, 트롤리 등
	청소장비류	15,100	객실, 식음료 진공청소기 등
	객실비품	69,440	헤어드라이어, 체중계 등
	식음료 영업장 및 연회장 비품류	158,750	무전기, 연회용장비 등
	카펫류	20,000	로비, 객실 RUG, 붉은 카펫, 매트 등
	연회 웨딩장식	30,000	카펫, Flower Stand 등
	금고	22,160	객실 안전금고 등
	화분류	84,000	로비, 식음료업장 화분
	선반류	45,000	각종 창고 선반류
	피아노	28,000	로열스위트, 식음료업장 피아노
	소품류	37,000	객실, 공용부문, 식음료업장
	객실망원경	11,700	스위트객실 망원경
	헬스장비	250,000	웨이트 트레이닝 장비 등 30여종
	테라피장비	150,000	특수욕조, 스팀샤워 등
	주방장비	1,804,127	각 주방 장비
	식기류	697,244	각 주방 식기류
	미술장식품	635,000	건축분 포함
	소화기	15,887	분말소화기 등
	간이완강기	38,100	
	휴대용 비상조명	18,000	
	인명구조장비	8,646	
	전자저울	1,200	
	직원숙소 비품	140,490	가구, 커튼, 전자제품 등
	계	11,825,546	

구 분		금 액	비 고
재고자산	식료	158,000	1개월 소모량
	음료	64,000	2개월 소모량
	로고상품	30,139	6개월 소모량
	일반 소모품	83,000	3개월 소모량
	피복류	149,480	
	계	484,619	

2) 원재료 및 소모품 구매내용

① 원재료 구매내용

품 목	확보량	내 용	거 래 처	비 고
육 류	3개월	소고기, 양고기, 돼지고기	한국관광용품센터	분기별구매
			육류도매업체 선정	수시구매
어패류	–	참치, 송어, 문어, 고등어 등	도매업체 선정	수시구매
과일	–	사과, 복숭아, 포도, 딸기, 참외 등	도매업체 선정	수시구매
야채	–	배추, 무, 양배추, 상추 등	도매업체 선정	수시구매
가금류	–	닭고기, 칠면조 등	도매업체 선정	수시구매
캔류	1개월분	오렌지, 파인애플주스, 선키스트 등	한국관광용품센터	수시구매
주류	–	양주, 국산주류	도매업체 선정	수시구매

② 소모품 구매내용

품 명	확보량	내 용	거 래 처	비 고
객실 소모품	3개월	성냥, 스킨로션, 비누, 머리빗 등	호텔전문납품업체	로고인쇄
식당 소모품	3개월	빌, 홀더 등	호텔전문납품업체	로고인쇄
연회장 소모품	3개월	방향제 등	호텔전문납품업체	로고인쇄

3) 단계별 추진업무

① 준비단계

• 품목별 구매계획 수립

구 분	주 요 품 목
디자인에 의한 품목	• 객실 : 가구류, 조명, 커튼류, 침구류 등 • 식음 : 가구류, 조명, 커튼 • 관리 : 기구류, 직원유니폼
사양에 의한 품목	• 객실 : 객실소모품, 전자제품, 실내식물 등, 청소기기 • 식음 : 식음소모품, 전자제품, 시청각기기, 글라스류 • 조리 : 조리소모품, 실버류, 웨곤류, 유텐실류 • 관리 : 사무용기기, 전산장비, 차량

• 각 영업장별 소요량 파악

– 각 영업장별 FF&E 소요량 파악

– 업장별 품목별 소요량 산정(소요량은 회전율을 감안한 필수소요량 반영)

– 업장별 집기류 등급 결정

• 견품 및 사양 결정

– 객실 및 F&B 의 디자인 및 사양 결정은 필요시 선정위원을 위촉하여 위원회에서 결정예정

– 견품을 배치하여 선정위원의 의견을 종합 반영하여 선정

② 발주단계

• 준비확정에서 발주단계

– 특1급 호텔 운영에 적합하고 견고성 · 우수성 · 경제성이 우수한 제품 구입

– 관계규정에 의한 입찰 및 수의시담 계획 추진

– 품목별 계약처 생산공정 확인

– 계약업체 생산일정 계획표를 접수하여 납기를 수시확인

– 사양, 시방서에 의한 규격자재 사양 등 계약조건의 이행상태를 중간 검수하여 필요사항은 지도 및 시정조치

– 제작품이나 특수사양에 의한 발주품은 납기 전에 중간검수 확인 지도 및 시정조치

• 계약처 발주분 확인
  – 생산일정 중간점검
  – 중간생산 상태 확인
  – 납기 및 품질이상 여부 확인
• 제작품이나 특수사양에 의한 발주품은 납기 전에 중간 검수
  – 제주지역 특성을 고려하여 선적 전 최종검수

③ 입고단계

• 인수일정 및 검수절차 통보
  – 거래신 반입수량, 장소, 시간 : 제주지역의 특수성으로 인한 개관 일정 등을 고려하여 입고일정 확정
  – 업장별 · 일자별 · 업체별 품목별
  – 거래선, 반입수량, 장소, 시간
  – 반입요청 : 하역 운반장소, 장비준비
  – 저장보관 장소의 적합 여부(도난 · 침수 · 화재 · 망실 등)
  – 인수시 송장과 구매결의 내용과 일치여부 확인검수(수량 · 사양 · 품질)
• 제품별 집기비품 납품시 품목별 사진첩 또는 CD 2부 제출
  – 호텔비품의 자산관리 측면
  – 품목 명칭의 일관성 유지

4) 구매방법 검토

① 기본요건

구 분	세 부 내 용
1. 자료조사	• 취급품목에 관한 조사 • 호텔납품 우수업체 조사 • 원가분석 및 타기관 계약실태 조사
2. 디자인 설계	• 디자인 설계요구 품목은 전문업체 선정
3. 구매방법 검토	• 물류별 동종업계의 구매현황 비교분석 – 수의계약(단체적 수의계약, 수의계약) – 경쟁계약(일반 · 제한 · 지명입찰)
4. 원가계산	• 설계도면, 사양 등에 의한 전문용역 연구기관 의뢰
5. 계약방법	• 경쟁계약 – 국가계약법 제11조(일반경쟁입찰) – 재무관리규칙 제55조(지명경쟁입찰) – 재무관리규칙 제53조(제한경쟁입찰) • 수의계약 – 일반수의계약 : 재무관리규칙 제56조 – 단체적 수의계약 : 재무관리규칙 제56조 10항 ※ 계약방법은 사안별 검토하여 확정 시행
6. 중간검사	• 기성제품 및 중요제작 품목 중간검사 2~3회 실시
7. 검수 및 납품	• 전문가 초청검수 또는 설계감리자 검수 – 사양 · 규격 · 재질에 관한 검수 – 수량 및 품질이상 여부 검수
8. 하자보수 처리	• 품목별 하자보수 기간 설정
9. 운 영	• 품목별 입고 및 영업장별 배치

② 계약방법

계약 내용	내 용	관련근거
일반수의계약	• 물품의 구매 · 제조 · 임대 · 수리 및 기타의 계약에 있어서는 예정가격이 3천만 원 이하인 경우	사례호텔 재무관리규칙 56조5항
단체적 수의계약	• 중소기업협동조합법에 의한 검사조건이 구비된 중소기업협동조합의 조합원의 생산품으로서 주무부장관이 정하는 품종에 속하는 것을 그 조합과의 단체적 계약에 의하여 제조하게 하거나 매입할 경우	사례호텔 재무관리규칙 56조10항
일반경쟁입찰	• 당해 입찰의 목적물의 제조 · 공급에 필요한 시설 · 점포를 소유 또는 임차하고 있을 것	국가계약법 제11조
지명경쟁입찰	• 계약의 성질 또는 목적에 의하여 특수한 설비 · 기술 · 자재 · 물품 또는 풍부한 실적이 있는 자가 아니면 계약의 목적을 달성하기 곤란한 경우	사례호텔 재무관리규칙 55조
제한경쟁입찰	• 특수한 설비 또는 기술이 요구되는 물품제조의 경우에는 당해 물품제조에 필요한 설비 기술의 보유상황 또는 당해 물품과 같은 종류의 물품제조 실적	사례호텔 재무관리규칙 53조

* 참고 : 계약방법 결정은 사안별 재무관리규칙 및 예산회계법에 근거하여 시행할 예정임.

(6) 사례호텔 개관 후 구매업무 추진계획

1) 추진목적

• 사용자의 사양을 만족시킬 수 있는 양질의 물품을 적정한 양과 적정한 가격, 필요시기에 구입하여 공급함으로써 원재료의 절감 및 이윤 창출

2) 구매관리 목적

목 적	세 부 실 행 사 항
• 매출증대의 기여	• 영업상황과 시장상황을 고려한 최적의 물량 선정
• 품질과 가격의 적정선 유지로 원가가치 상승	• 시장과 거래선 다변화로 품질과 적정가격 유지
• 관리의 제계화로 재고가치의 상승과 데이터화	• 불용, 사장재고 방지와 재고의 적정순환 품목 데이터의 체계적 관리로 향후 업무의 피드백

3) 구매업무 기본방침 및 지침

① 기본방침

- 회사의 구매관리 업무지침을 준수하고, 합리적이고 효율적인 구매업무 수행
- 지역적 여건과 환경변화에 맞게 자재의 재질과 기능 및 내구연수를 감안하여 구매(태풍·염분·기온 등의 변화에 대비)
- 특급호텔의 품위와 특성을 살릴 수 있는 컬러와 패턴을 선택
- 자재비 절감을 위한 기회손실 방지와 원가절감 인식 고취
- 객관적이고 합리적인 구매업무 추진

② 시장조사 및 업체선정 기준

- 특급호텔 납품실적을 감안한 전문업체 선정
- 가격덤핑에 따른 품질저하 방지
- 업체간 견적 단합 방지
- 거래선의 재무구조 및 경영실태 파악
- 납기준수 및 신용상태 조사

③ 업체선정 방법

- 구매선 선정을 위한 부문별 업체 리스트 업(List up)
- 특급호텔의 실적 등을 감안한 품목이나 수량 등을 비교하여 복수거래 원칙

4) 식자재 단가 적용방법

① 단가 적용기간

• 규정 품목
- 15일 견적 : 과일, 야채류, 버섯류
- 1개월 견적 : 육류, 가금류, 어패류, 식잡류, 양념류(생강 · 마늘)
- 3개월 견적 : 김치류
- 곡물류는 직거래로 시장가격 적용(농협공판장 등)

• 직거래 품목
- 연간 가격변동이 극히 적은 품목으로 단가 계약기간을 구분하여 설정

• 납품가격 변동
- 견적기간 중 자연재해 및 기타 환경적인 요인으로 물품 품귀현상 및 물가 폭등 등 상당한 사유로 발생한 경우를 제외하고는 견적금액을 원칙으로 적용함

• 기타 사항
- 복수거래업체를 원칙으로 하되 독과점업체는 대리점 또는 직거래를 원칙으로 함.

② 업체선정 기준

구 분	배 점	점 수 계 산 방 식
동일업종 연간납품 실적	10	• 동일업종 납품실적이 최상인 업체를 기준으로 등위별 2점씩 감함
동일업종 영업기간	10	• 동일업종 영업기간 5년 이상 10점 이하 1년에 1점씩 감함
개인사업자 또는 법인사업자	10	• 법인일 경우 10점, 개인일 경우 5점
납품 소요시간	10	• 납품 소요기간이 20분 10점 이상일 경우 10분에 1점씩 감함.
납품 차량등록증	10	• 납품차량이 냉동, 냉장탑차의 경우 10점, 일반차량 8점

③ 발주와 납기관리

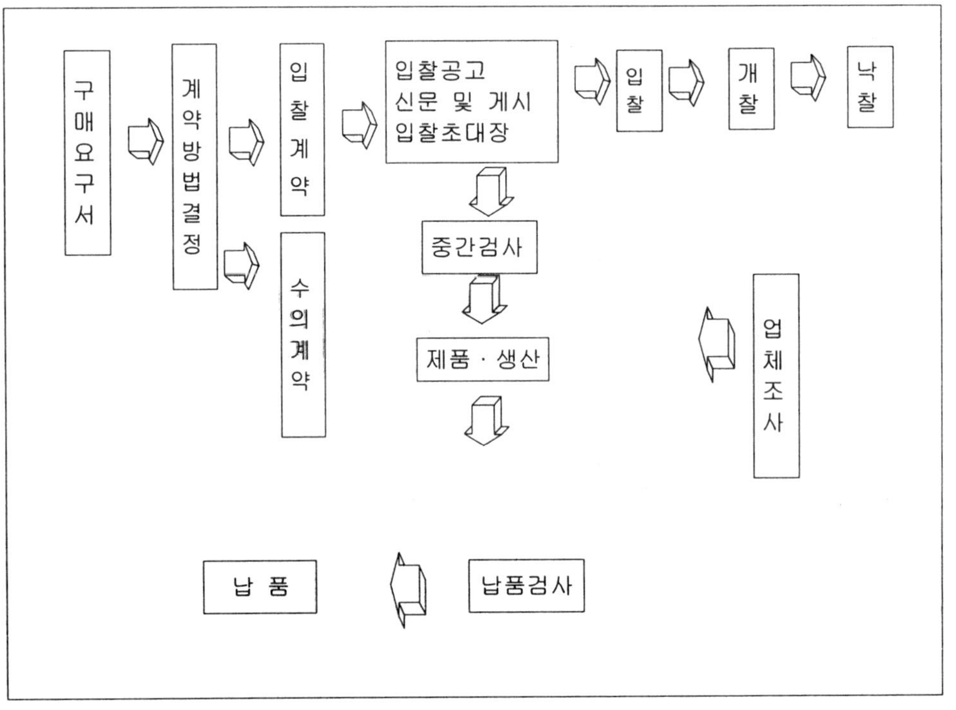
구매요구서
계약방법결정
입찰계약
수의계약
입찰공고
신문 및 게시
입찰초대장
입찰
개찰
낙찰
중간검사
제품 · 생산
업체조사
납 품
납품검사

④ 품목별 거래업체 수 선정기준

품목		선정업체 수	견적대비방법
규정품목	과일류	2~3	15일 견적
	돈·우육류	2~3	1개월 견적
	가금육류	2~3	1개월 견적
	야채류	2~3	15일 견적
	어패류	2~3	15일 견적
	식잡화류	2~3	15일 견적
	곡물류	2~3	시장가격
	김치류	2~3	연간단가
	버섯 및 양념(마늘)	2~3	15일 견적
직거래 품목	양념류II	1~2	연간단가
	콩가공품류	1~2	연간단가
	유제품류	1~2	연간단가
	떡류	1~2	연간단가
	육가공품류	1~2	연간단가
	만두류	1~2	연간단가
	설탕·제분류	1~2	연간단가
	제과용품	1~2	연간단가
	커피류	1~2	연간단가
	주스류	1~2	연간단가
	아이스크림류	1~2	연간단가
	차류	1~2	연간단가
	훈제연어	1~2	연간단가
	특수 소시지류	1~2	연간단가

⑤ 원재료 구입시 유의사항

- 육류 : 신선도 및 소제상태, 메뉴에 따른 부위 선택, 각 부위별 단가, 육질의 색감 및 상태
- 야채 : 계절성 야채의 구입 적기, 공급사항, 수요측정, 견적물품 시장조사 단가와의 비교
- 과일 : 과일의 신선도, 규격, 숙성도, 가격 등락폭의 변동에 따른 대체 방안
- 육가공 : 유통기간, 포장단위, 최저공급수량, 긴급발주 처리방법
- 해산물 :신선도(체향·색감), 크기와 질량, 시장동향과 가격, 계절에 따른 변동
- 식료잡품 :구입처의 배송상태, 제조일자 및 유통기한, 발주 후 공급기간 확인

제7장

호텔기업 회계시스템

❶ 호텔기업 회계시스템의 개요

(1) 재무회계와 호텔회계 시스템(USALI)

호텔회계는 하루 24시간 연중무휴로 객실부문, 식음료부문, 기타 부대부문 등의 영업장소와 영업시간에 따라 각각 다르게 발생되는 거래행위에 적용한 특수회계이다. 또한 모든 거래를 호텔회계 처리절차에 따라 발생에서 지불에까지 신속하게 처리하여 상세하게 기록하고 집계하는 동시에 영업을 위해 소요되는 원재료비 등을 각 부문별로 산출하는 것이 특징이다.

〈표 7-1〉 재무회계와 호텔회계(USALI) 시스템 비교

구 분	재무회계(일반회계)	호텔회계(USALI) 시스템
의의	• 기업의 재무상태, 경영성과, 현금흐름을 표시 • 외부보고	• 의사결정을 위한 정보의 제공 • 경영계획 · 통제를 위한 회계
목적	• 정보이용자의 경제적 의사결정에 유용한 정보의 제공	• 경영자의 관리적 의사결정에 유용한 정보의 제공
정보의 속성	• 과거지향적, 객관성 강조	• 미래지향적, 목적적합성 강조
보고대상	• 투자자 · 채권자 등 외부 이해관계자	• 경영자(내부 이용자)
작성근거	• 기업회계기준	• Uniform System of Accounts for the Lodging Industry(USALI)
보고내용	• 재무제표	• 부문별 · 업장별 손익계산서 등
보고시점	• 분기, 연말결산(사업연도 단위)	• 일별 · 월별 · 분기별 · 반기별 · 연단위 등
법적 강제력	• 있음	• 없음

그리고 호텔기업 회계시스템(USALI)은 기업내부의 경영자가 관리적 의사결정을 하는 데 유용한 정보를 제공함을 목적으로 하는 것으로, 경영의 계획과 통제를 위한 정보제공에 중점을 둔 관리회계에 근접한 회계시스템인 것이다.

(2) 동종업계 호텔회계 제도

국내 호텔회계 제도의 적용실태는 외국과 합자법인 또는 경영기술을 도입한 호텔들은 미국의 'The Uniform System of Accounting for Lodging Industry (USALI)'를 기준으로 하는 투자회사의 회계제도를 그대로 받아들여 사용하고 있으며, 미국 회계제도를 국내 호텔기업 특성에 맞도록 조정 개발하여 사용하는 호텔이 있다. 그리고 중소규모의 호텔들 대부분은 기업회계 기준의 재무제표를 작성하여 보고하는 추세이다.

〈표 7-2〉 동종업계 회계시스템 비교

구 분	내 용
S호텔	일본의 오쿠라호텔(Okura Hotel)과 기술도입 계약은 물론 회계제도까지 받아들여 사용
L호텔	미국의 Uniform System을 자체 특성에 맞게 조정하여 사용
H호텔	호텔경영 및 회계제도 모두 Hyatt International 제도를 그대로 사용
G호텔	기업회계기준 재무회계 방식을 호텔특성에 맞게 조정 보완하여 사용
SW호텔	미국의 Arthur Yong Co., 한국지사에 의뢰하여 만든 회계제도를 사용

❷ 호텔회계 시스템의 도입 방향

(1) 기본 방향

호텔회계 원가개념을 정립한 체계적인 시스템을 구축하여 내부정보 이용자에게 적시에 정보를 제공함으로써 운영체계의 효율을 극대화할 수 있게 하고, 영업장별 수입과 매출원가를 일일 마감하여 업장별 영업분석을 통한 경영자의 관리적 의사결정에 유용한 정보를 제공할 수 있도록 하며, 수입 감사기능을 강화하여 영업장과 객실의 비용을 합리적인 근거에 의해 관리함으로써 영업활동에 대한 평가 및 경영성과 측정이 가능하도록 하는 데 있다.

(2) 중점 관리사항

- 객실관리(Front), 식음료 업장과 Income Auditor와의 유기적인 관계로 업장 수입 관련업무에 누수 방지
- Cost Controller가 식음료 업장별, 제품 품목별 Recipe관리와 함께 재료원가 관리 보고서를 매일 작성하여 보고함으로써 식음료 부서의 상품선정 및 기타 의사결정에 도움을 주고, 바코드 시스템과 연결하여 효율적인 재고관리 및 원가관리 수행
- 예산관리자는 예산관리 항목을 호텔회계 계정과목으로 소 분류하여 관리하며 예산의 적정집행 통제

❸ 업무 흐름도

(1) 호텔회계 정보의 흐름

1) 호텔수입(Input Data)의 흐름

고객(Guest)이 예약하고 퇴숙에 이르기까지 창출되어지는 영업장 수입을 데이터화하여 시간별 매출액이 각 부서 정보이용자 및 관리자에게 전송되어지고, 영업정보를 분류하여 회계 전표를 발행하고 관리

2) 부서비용(Output Data)의 흐름

각 부서에 재료비 · 노무비 · 경비를 발생 원인부터 결과까지 추적 기록하여 정보이용자 및 관리자에게 전송하고, 부서별 및 영업장별 비용을 분류하여 관리

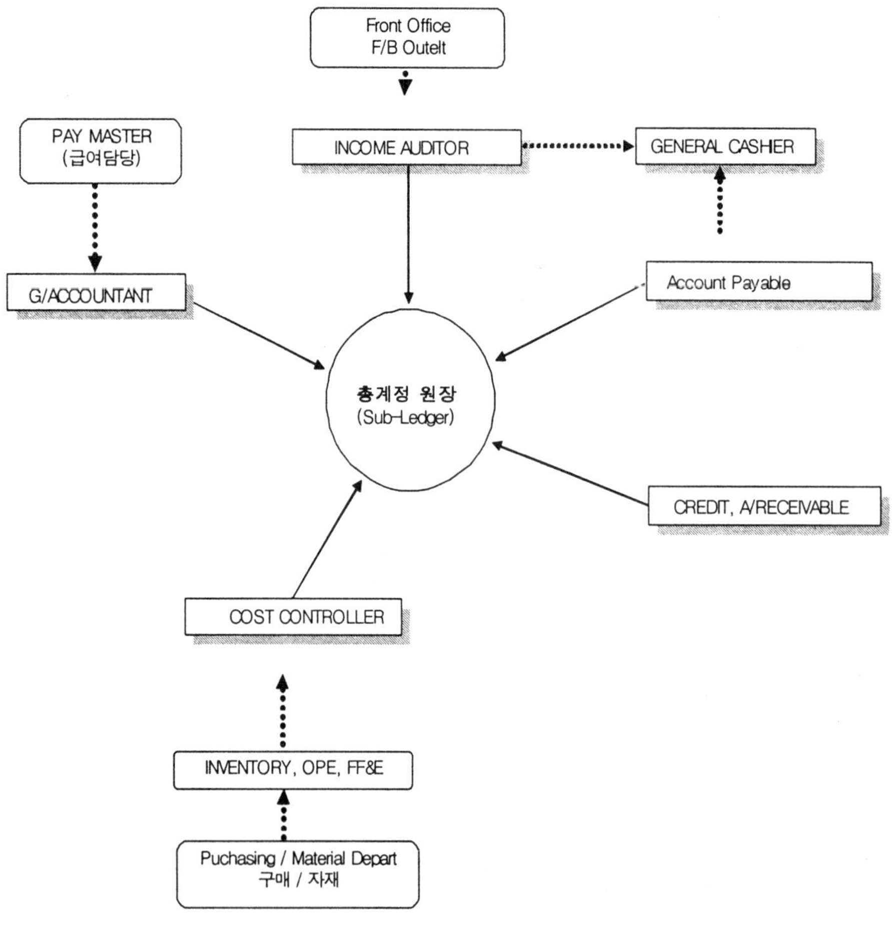

[그림 7-1] 호텔기업 회계정보 흐름도

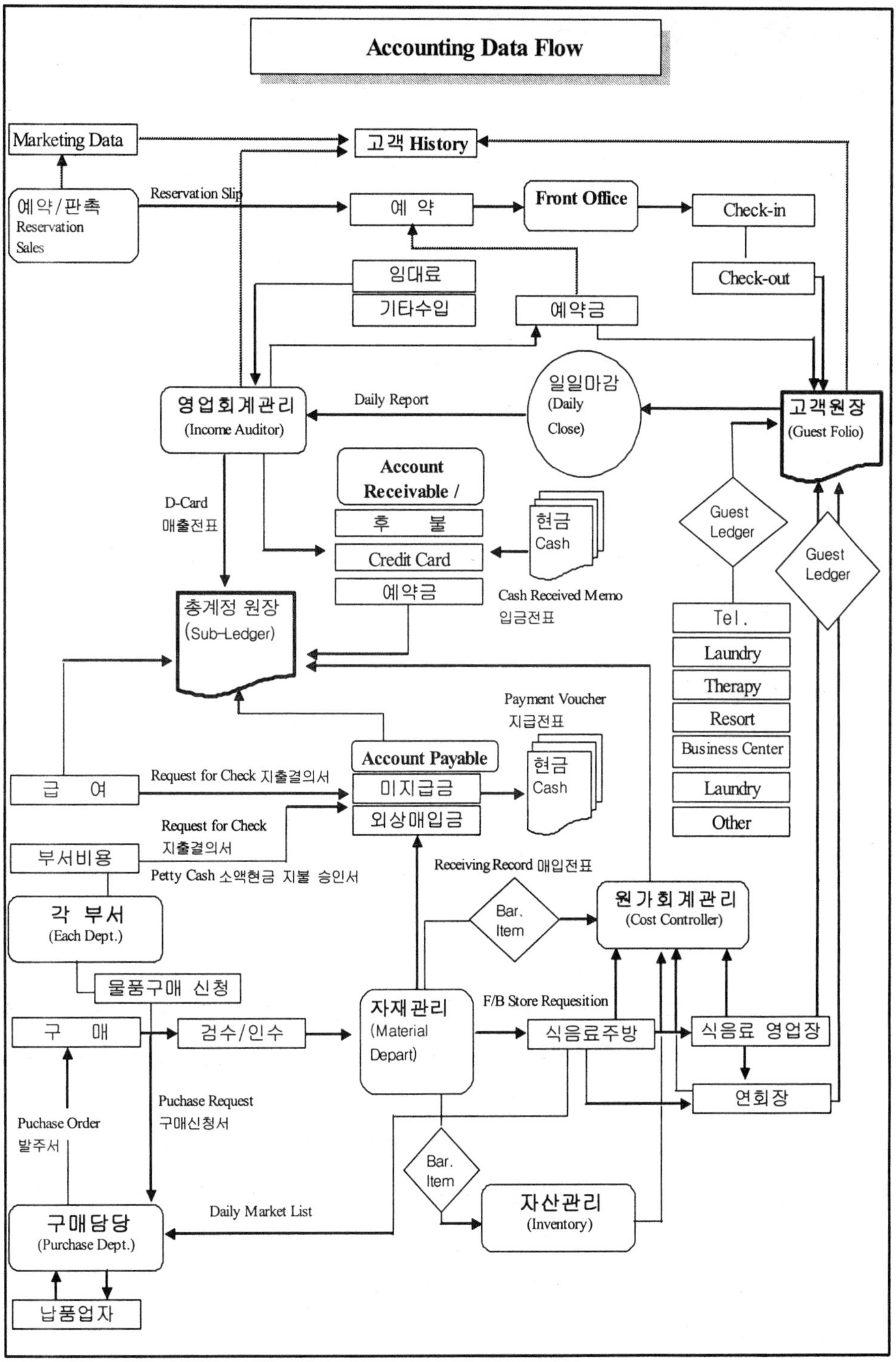

[그림 7-2] Accounting Data Flow

(2) 영업회계 정보의 흐름과 내용

1) 예약실

- 크레디트 클럭(Credit Clerk)으로부터 예약금 입금 리스트를 받고, 고객원장(Foilo)에 선수금(Guest Deposit) 처리
- 예약 소스(Source)나 고객(Guest) 정보, 기타 여행사 관련 정보를 크레디트 클럭에게 넘겨주어 스키퍼(Skipper), 악성요인 제거

2) 객실관리(Front)

- 고객이 호텔에서 체재하는 동안 발생되는 호텔 수입을 관리하고 정산
- 객실 수납원은 신속·정확한 태도로 고객에게 서비스
- 식음료 수납원들에게 수시로 변동될 수 있는 투숙객 후불계산서 처리방법을 통보해주고, 잘못된 내용은 정정(Correction) 또는 추가함으로써 정확한 요금을 징수하고 정산받을 수 있는 호텔의 마지막 지불장소
- 숙박 등록카드(Registration card) 정리
  - 고객의 여권번호, 주소, 전화번호, 국적, 주민등록번호는 컴퓨터에 정확히 입력
  - 이것은 고객 원장(Guest Folio)이며, 객실번호는 곧 회계번호(Account Number)로서 투숙중 발생되는 모든 계산관계는 고객원장에 입력되어 퇴숙할 때까지 객실 수납원이 관리
- 객실 회계원(Front Cashier / Clerk) 정산
  - 객실별로 고객원장에 식음료 수납원이 정확하게 전기(posting)했는지 확인하며, 그밖의 계산서를 고객원장에 전기하여 퇴숙할 때에 객실요금과 합산해서 정산(예 현금·신용카드·후불 등)
  - 산출된 금액을 근거로 객실 수납원 입금봉투를 작성하여 현금금고에 입금시키며, 신용카드 전표와 후불계산서는 따로 확인한 후에 후불담당자(Credit)에게 인계
- 객실회계 차변계정 과목(Debits Accounts)
  - 객실 수입(Room Revenue) : 투숙객의 객실료
  - 봉사료(Service Charge) : 매출액의 10%. 봉사료가 부가되지 않는 매출에

는 전화료, 미니바(Mini Bar), 사우나의 입욕료, 체련장 이용료 등

- 부가 가치세(Value Added Tax : VAT) : 매출액과 봉사료를 합산한 금액에 10%를 부과하며, 외교관 면세카드 소지액이나 주한 외국 군인에 대해서는 면세 처리한 다음 면세 기록부에 기재하여 세무서에 부가가치세 신고시 증빙자료로 사용
- 투숙객 식음료 수입(Restaurant Guest Ledger) : 객실회계의 식음료 수입은 투숙객이 호텔 내의 식당이나 영업장에서 발생된 요금을 퇴숙할 때에 객실요금과 함께 정산
- 현금 지급(Paid Out) : 고객에게 택시비, 우편료, 임대업소 이용료 등을 빌려주고, 현금지급 전표를 작성하여 고객의 서명을 받음
- 이월(Transfer) : 예 720호에서 발생된 전화료를 721호 고객이 지불한다고 하는 경우와 아침식사비는 여행사에서 지불한다고 하는 경우 계정과 금액을 이동시킬 때 사용
- 정정(Correction) : 당일 발생된 +, − 계정을 취소한 후 같은 방법으로 전표를 작성하여 영업회계 담당자에게 인계
- 전화료 : 요금 수화자 지불전화(Collect Call)나 대화자 지정 전화(Person to Person Call)는 교환원을 통하여 신청. 계산서는 교환실에서 발행하여 객실 회계원이 전기 · 전화 사용시 자동으로 전화번호, 통화시간, 요금 등이 해당 고객원장에 전기.
- 잡수입(Miscellaneous Revenue) : 기물파손 변상비 등의 기타 금액을 전기할 경우
- 전보 및 팩시밀리(Telex & Facimili) : 전보는 교환실이나 비즈니스 센터에서 접수 · 처리하고, 팩시밀리는 비즈니스 센터에 의뢰하여 사용하면 계선서를 발부하여 객실 수납원에게 전달하여 전기
- 세탁(Laundry) : 세탁수입에는 물세탁, 드라이클리닝, 다림질 등이 있으며, 자체 세탁은 호텔 운영상 필요한 종업원의 유니폼 세탁과 리넨류 세탁으로 구분하며, 리넨 세탁은 객실 리넨과 식음료 리넨으로 다시 구분
- 기타 부대시설 이용료 : 미니바, 사우나, 헬스클럽 등의 이용수입으로서 기타 부문 수입

• 객실회계 대변계정 과목(Credits Accounts)
  – 조정(Adjust, Allowance) : 객실 수입, 식음료 수입, 그밖의 수입 등 모든 수입 중 일일 마감이 완료된 후, 잘못된 금액을 정정하는 경우
  – 현금 : 대금결재를 화폐 · 수표(자기앞수표, 가표, 당좌수표, 여행자수표)에 의하여 결재되는 계정. 외국인이 수표로 결재할 경우에는 신중하게 처리하여 해외수표의 부도 발생에 따른 손실이 없도록 함
  – 신용카드(Credit Card) : 소비자 신용의 일종으로 상거래상 현금과 수표를 대신하여 대금을 결재하는 수단으로 통용되는 제3의 통화
  – 후불(City Ledger) : 일반 기업체, 개인, 국내외 여행사 및 항공사로 구분하여 해당 업체나 기관의 지불 능력을 파악하여 체결
  – 선수금(Advance Deposit) : 고객이 체크아웃 전에, 여행사나 타인, 본인이 입금시켰을 경우 선수금 처리
• 환전(Money Exchange)
  – 환율(Money Exchange Rate) : 외국환관리법 환전상 관리규정에 의한 지정 외국환에 한하여 고객으로부터 매입할 때 적용되는 환율로, 당일지정 거래 외국환은행에서 정하는 매입률에 적정 취급 수수료를 산출하여 통화의 형태에 따라 공제한 금액이 당일 환전상의 외국환 매입률이 되며, 매일 외국환 매입률을 통화 형태별로 영업장소에 게시
  – 재환전 : 미 사용 원화를 재환전하고자 할 때에는 외국환은행, 개항장 또는 통관 비행장에 설치된 금융기관 환전상에서 외국환 매입증명서에 의해 재환전
  – 여행자수표(Traveller's Check) : 해외여행자의 현금 휴대에 따른 분실 · 도난 등의 위험을 피하기 위하여 고안된 수표로서, 은행으로부터 매입할 때에 해당 금액만큼 현금을 지불하고 발행받은 수표이며, 수표를 발행받을 때의 본인 서명란과 사용할 때의 본인 서명란으로 되어 있어서 두 개의 서명을 대조
    ☞ 이상과 같이 이루어진 당일 거래에 대해 일일 마감하여 재무팀 수입관리과(Income)로 모든 데이터를 넘김
• 사용서식
  – 고객원장(Foilo)

－Tele/Fax Voucher

－Sundry Income Voucher

－Laundry Voucher

－Paid Out Voucher

－Cash Envelope

－Credit Card Envelope

• 리포터(Report)

－Daily Report : Revenue를 예산, 전년, 동종업 비교

－Daily Closing Report : Occupancy Report 외

3) 식음료

① 식음료(Food & Beverage) 수납원의 회계절차

주문 → 계산서 발부 → 회계기 및 판매시점 단말기(Point of Sales System : POS)에 전기 → 정산 → 출력 확인 → 정정 → 마감

② 업무내용

• 주문서

계산서 자체가 주문서가 됨. 1조 2매, 수납원에게 전달함.

• 정 산

객실 수납원과 동일한 형태로 이루어짐. 투숙객 후불인 경우 객실번호를 확인하여 계산서에 서명을 받고 성명을 확인하여 해당 원장에 전기

• 식음료 수납원 보고서 작성

업무마감시에 차변항목과 대변과목이 일치하는지 확인하여 보고서를 상세히 기록

• 입금봉투 처리

입금봉투는 현금판매 부분, 즉 영업장별로 수납된 현금을 대형금고에 넣도록 된 봉투를 말하며, 현금봉투를 확인하고 현금입금기입장에 기입

③ 사용서식

• 고객계산서(Guest Check)

• House Use Check

- ENT Voucher
- Cash Envelope
- Credit Card Envelope

④ 리포터(Report)

- Cashier Report

4) 영업회계관리(Income Auditor)

최종적으로 수입을 확인하고 월말결산서에 데이터를 입력한다.

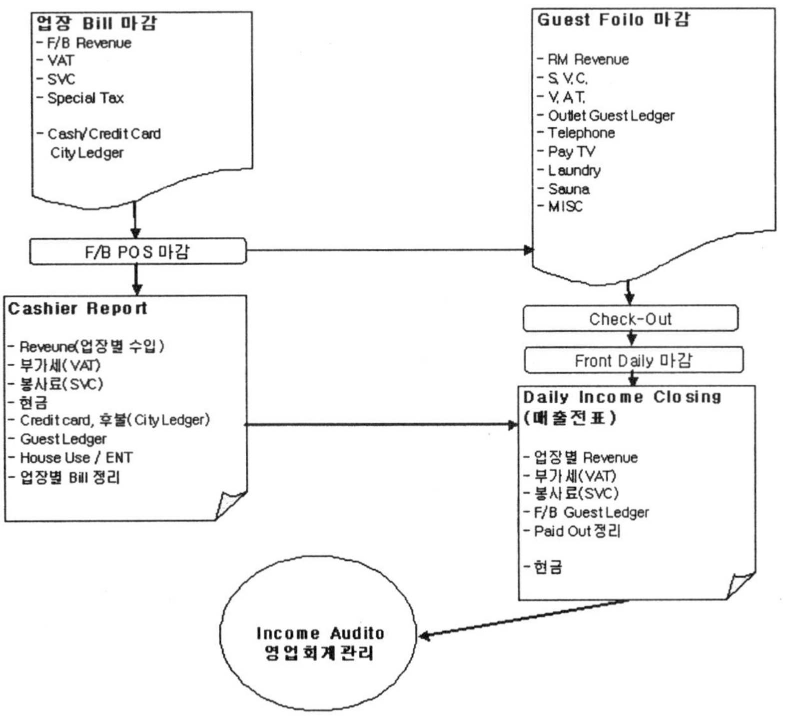

[그림 7-3] Income Data Flow 1

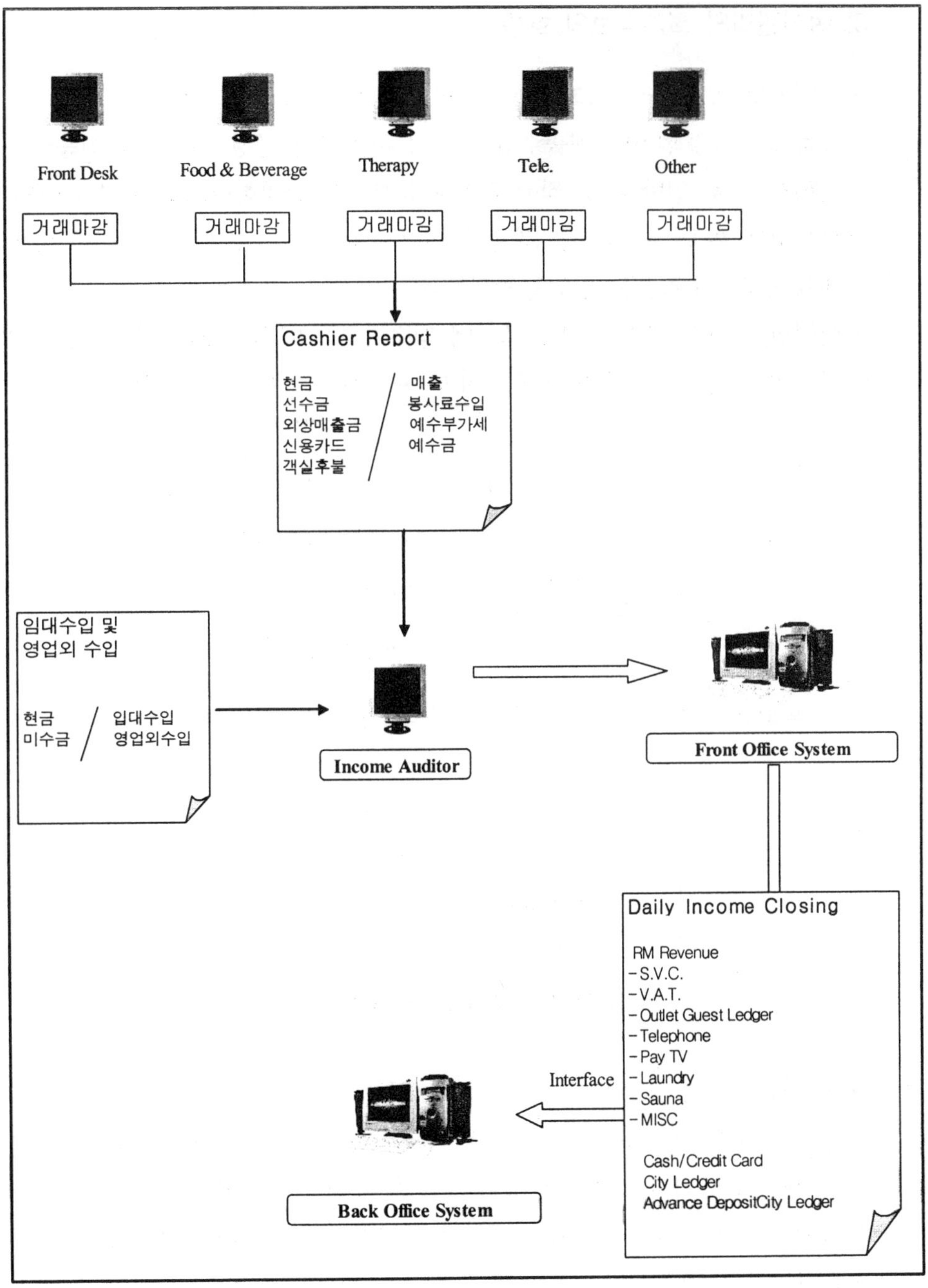

[그림 7-4] 수입 데이터 흐름도

3) 여신관리와 회계정보의 흐름

- 호텔기업 여신관리는 크게 매출채권과 미수금 관리로 구분한다.
- 매출채권은 호텔기업 매출수입과 직접 관련되어 발생되는 받을 신용카드, 여행사 후불, 일반 후불, 직원 후불로 분류하여 관리하며, 그 외 받을어음과 투숙고객 후불, 일반적 상거래를 벗어난 거래형태로 임대업소 관리비 및 임대료 등의 미수금은 별도로 관리한다.
- 이러한 미회수 채권에 대해 조기에 회수할 수 있도록 하고, 악성채권을 방지하여 회사의 자금흐름을 원활하게 하는 데 목적이 있다.

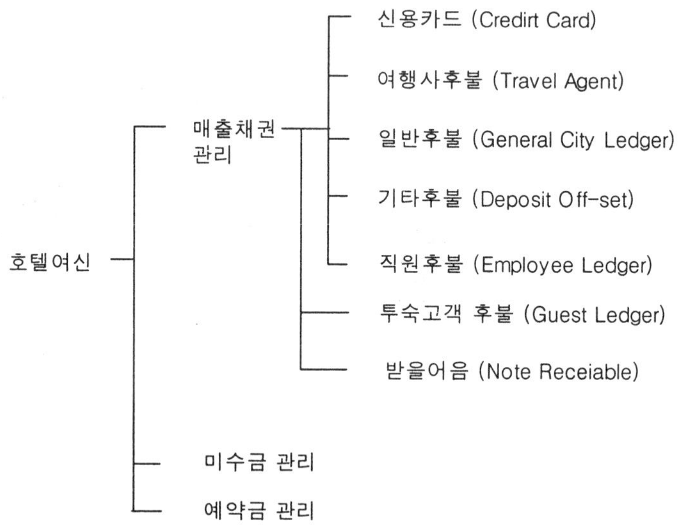

[그림 7-5] 호텔여신의 종류

- 신용카드 관리

  신용카드(Credit Card)는 점점 다양화되고 있고, 고객이 신용카드 결재비율도 해마다 증가하는 추세에 있다. 이러한 신용카드 관리는 호텔의 자금 흐름에 중요한 역할을 하며, 자금회수에 체계적인 절차와 관리가 필요하다.
- 외상매출금 관리

  – 사례호텔의 제주지역은 관광 목적이 대부분 휴양관광으로 여행사의 판매에 의존하고 있어서 여행사와의 우호적인 관계를 유지하는 범위 내에서 후불을 사전에 통제하고 여행사의 정보를 확인하여, 폐업 및 휴업으로 불

의의 피해를 당하지 않도록 하는 데 외상매출금 관리의 목적이 있다.

- 연회행사와 세미나 등과 관련하여 발생되는 후불과, Management Class 혹은 Sales Department에서 요청하여 후불처리된 경우 일반 후불로 분류하여 관리
- 발생되는 후불은 회수의 장기성을 띠고 있어서 행사 주최사 및 고객이 호텔 매출에 어떻게 영향을 주고 있는지를 세일 담당이나 후불 요청인에게 사전에 정보를 확인하고 조치한다.
- 외상매출금 종류
  - 여행사관련 후불
  - 행사관련 후불
  - 직원 후불

• 받을어음 관리
- 받을어음은 호텔거래에서 거의 유통되지 않는데, 국내 몇몇 대형 여행 업체에서 2~3개월 어음을 발행하여 지급됨
- 받을어음은 별도의 관리대장을 만들어 발행일 · 지급일 · 지급은행 등을 기재하고 관리

• 미수금 관리
- 임대업소에 관리비를 산출하여 청구 및 관계회사 미수금에 대해 청구하고 회수

• 예약금 관리
- 출납 General Cashier
  매일 예약금 통장을 확인하고 입금내역을 입력하고 입금 리스트를 프런트와 예약실로 전송
- 예약실 Reservation
  - 입금 리스트를 받고 고객원장(Folio)에 선수금(Advance Deposit)으로 입력
  - 선수금 Posting List와 기타 예약 소스를 후불 담당자에게 알려줌
  - 고객(Guest)이 예약금을 입금했는데, 예약취소하는 경우 규정에 따라 환불함. 환불할 때는 환불요청서를 작성하고 입금내역과 고객으로 받은 환불요청서 등을 첨부하여 후불 담당자에게 보냄.

－프런트

고객이 체크아웃할 때 입금 리스트를 확인하고, 고객원장(Folio)에 입력 여부 확인

－후불 담당자

선수금 장부를 정리하고 결산에 반영

－크레디트 클럭

- 선수금이 입금이 되어있는데 체크아웃 때까지 확인이 안 되어서 후불로 처리된 부분을 분류하여 입금 리스트와 재확인 후 상계 처리
- 예약실에서 받은 환불요청서를 확인하고 출납에게 넘김

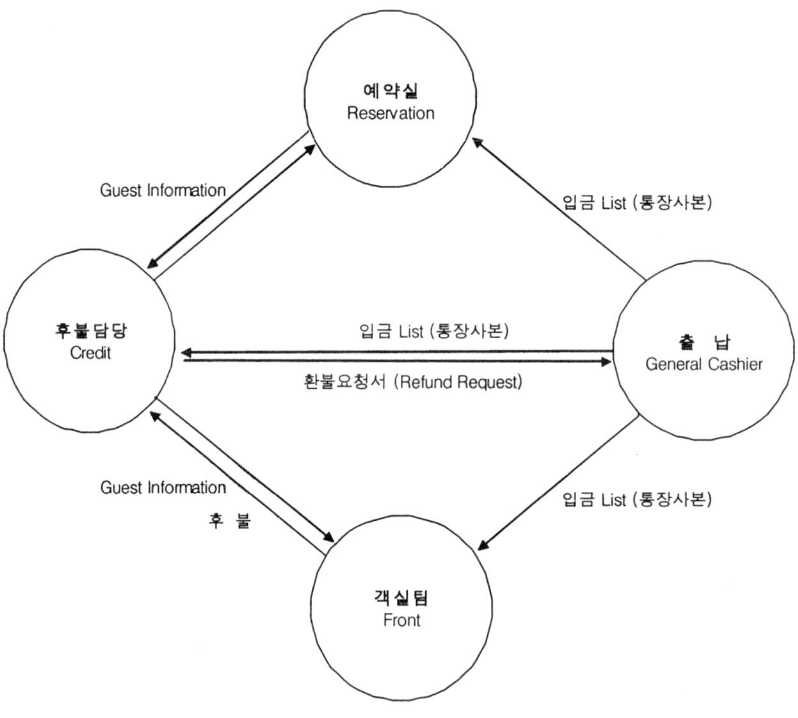

[그림 7-6] Guest Advance Deposit(예약금) Flow

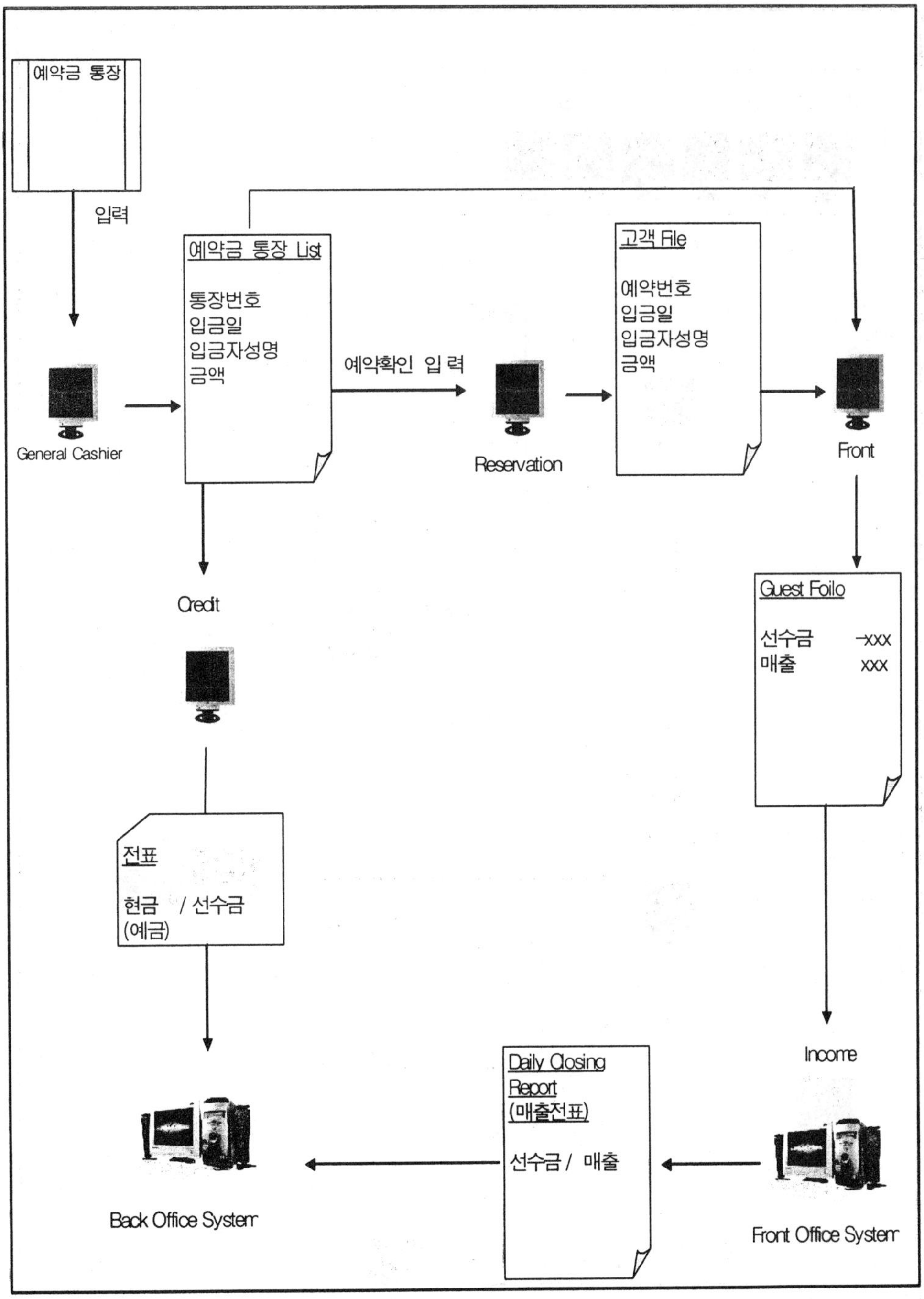

[그림 7-7] 고객 계정 데이터

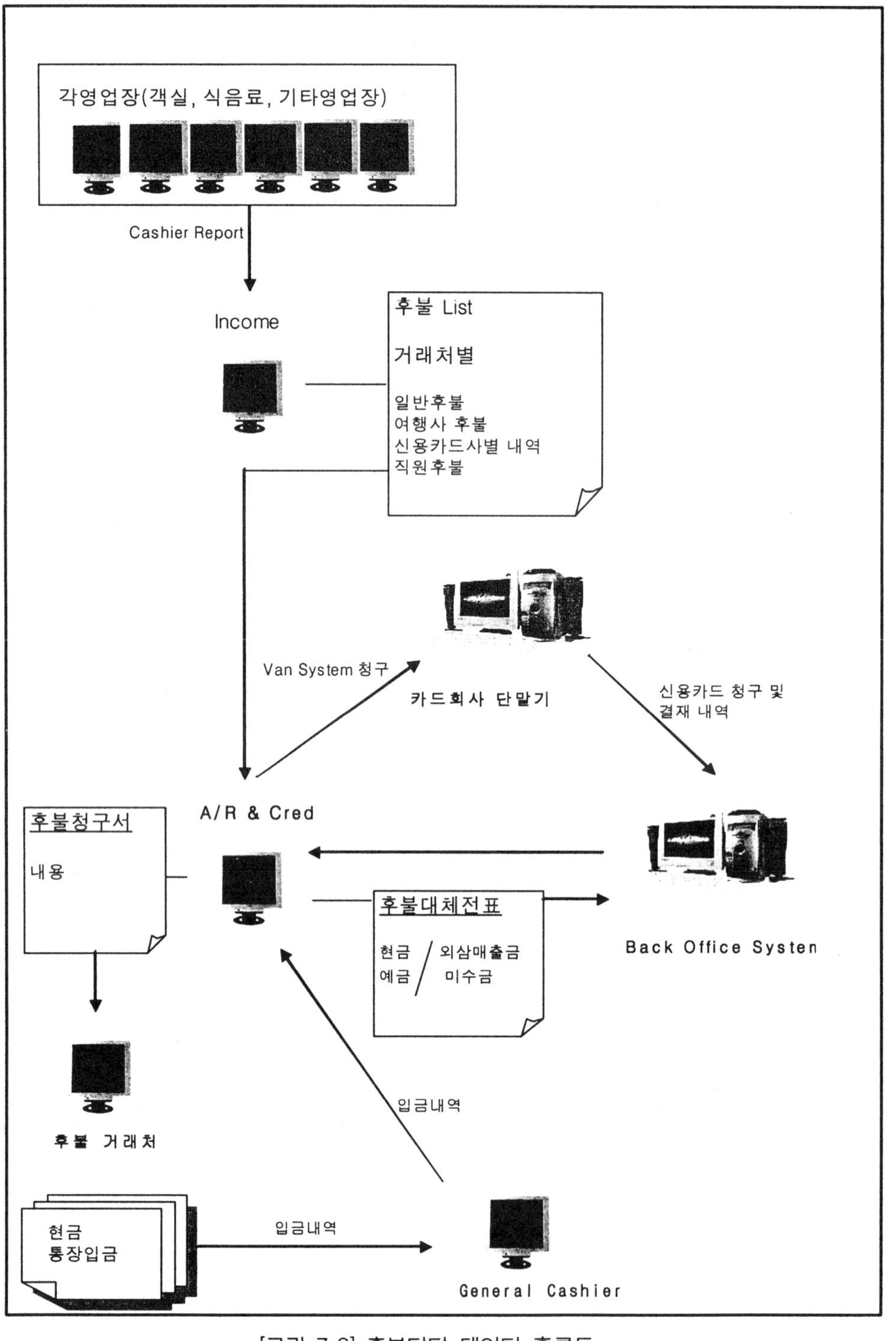

[그림 7-8] 후불담당 데이터 흐름도

4) 급여관리 정보의 흐름

- 일반적으로 노무비는 호텔의 영업활동에 투여된 사용인 및 종업원의 근로의 대가로 지불되는 급료, 임금, 잡급 등을 말함.
- 호텔 영업장에 생산 활동을 위해 직·간접으로 투입되는 종업원의 급료와 임금에 대해서 직접노무비와 간접노무비로 구분하고, 관리부문 업무에 종사하는 종업원 및 사용인(임원)에게 지급되는 급료에 대해서 판매관리 인건비로 분류함.
- 급여담당자 업무요약
  - 인사총무로부터 인사발령서, 연장근무, 야간근무, 휴일근무수당, 휴일근무수당 내용서류 및 국민연금, 의료보험 상실취득의 서류와 영업회계 부서의 봉사료 집계표, 직원후불 공제명세서 등의 지급 및 공제명세를 받아 컴퓨터에 입력하여 급여작업 완성 후에 은행에 이체하며 매월 지급된 급여를 각 부서별 배분 비용처리하고 급여와 퇴직금에서 공제한 소득세, 주민세 등의 원천세를 신고하며 근로소득의 연말정산을 함

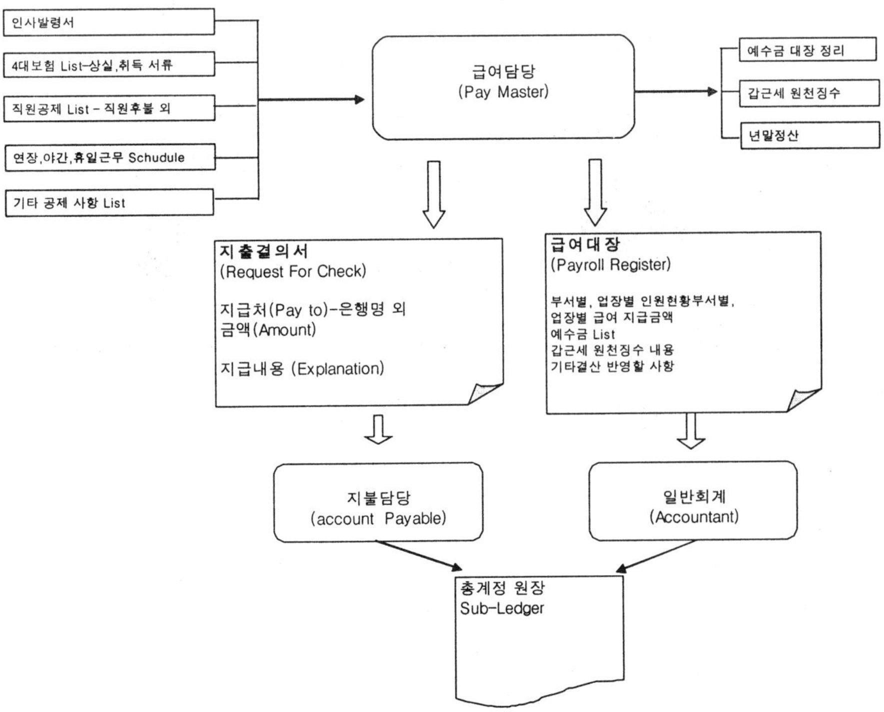

[그림 7-9] 급여관리 정보 흐름도 1

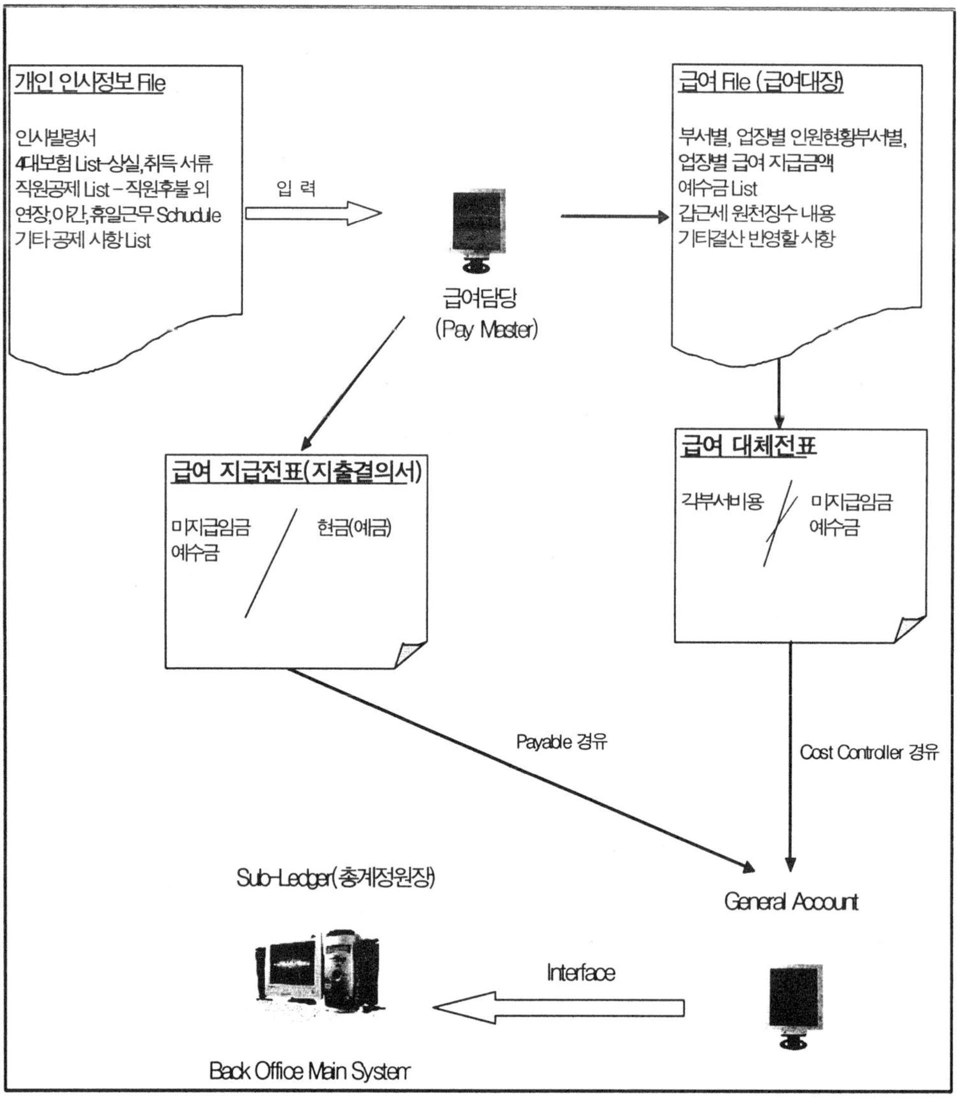

[그림 7-10] 급여관리 정보 흐름도 2

5) 현금출납과 회계정보의 흐름

- 전날의 F/O Cashier와 F&B Cashier가 입금시킨 현금봉투를 수거하여 Income Auditor 입회하에 봉투를 개봉하고, 각 Cashier별로 입금액을 작성하여, 후불 카드금액 등의 회수액과 식권판매, 상가관리비 등의 모든 현금을 수납하여 일일 수납보고서를 작성하며 각 부서로부터의 소액 출납업무도 수행
- 당일 환율의 표기 및 프론트 캐셔에게 일일 환률표를 작성케 하여 호텔영업에 반영

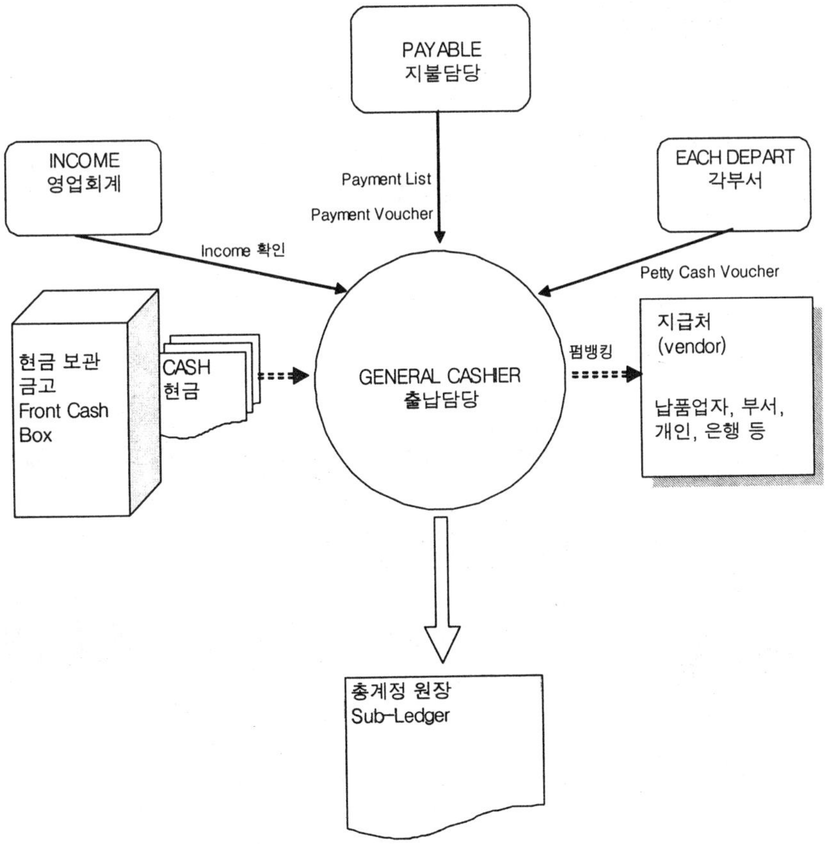

[그림 7-11] 현금출납 회계정보 흐름도

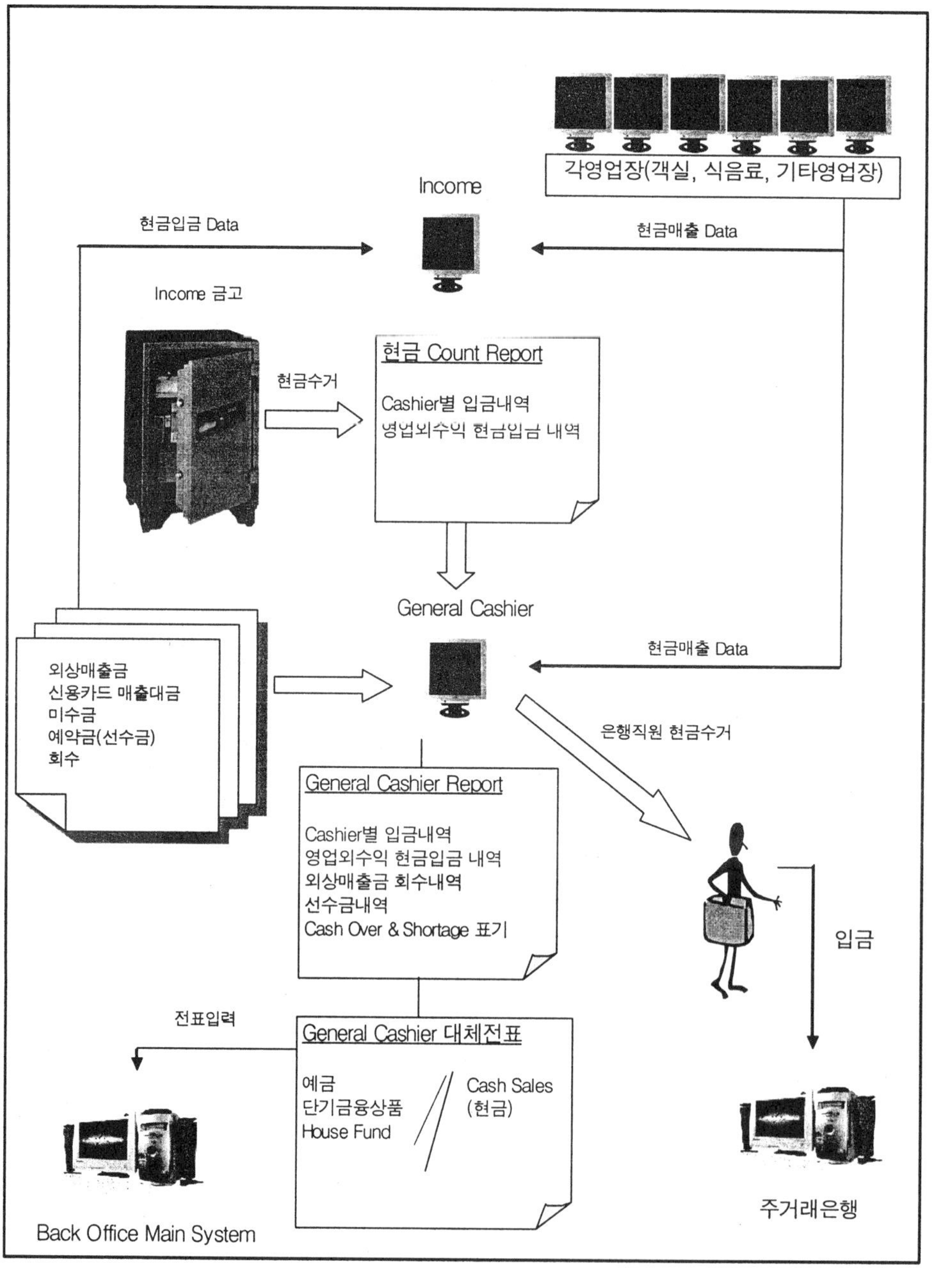

[그림 7-12] 현금수납 회계정보 흐름도

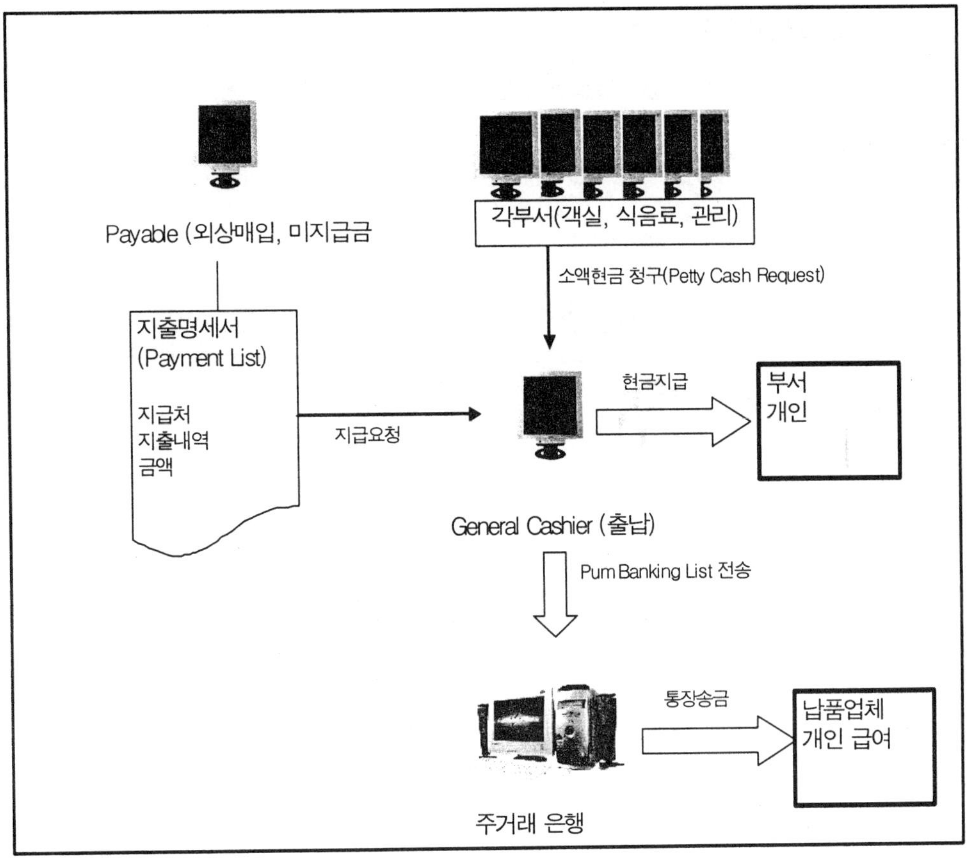

[그림 7-13] 현금지불 회계정보 흐름도

6) 구매정보 흐름과 회계처리

- 물품 구매는 재료원가 및 일반경비에 직접적인 영향을 주게 되어 호텔영업 이익관리에 중요한 변수로 작용
- 호텔구매는 각 영업장 혹은 관리부서에서 필요한 자재 및 물품을 구매요청서(Purchase Request : PR)로 청구되며, 구매담당자는 수의시담, 입찰 등으로 납품업체를 선택하여 발주서(Puchase Order)를 보내어 물품구매

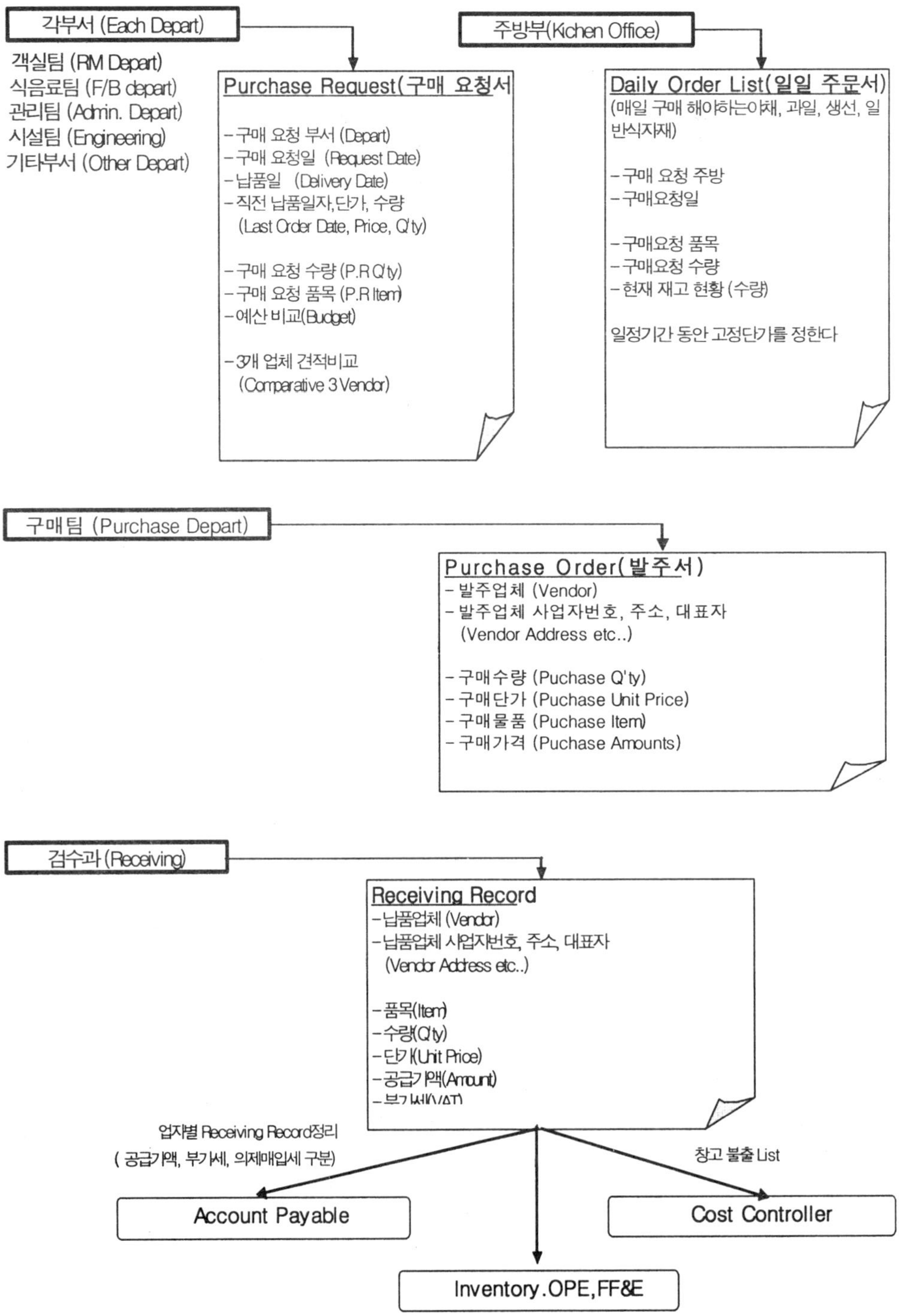

[그림 7-14] 구매업무 흐름도 1

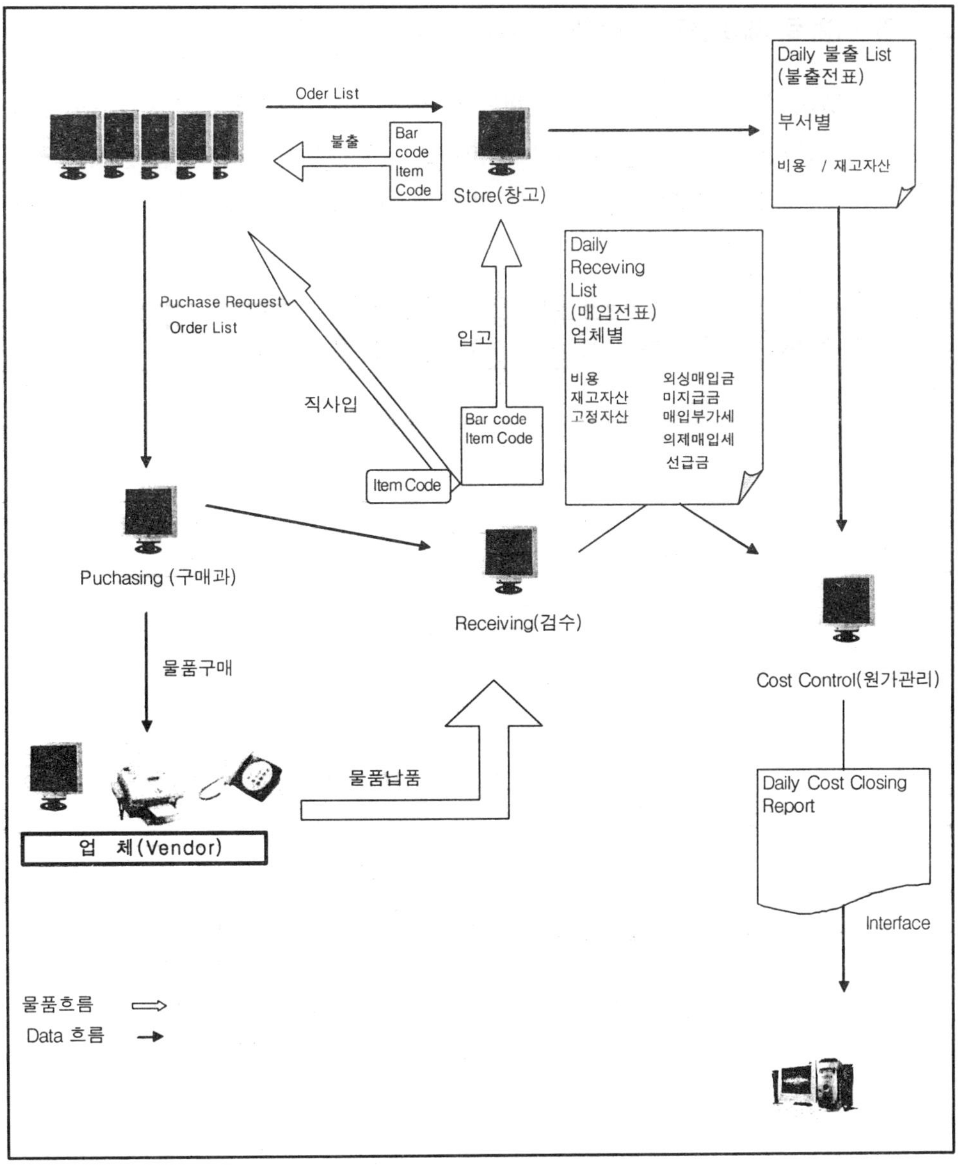

[그림 7-15] 구매업무 흐름도 2

7) 식음료 재료원가 관리(F&B Cost Control)

- 호텔의 식음료 영업행위와 관련된 활동으로 구매에서부터 검수 · 저장 · 출고 · 조리 및 판매활동에 이르기까지 모든 활동을 원가 면에서 통제하고 관리하며 일일 식음료 원가보고서 및 월말 재고조사서, 식음료 영업장 영업현황 분석 및 원가보고서 제출
- 식음료 원재료 및 영업장 원재료 및 원가의 전반적인 감사와 심사를 하며, 표준 메뉴의 원가분석 및 자재창고 관리자 지휘 · 감독

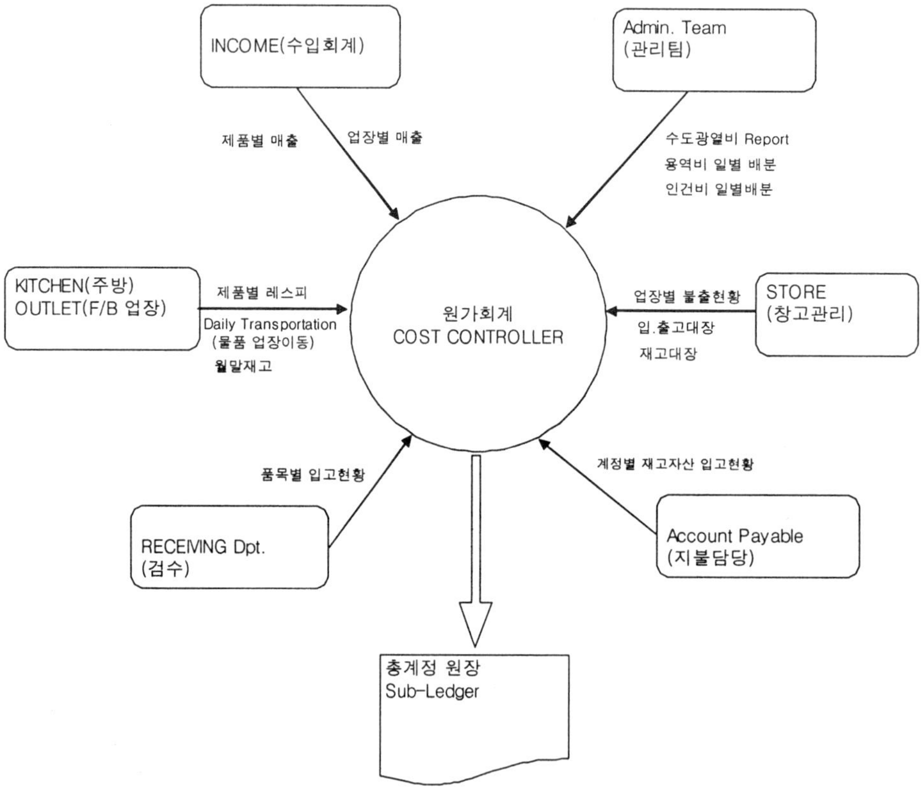

[그림 7-16] 원가회계 업무 흐름도

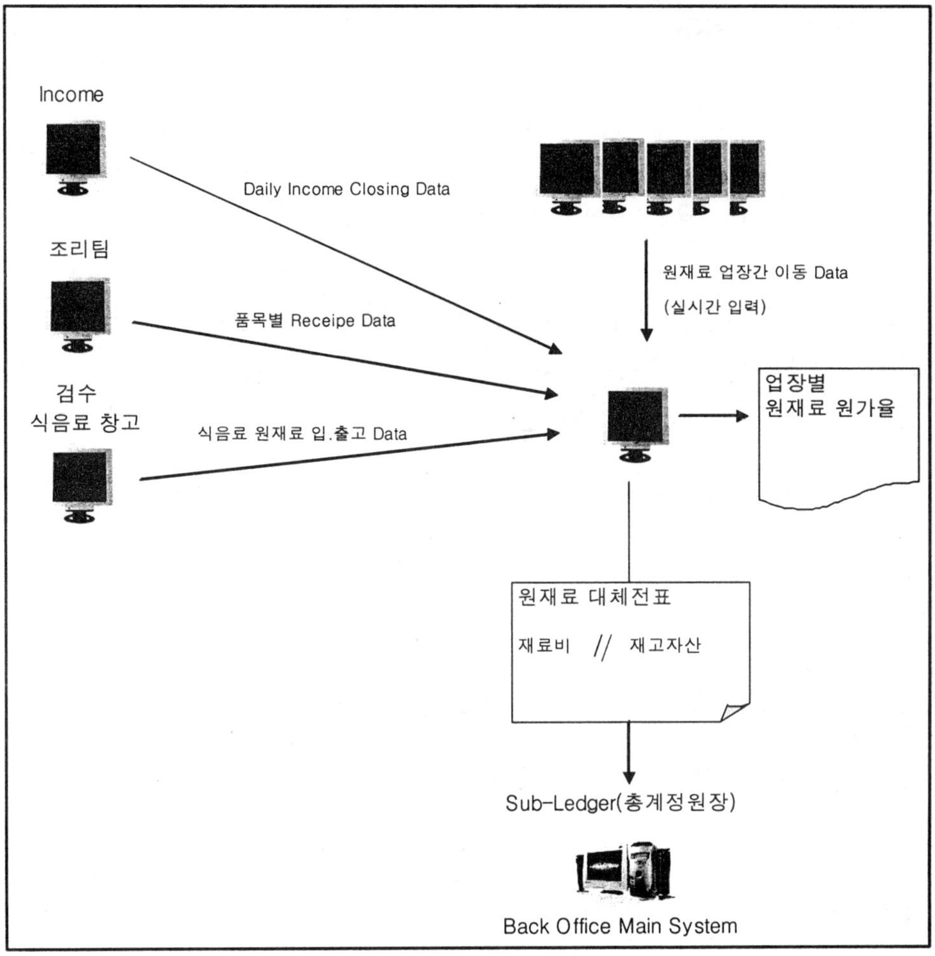

[그림 7-17] Cost Data Flow

8) 매입채무 및 미지급금 관리

- 원재료와 기타 기물, 자재의 외상매입으로 발생되는 채무와 부서비용 등과 같이 지출결의서(Request for Check)는 내부승인이 되었으나 현금지급이 보류된 채무를 통합 관리
- 지불담당자 업무 요약
  - 각 부서에서 발생된 지출결의서를 확인하고, 각 계정을 분류(COA Distribution)하여 일일 마감, 월 마감
  - 월 마감 후 지급처(Vendor)별로 거래내역을 정리하여 지급전표(Payment Voucher) 작성 관리

– 해외송금(Oversea Remittance) 관련 서류를 확인하고, 세금 관련 신고와 인증절차를 확인하여 송금
– 호텔 내의 소액자금을 제외한 모든 지불을 담당하며 각 부서에서 청구하는 지출결의서(Payment Voucher), 매입전표(Receiving Record)를 접수하여 증빙서류를 확인 보완하며 지급전표 등을 작성 결제
– 각종 공과금 지급준비, 은행결제, 거래업체 납품대금 결제 그리고 지급전표를 전산 입력하여 계정과목을 조정하고 정기 납품분 결재준비와 부가가치세 매입분 정리
– 각 계정별 명세작성과 잔액 확인 후 수정사항은 익월 결산시 수정하고, 부가가치세 작업은 월별로 매출분 및 세액을 부서별로 매출명세표를 작성 보고

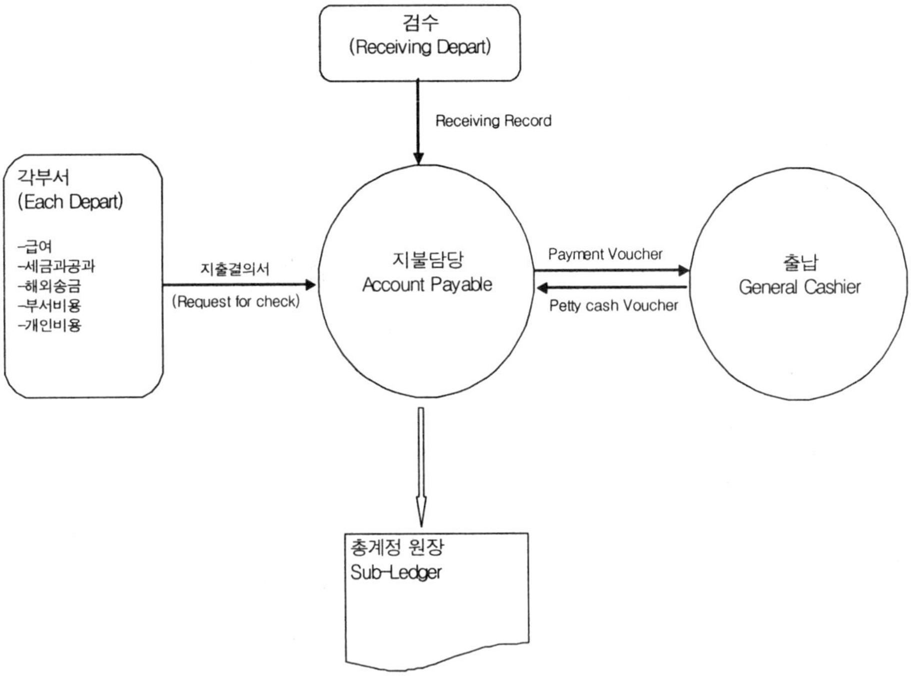

[그림 7-18] 지불업무 흐름도

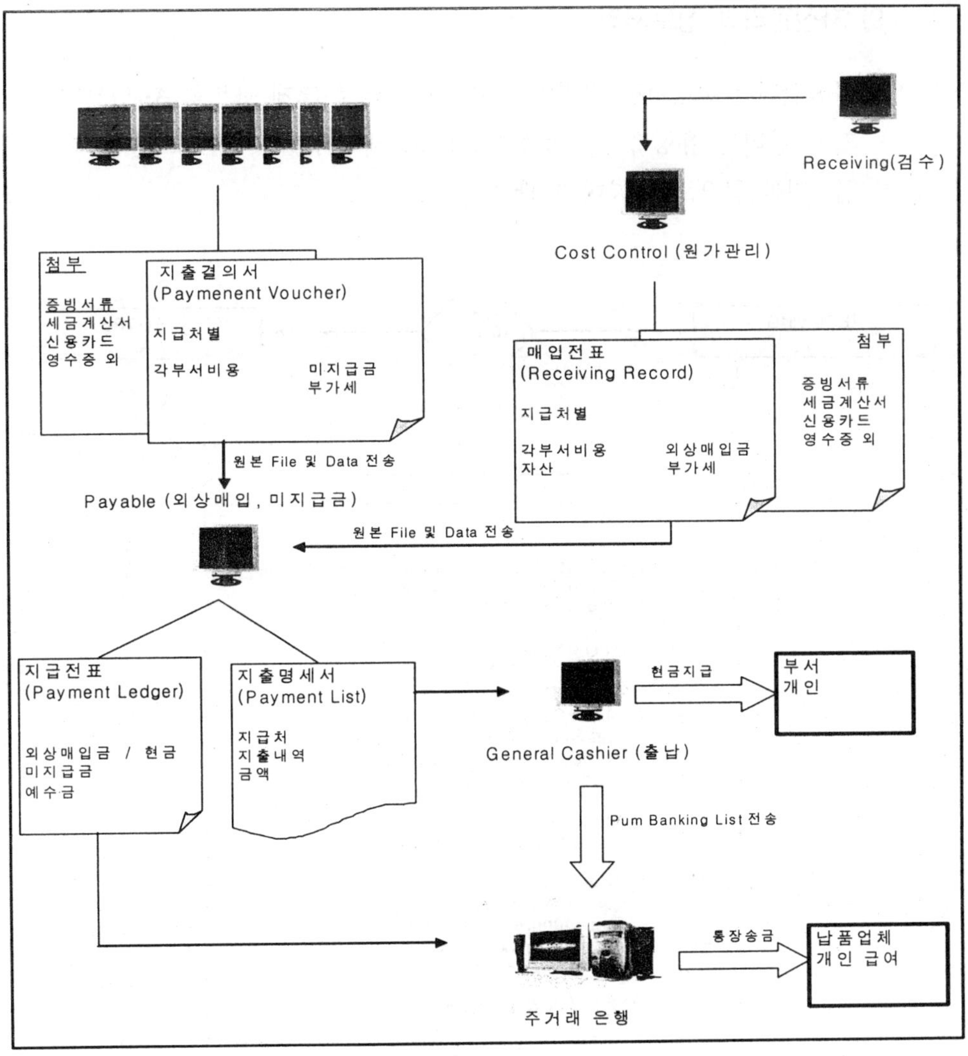

[그림 7-19] Account Payable Data Flow

9) 자산관리와 정보처리

• 자산관리는 고정자산 관리와 재고자산 관리로 크게 구분할 수 있으며, 고정자산 관리는 유형자산과 무형자산으로, 재고자산은 식음료 원재료와 저장품, 기물 등으로 분류하여 관리

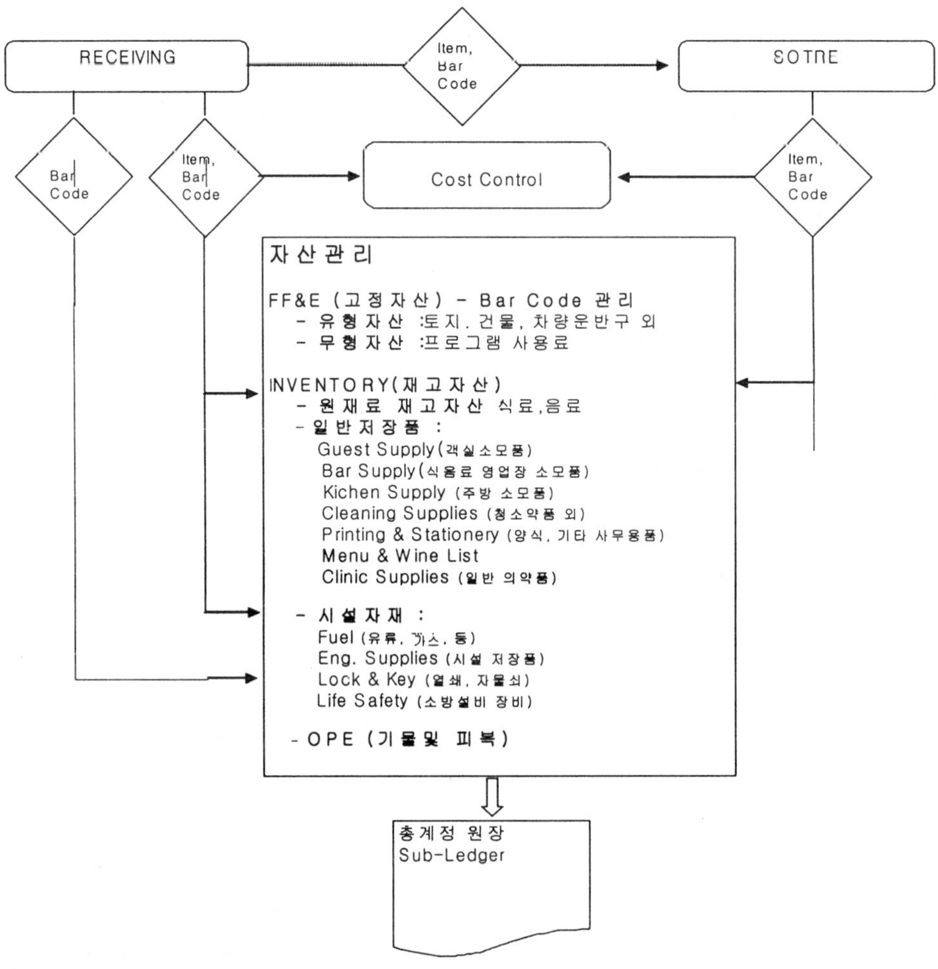

[그림 7-20] 자산관리 업무 흐름도

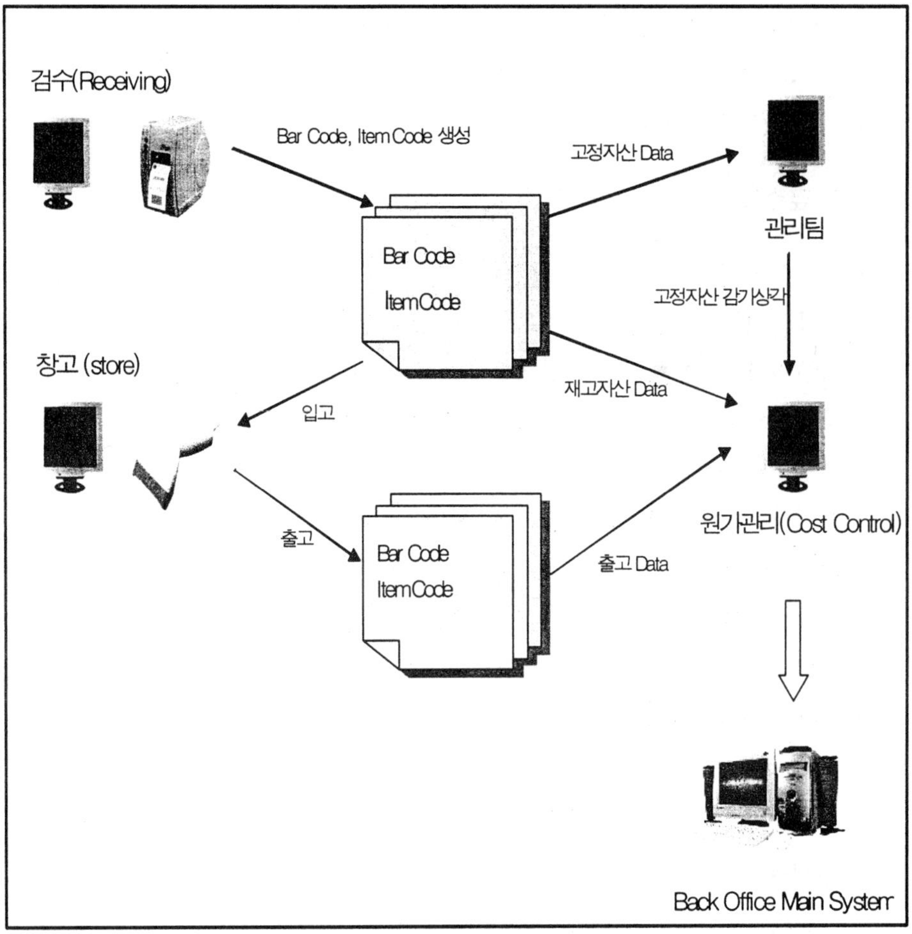

[그림 7-21] Inventory Data Flow

❹ 호텔회계 시스템과 예산편성

(1) 예산편성의 개요

- 예산편성은 차기연도의 경영성과를 예측하여 경영자에게 보고함으로써 의사결정을 용이하게 하고, 경영정책 수립의 기초가 됨
- 예산편성은 적정 타당한 목표를 세워 집행 후 잔액편차를 최소화할 수 있도록 해야 하며, 그러기 위해서는 외부적인 요인으로 정치경제의 흐름을 파악하여 내년도의 매출 및 비용 증감 요인을 고려하고, 내부적인 변동 등을 감

안하여 호텔의 차기연도 예산편성이 되어야 함

(2) 예산편성의 절차

1) 자료수집

- 경제성장률
- 정부의 관광정책 방향
- 제주지방 자치구의 관광정책
- 국내 · 일본 · 중국의 국가 공휴일 검토
- 경쟁호텔 자료
- 여행사별 제주지역 고객송치 점유도
- 물가상승률
- 임금인상률
- 환율정보
- 기타 관광객 증감요인

2) 부서별 추정예산안 자료

① 판촉팀

- 차기연도 월별 · 고객유형별 · 지역별 유치 계획표
- 주요 여행사별 유치 계획표
- 차기연도 판매상품 세부 명세서
- 홍보 및 광고 계획표
- 차기연도 판촉팀 추정 소요예산 내역서
- 비품 및 유니폼 구입예정 내역서

② 객실팀

- 차기연도 객실판매 계획표
- 차기연도 객실에서 관리하는 영업장 운영계획표
- 차기연도 객실팀 추정 소요예산 내역서(단위 업장별 구분)
- 비품 및 유니폼, 린넨 구입예정 내역서

③ 식음료팀

- 차기연도 식음료 각 영업장 운영 계획표
- 영업장별 추정 소요예산 내역서
- 영업장별 비품 및 유니폼, 린넨 구입예정 내역서

④ 조리팀

- 차기연도 각 주방별 운영계획표
- 주방별 추정 소요예산 내역서
- 영업장별 비품 및 유니폼, 린넨 구입예정 내역서
- 주방기물 구입 계획서

⑤ 관리팀

- 차기연도 시설보수 계획서
- 인력 배치 및 수급현황
- 인건비 월별, 각 단위 업장별 추정액 산출
- 사내 행사계획표
- 기숙사 운영계획표
- 외주용역 계획표
- 차기년도 관리팀 추정 소요예산 내역서
- 비품 및 유니폼, 린넨 구입예정 내역서
- 세금과 공과금, 보험료, 제수수료 추정 내역

이상과 같이 각 팀은 판촉팀의 차기연도 고객유치 계획표를 근거로 각 단위업장의 매출을 예측하고, 그에 따른 소요비용과 고정자산 구입 및 OPE(유니폼, 린넨, 집기)의 구입예정내역서를 작성하여 기획재무팀으로 모든 자료를 집계한 후 자료의 타당성과 부서간의 매출목표와 소요예산이 적정성을 부서장회의를 거쳐 월별, 영업장별 추정 손익계산서를 작성한다.

❺ 계정과목 체계

(1) 계정분류의 원칙

1) 계정분류 근거

- 기업회계기준 제3조 [일반원칙] 및 제11조 [대차대조표 작성기준]과 제35조 [손익계산서 작성기준]에 의거하여 계정과목을 설정하고 호텔회계 시스템(USALI)의 소계정으로 분류하여 재정리

2) 호텔회계 시스템(USALI)에서의 대차대조표 계정분류 기준

① 대차대조표

자산 부채 및 자본으로 구분하고, 자산은 크게 유동자산(Current Asset)과 고정자산(Non-Current)으로, 부채는 유동부채(Current Liabilities) 및 고정부채(Long Term Debt)로, 자본은 자본금, 자본잉여금, 이익잉여금 및 자본조정으로 각각 구분

② 자산과 부채

1년을 기준으로 하여 유동자산과 고정자산, 유동부채와 고정부채로 구분

③ 유동자산(Current)

현금(Cash)과 예금(BanK), 채권(Accounts Receivalbe), 미수수익 및 선급금(Defferd Charge & Adv. Prepared), 재고자산(Inventories)으로 분류

④ 고정자산(Non-Current Asset)

투자자산(Investment & Advance), 유・무형자산(Fixed Assets)으로 분류

⑤ 유동부채(Current Liabilities)

일반채무(Account Payable), 미지급채무(Accrued & Deposits Liabilities), 기타채무(Other Liabilities)로 구분 표기

⑥ **고정부채**(Long-Term Debt)

장기성채무(Long-Term Liabili.), 퇴직급여충당금(Serverance Pay)으로 분류

⑦ **자본계정**

자본(Stock Holder's Equity), 차기 이월이익잉여금(Profit and Loss), 자본조정(Adjust Working Capital)으로 구분

3) 호텔회계 시스템에서의 손익계산서 계정분류 기준

- 손익계산서는 수익과 비용이 발생한 기간에 적당하게 배분 처리해야 하고, 수익은 실현시기를 기준으로 계상하고 미실현수익은 손익계산에 산입하지 아니함을 원칙으로 함
- 수익과 비용은 발생원천에 따라 명확하게 분류하고 각 수익항목과 이에 관련되는 비용항목을 대응 표시
- 수익과 비용은 총액에 의거하여 기재함을 원칙으로 하고, 수익항목과 비용항목을 직접 상계함으로써 그 전부 또는 일부를 손익계산서에서 제외하여서는 안 됨
- 손익계산서는 총수익과 영업부문 비용, 관리부문 비용, 기간고정 배분비용, 순이익으로 구분 표기
- 수익 계정분류는 객실수입(Rooms Revenue), 식음료 수입(Food&Beverage Revenue), 전신전화 수입(Telephone Revenue), 기타업장 수입(Other Operated Department Revenue), 영업외수입(Other Income)으로 분류
- 영업관리 비용 계정은 원재료비(Cost of Sales), 노무비 및 인건비(Payroll & Contract), 경비(Other Expenses), 기간고정 배분비용(Replacement Account)으로 구분

(2) 간접비용 배분기준

- 호텔의 미래계획 수립 또는 경제적 의사결정을 하기 위해서는 이와 관련한 원가정보를 파악하여야 함. 이러한 원가정보에는 직접원가뿐만 아니라 간접 영향을 받는 고정기간 비용배분이 되어야 함. 원가배분은 경영자와 종업원의 의사결정 및 영업성과 측정에 영향을 미칠 수 있기 때문에 호텔조직의

목적과 일치하도록 하기 위해서는 합리적인 비용배분이 되어져야 하며, 적정 비용배분을 입증할 비용배분 기준을 설정해야 함.

1) 비용배분의 과정

- 1단계 : 비용배분 대상의 설정
- 2단계 : 배분할 비용의 기간설정
- 3단계 : 배분기준에 의한 비용배분

2) 비용배분의 대싱

① 일시납부 기간 고정비용

- 세금과 공과금 : 재산세, 종합토지세, 환경개선분담금, 각종 협회비 등
- 감가상각비 : 고정자산이 감모 · 마모 및 가치하락에 대한 비용으로 정해진 계산방법에 따른 감소가치
- 대손충당금
- 법률 감사비
- 보험료
- 임차료

② 월합 발생비용

- 프랜차이즈 비용
- 외주용역비
- 수도광열비 : 전기료, 상하수도료 등
- 통신비 : 전화료

③ 간접비용

- 메인주방(Commissary)
- 기물관리(Steward)
- 식음료, 주방 사무실(F/B, Kitchen Office)
- 판매관리비(Overhead Expenses) : 판촉부문, 기획 · 재무 · 감사, 인사 · 총무, 시설관리

3) 경비의 분류기준

① **수혜 기준**(Benefits Received Criterion)

비용배분 대상이 공통원가로부터 제공받은 경제적 효익의 정도에 비례하여 비용을 배분하는 기준으로 수익자부담의 원칙에 입각한 배분기준

- 피복비 비용배분
- 차량, 공기구 비품 감가상각
- 세탁비 비용배분
- 법률 감사비

② **인과관계 기준**(Cause and Effect Criterion)

배분할 비용의 내용과 영업장간의 인력관계를 통하여 제공된 서비스에 비례하여 분담하는 방법

- 직원식당 식대
- 노무비 · 인건비
- 관리용역비

③ **영업장 면적기준**(Area Criterion)

비용배분의 대상이 영업장 면적에 관련하여 비용이 되어져야 하는 비용배분 방법

- 건물감가상각비
- 청소용역비
- 임대료
- 건물보험료
- 재산세 · 토지세

④ **부담능력 기준**(Ability to Bear Criterion)

배분대상의 영업장의 매출액에 비례하여 공통비용을 배부하는 기준. 즉, 보다 많은 수익을 올리는 영업장에 공통비용을 보다 더 부담할 능력을 지닌다는 가정하에 비용을 배분하는 방법

- 식음료 관리부서 비용 영업장 배분
- 광고선전비, 판촉비

• 프랜차이즈 비용

❻ 호텔회계 시스템 보고서

(1) 정규회의와 보고서 내용

1) 일일마감 업무보고(Morning Briefing)

• 각 팀별(부서별) 전일 업무보고와 금일 추진내역 및 각 업장별 영업성과와 계획에 대해 보고하고, 공지사항과 부서간의 협조전을 공지하여 호텔 각 부문의 원활한 업무 흐름으로 일일 영업활동에 최대의 효익 창출
 – 업무보고서
 – 일일 영업일보(Daily Revenue Report)
 – 업장별 손익현황(Daily P&L Report)
 – 예약현황(Reservation Forecast)
 – 전일 체크아웃 및 금일 체크인 현황
 – Duty Manager 보고서
 – 기타 공지 및 협조사항

2) 월말 결산보고(Pegboard Meeting)

• 호텔의 이해관계자들이 지속적으로 의사결정을 해야 하므로 적시성이 있는 정보를 요구하게 되고, 이러한 요구를 충족시키기 위하여 경영성과를 월별, 각 영업장별로 마감하여 경영성과 및 재무상태 변동 내역에 대한 정보제공 목적
 – 대차대조표(Balance Sheet)
 – 월말 손익계산서(Income Statement : P/L Report)
 – 영업장별 손익계산서
 – 예산 및 전년대비 수입·비용 증감표
 – 계정항목별 요약보고서
 – 손익분석표

3) 중간 영업보고(Flash Meeting)

- 매월 15일 전 · 후로 나누어 월 전반기 영업실적을 평가하고, 월 후반기 영업 목표를 실현 가능한 영업계획으로 현실성 있게 재조정하여 의사결정자들이 호텔운영 정책에 효과적인 대안 설정
  - 월 전반기(1일~15일) 영업실적
  - 월 후반기(16일~말일) 영업계획
  - 제주지역 동종호텔 영업실적 및 동향

4) 매출채권 내역보고(Credit Meeting)

- 매월 채권회수의 진행상황을 보고하며, 미수채권을 회수함에 있어서 방법과 기준에 대한 효율적인 방안을 정립하고 악성채권 요소를 사전에 방지할 수 있도록 외상매출금 회수목표를 설정하는 한편, 미회수된 채권에 대해 30일 45일, 60일, 90일, 120일 등으로 구분하여 경과기간에 따라 진행상황을 보고하여 적극적으로 대처함. 회수 불능으로 판명된 불량채권에 대해서는 발생원인의 적부(適否) 검토를 하여 대손결정
  - 미수채권 연령분석 현황(Account Receivable Aging Report)
  - 대손상각 확인서(Write-off Report)
  - 비용대체 내역서

5) 자금운용 내역보고(Cash Flow Meeting)

- 영업활동으로 현금흐름의 변동을 표시하는 현금흐름표(Cash Flow)를 작성하고 회사의 지급능력, 재무적 신축성을 평가하며 미래의 현금흐름에 대해 예측하여 미래의 현금창출 능력과 실현시기에 대한 정보 제공
  - 자금운용 현황
  - 연간추정 현금흐름표(Annual Cash Flow Forecast)
  - 자금운용 계획

(2) 손익계산서 보고양식의 기본체계

1) 수입 구성내용 및 분류

- 영업장별 수입을 객실과 식음료, 기타 영업장으로 구분하여 부기내역별로 정리하여 영업수입으로 계상
- 이자수입, 외환차익 수입 등의 영업외수입으로 계상됨

<table>
<tr><td>객실 수입(객실료, 로고상품, 기타수입, 봉사료수입 포함)
Accommodation Revenue</td><td rowspan="2">객실 수입
(Room Revenue)</td><td rowspan="19">영업 수입
(Operating Revenue)</td><td rowspan="21">호텔 총수입
(Hotel Total Revenue)</td></tr>
<tr><td>미니바 수입(Mini Bar Revenue)</td></tr>
<tr><td>한·일식당 수입(Japanese/Korean Restaurant)</td><td rowspan="11">식음료 수입
(Food & Beverage Revenue)</td></tr>
<tr><td>중식당 수입(Chines Restaurant)</td></tr>
<tr><td>커피숍 수입(Coffee Shop)</td></tr>
<tr><td>로비라운지 수입(Lobby Lounge)</td></tr>
<tr><td>중정 수입(Mezzanine Revenue)</td></tr>
<tr><td>룸서비스 수입(Room Service)</td></tr>
<tr><td>연회장 수입(Banquet Revenue)</td></tr>
<tr><td>풀바 수입(Fitness & Poolside Bar)</td></tr>
<tr><td>제과점 수입(Delicatessen)</td></tr>
<tr><td>스포츠바 수입(Sports Bar)</td></tr>
<tr><td>외식사업장 수입(Dining Out Industry)</td></tr>
<tr><td>전신전화 수입(Telephone Revenue)</td><td rowspan="5">기타 영업장 수입
(Other Operaed Department Revenue)</td></tr>
<tr><td>세탁 수입(Laundry Revenue)</td></tr>
<tr><td>비즈니스 센터 수입(Business Center Revenue)</td></tr>
<tr><td>테라피 수입(Therapy Revenue)</td></tr>
<tr><td>리조트 수입(Resort Center Reveue)</td></tr>
<tr><td colspan="2">주차장 수입(Parking lot Revenue)</td></tr>
<tr><td colspan="3">임대 수입(Space Rantals Income)</td></tr>
<tr><td colspan="3">기타 수입(이자수입, 외환차익 등)(Other Income)</td></tr>
</table>

2) 비용 구성내용 및 분류

- 호텔 비용분류 방법으로는 상품제조 부문과 서비스부문 영업관련 비용을 직접비 성격으로 보고, 영업부문에서도 영업장 외의 보조부서로 예약관리, 세탁부문, 집기관리, 메인주방, 주방 및 식음료 사무실의 비용을 간접비로 정의를 하며, 일반관리부서인 기획재무, 인사총무, 마케팅의 비용을 판매비와 관리비로 크게 분류

3) 영업장 분류 그룹형태

<table>
<tr><th>업장별 손익계산서</th><th>부문별 손익계산서</th><th>총괄 손익계산서</th></tr>
<tr><td>객실(Accommodation)</td><td rowspan="2">객실 부문
(Room Division)</td><td rowspan="27">총괄손익
(Statement of Income)</td></tr>
<tr><td>미니바(Mini Bar)</td></tr>
<tr><td>한 · 일식당
(Japanese · Korean Restaurant)</td><td rowspan="14">식음료 부문
(Food & Beverage Division)</td></tr>
<tr><td>중식당(Chines Restaurant)</td></tr>
<tr><td>커피숍(Coffee Shop)</td></tr>
<tr><td>로비라운지(Lobby Lounge)</td></tr>
<tr><td>중정(Mezzanine)</td></tr>
<tr><td>룸서비스(Room Service)</td></tr>
<tr><td>연회장(Banquet)</td></tr>
<tr><td>풀바(Fitness & Poolside Bar)</td></tr>
<tr><td>제과점(Delicatessen)</td></tr>
<tr><td>스포츠바(Sports Bar)</td></tr>
<tr><td>외식사업장(Dining Out Industry)</td></tr>
<tr><td>메인주방(Commissary Kitchen)</td></tr>
<tr><td>기물관리(Steward)</td></tr>
<tr><td>식음료 사무실(F/B Office)</td></tr>
<tr><td>전신전화(Telecommunication)</td><td rowspan="5">기타 영업장 부문
(Other Operated Department)</td></tr>
<tr><td>세탁(Laundry Depart)</td></tr>
<tr><td>비즈니스 센터(Business Center)</td></tr>
<tr><td>테라피(Therapy)</td></tr>
<tr><td>리조트(Resort Center)</td></tr>
<tr><td rowspan="6"></td><td>여행알선(Travel Agent)</td></tr>
<tr><td>주차장(Garge & Parking)</td></tr>
<tr><td>기타 수입
(Other Income & Rental)</td></tr>
<tr><td>판촉부문(Marketing)</td></tr>
<tr><td>기획 · 재무 · 감사
(Administrative & General)</td></tr>
<tr><td>시설관리(Engineering)</td></tr>
</table>

4) 결산 데이터 흐름도

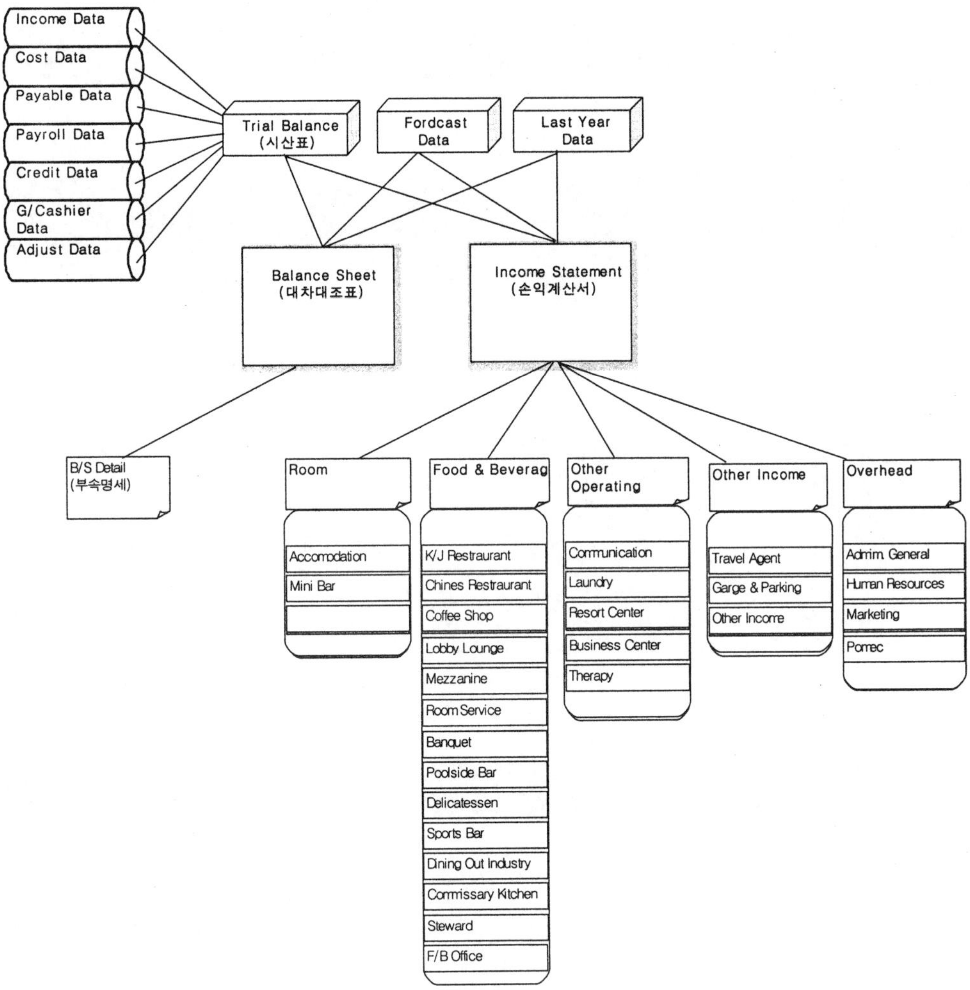
Income Data
Cost Data
Payable Data
Payroll Data
Credit Data
G/Cashier Data
Adjust Data
Trial Balance (시산표)
Fordcast Data
Last Year Data
Balance Sheet (대차대조표)
Income Statement (손익계산서)
B/S Detail (부속명세)
Room
Accomodation
Mini Bar
Food & Beverag
K/J Restraurant
Chines Restraurant
Coffee Shop
Lobby Lounge
Mezzanine
Room Service
Banquet
Poolside Bar
Delicatessen
Sports Bar
Dining Out Industry
Commissary Kitchen
Steward
F/B Office
Other Operating
Communication
Laundry
Resort Center
Business Center
Therapy
Other Income
Travel Agent
Garge & Parking
Other Income
Overhead
Admin. General
Human Resources
Marketing
Pomec

제8장

객실부문 운영계획

❶ 사례호텔의 프런트 오피스 운영계획

(1) 프런트 오피스

1) 개 요

프런트 오피스는 고객에게 객실판매 서비스 제공 및 수입금 수납을 담당하는 호텔의 핵심부서로서, 고객을 처음 맞이하고 마지막으로 배웅을 하는 호텔의 중심으로서 고객과 가장 많이 접촉하는 최일선 부서이다.

2) 기본방침

- 친절하고 신속하며 감성의 서비스 제공
- 객실매출 목표달성을 위한 진취적인 자세 배양
- 부서간 원활한 커뮤니케이션 및 협조체제 유지
- 자기개발 및 도전의식 고취
- 1인 다기능(Multi Player) 체제 구축 및 생산성 향상 도모

3) 사례호텔의 인적 구성

구 분	리셉션	당 직	콘시어지	교 환	EFL	비즈니스	합 계
인원수	13	2	14	4	0	0	33

※ EFL : 리셉션 통합운영, 비즈니스센터 : 콘시어지 통합운영

4) 호텔객실 발코니 망원경 설치

- Ocean View 전체 객실에 망원경 설치
- 고객에게 흥미거리를 제공하고 사례호텔만의 독특한 시설로 육성하여 동종업계와 차별화 서비스를 제공하고자 함
- 세부내용

구 분	세부내용	비 고
설치위치	• 9층 19실, EFL 라운지 발코니 2대	21대
관측대상	• 사례호텔 앞 바다의 칼치잡이 어선 관찰 • 해녀들의 해산물 채취 모습 • 대한항공, 아시아나항공의 비행기 관찰 • 사례호텔 앞바다의 섬 관탈도 관찰 • 각종 여객선 및 선박 관찰 가능	
기대효과	• 고객의 다양한 욕구 충족에 도움 • 성인 및 어린이들이 좋아하는 대표적인 관찰 장비 • 동종업계와의 차별화 서비스로서 효용성 • 새로운 서비스 트랜드 차원에서 매스컴에 노출 가능성이 높음	
제 품	• 전문적인 천체망원경이 아닌 일반 관측용 구매	[그림 8-1] 참조
소요예산	• 1세트×500,000원 정도×21대	10,500천원
예산반영	• 객실 일반장비 구매시 반영	

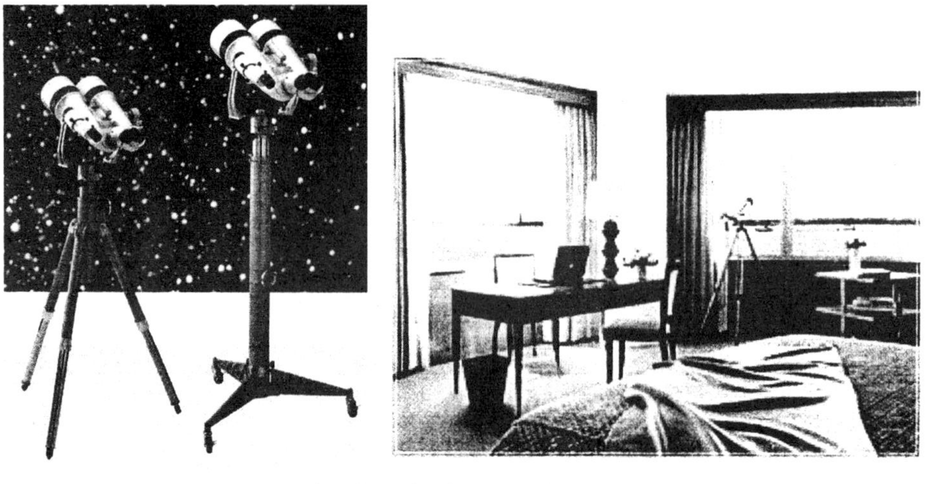

[그림 8-1] 망원경 설치시

5) 프런트 오피스의 영업방향

① 기본방침

- 1인 다기능화로 생산성 향상, 용모단정한 여성직원 대폭 확대 채용
- 전직원의 매출목표 의식 고취 및 객실판매 확대 노력
- 시대의 흐름에 맞는 감성의 서비스로 고객만족 극대화
- 인건비 절감을 위한 산학실습생 10~15% 상시고용 활용체제 구축
- 업무통합 운영으로 생산성 향상 및 인건비 절감
- 체인호텔에 적합한 품격 있는 서비스 제공으로 고객만족 및 이미지 고양
- 동종업계에서 최저 인건비, 최저 비용으로 이익률 극대화
- 적극적인 부대사업 활동으로 매출증대에 기여
- 체계적인 부서관리, 각종 원가, 비용 최소화로 운영의 효율화 증대
- 직원간 상호 신뢰, 단결, 원활한 조직 커뮤니케이션 조화에 의한 안정적인 객실팀 운용
- 외국어 구사능력이 뛰어난 직원배치로 외국인 고객 서비스 수준 유지

② 판촉활동

- **목 적**
  - 객실팀장 이하 직원들이 육지지역의 주요시장별 거래처 및 고객을 주기적으로 방문하여 호텔홍보, 불편사항 상담, 인지도 제고에 노력하여 객실매출 확대에 노력하고자 함
- **동종업계 현황**
  - K호텔, O호텔, G호텔, L호텔, S호텔, H호텔 등 대부분의 호텔에서 주기적으로 육지지역 판촉활동을 하며, 매출증대 및 이미지 제고에 효과를 거두고 있음
- **판촉지역**
  - 사례호텔의 판촉요원 활동이 없는 지역을 중심으로 영남지역, 호남지역 충청지역, 강원지역의 여행사, 기업체, 주요고객을 주기적으로 방문하여 숙박 및 각종 행사를 유치하고자 함
- **대 고객 차별화 서비스**
  - 고객 차별화 서비스를 위하여 패키지 또는 특정 고객에게 서비스 제공

· Welcome Drink 서비스 : VIP고객에게 제공
· 과일, 꽃, 와인 서비스 : 신혼부부, VIP고객
· 사진촬영 서비스 : 포토숍과 연계하여 기본 무료, 액자 유료 형태 제공
· 신혼부부 또는 기념여행고객 환영 서비스 : 환영문구, 아트풍선 창문 부착
· 제주특산 귤 서비스 제공
· Turn Down 서비스 제공
· 객실 티 서비스 제공
· 신혼부부 장미꽃 서비스

(2) 리셉션 데스크

호텔기업에서 리셉션 데스크는 고객등록 및 수납업무를 담당하며 EFL통합 운영으로 인건비 절감 및 생산성 극대화를 도모하고, 환전업무, 고객 안전금고 관리 등 부대 서비스를 제공하는 부서로서 고객과 가장 접촉이 가장 많은 부서이다.

1) 주요 업무내용

구 분	내 용
특 성	• 고객 예약, 체크인, 수납업무 • 환전 서비스, 금고 서비스 • 고객 불만사항 접수 및 처리 • 고객 전화응대 및 안내업무 수행 • EFL은 리셉션과 통합 운영
시 설	• 업무 및 서비스 향상을 위한 레이저 프린터 설치 • 시대의 흐름에 적합한 17" LCD 모니터 설치 • 실용성과 편의성을 강조한 데스크 가구 구성
서비스	• 외국어 구사 능력과 용모단정한 여성직원 배치로 부드러운 감성 서비스 제공 • 체크인, 체크아웃의 신속한 업무체제 구축으로 양질의 서비스 제공 • 고객의 각종 문의 · 전화에 대한 친절하고 신속한 응대로 불만사항 해소
운영시간	• 연중무휴 24시간 근무
근무인원 및 운영형태	• 적정 근무인원으로 구성(수납업무 통합) • 1일 3교대 근무 체제 [A: 07:00 ~ 15:00, B: B : 15:00 ~ 23:00, C : 23:00 ~ 07:00] • 야간 근무자는 나이트 오디터 업무 동시수행

(3) Executive Floor 운영방안

1) 인력 : 리셉션에서 파견 근무(5실 이상 투숙시 여직원 근무)

- 인건비 절감 및 생산성 향상을 위해 고객이 5실 이상 투숙시에만 리셉셔니스트 직원이 상주하여 서비스 제공
- 직원이 근무하지 않을 시 Happy Hour or Breakfast는 라운지나 커피숍에서 이용할 수 있는 쿠폰 제공

2) 사례호텔의 시설내용

구 분	내 용	비 고
위 치	9층	
면 적(평)	49	
좌 석(석)	55	
컴 퓨 터	2대	인터넷, PC
프 린 터	1대	겸용
복사기 · 팩스		
신용카드조회기	1대	

3) 주요 서비스 내용

구 분	내 용	비 고
서비스	카피, 타이핑, 여행안내	
	체크인, 체크아웃, Express Check Out	
	인터넷 시스템, 신문, 잡지	
	VIP B set up	• 9층 투숙객 예우차원
조식제공	Continental Breakfast	• 메뉴 : 조리팀장 준비
Happy Hour	음료, 주류, 안주류, 차류, 커피 제공	17:00 ~ 19:00

(4) 콘시어지 운영방안

- 벨맨, 도어맨, 비즈니스 센터를 통합·운용하여 효율성·생산성 극대화
- 친절하고 신속하며 품격 있는 서비스 제공 구축

구 분	내 용
특 성	• 고객 도착, 퇴숙시 여성 도어걸에 의한 안내 서비스 • 벨걸, 벨맨에 의한 체크인 후 객실 안내 및 짐운반 • 외국어 구사능력 직원 오더테이커 배치 • 고객의 짐 보관 및 관리 • 고객차량 주차 및 정리
시 설	• 화물전용 엘리베이터 • 고객물품 보관실 및 냉장고 • 단체객 전용 대기실 • 짐 운반용 카트류 구비
서비스	• 외국어 구사능력 직원 오더테이커 배치 • 부드러운 감성 서비스 제공 • 고객 수화물 운반 서비스 • 신속하고 친절한 전화응대, 안내 서비스 • 고객 불만사항 접수 및 안내 • 고객의 짐 보관 및 관리 • 로비구역 질서 유지 • 차량주차 서비스
운영시간	• 연중 24시간 근무
근무인원 및 운영형태	• 적정근무 인원으로 구성 • 1일 3교대 근무 [A: 07:00~15:00, B: 15:00~23:00, C: 23:00~07:00] • 야간의 고객 서비스는 콘시어지에서 수행 • 비즈니스 센터 고객 이용시 서비스

(5) 교환실 주요업무

구 분	내 용
특 성	• 회사의 대표전화 연결 서비스 • 호텔에서 첫번째로 고객과 접촉하는 부서로 명랑한 목소리가 중요 • 외국어 구사 능력 여성직원 배치
시 설	• 최신 교환 시스템 • 전화응대에 편리한 헤드세트 구비
서비스	• 고객의 전화문의에 대한 신속한 연결 서비스 • 호텔 정보 안내 서비스
운영시간	• 07:00 ~ 23:00
근무인원 및 운영형태	• 적정근무 인원으로 구성 • 1일 2교대 근무 [A: 07:00~15:00, B: 15:00~23:00] • 야간은 전화 리셉션에서 업무수행

* 전화의 매출사항은 최근에 오면서 고객의 이동전화 사용으로 매출액이 정체 또는 감소 현상을 나타내고 있다. 그리고 전화는 주로 외국인의 국제전화, 시외전화의 수입부분이 대부분으로 객실에서 전화 시간 및 요율 세팅표에 의하여 약 20% 정도의 마진을 합산, 자동으로 프런트 시스템에 실시간 포스팅되어 계산하는 방식이 많이 사용됨.

(6) 당직업무

- 총지배인을 대신하여 야간근무와 관련된 영업팀을 총괄 관리
- 야간에 발생하는 각종 사항을 신속하게 처리하고 결과를 로그북에 기록
- 고객의 불만사항을 접수하여 주도적으로 처리 및 보고
- 근무 중 직원이나 부적합한 사항 발견시 즉시 시정조치 지시, 확인

• 주요 업무내용

구 분	내 용	비고
특 성	• 야간에 근무하며 경영진을 대신하여 관리 • 주기적으로 전 부서의 영업장을 순찰, 규정 위반자 적발 보고 • 비상시 행동요령 숙지 • 외국어 구사능력 직원 배치	
시 설	• 당직데스크 구비(콘시어지와 겸용)	
서비스	• 고객 안내 서비스 • 고객 불만사항 접수 및 처리 • 환자발생, 긴급상황 신속대처 및 보고 • 주요행사 및 VIP 투숙 숙지	
운영시간	• 17:00 ~ 09:00	
근무인원 및 운영형태	• 적정근무 인원 • 1일 맞교대 근무 • 맞교대 근무로 근무 공백 제거	동종업계 동일

(7) 비즈니스 센터

- 콘시어지와 통합 운영으로 별도의 직원채용이 없어도 무방함
- 세미나 행사 고객이 비즈니스 센터를 이용할 시 파견 근무
- 비즈니스 센터는 세미나 참석고객이 주로 사용하며, 매출이 많지 않으나 복사 서비스, 컴퓨터를 대여하여 수익을 거양하고자 함

구 분	내 용
특 성	• 고객을 대신하여 비서, 사무업무 수행 • 인터넷 유료 서비스 제공 • 컴퓨터, 무선전화기 대여 가능
시 설	• 인터넷 가능한 컴퓨터 설치 • 소파, 테이블 구비
서비스	• 비서업무 대행, 카피, 번역업무 서비스 • 인터넷 게임 서비스 • 컴퓨터, 무선전화기 대여 가능
운영시간	• 09:00 ~ 18:00
근무인원 및 형태	• 적정근무 인원(필요시에만 근무) • 필요시 근무시간 • 콘시어지에서 통합 운영

(8) VIP고객 대응요령

1) VIP 도착일 오전

- 객실팀장은 임원이나 총지배인의 지시사항을 프런트 및 하우스키핑 지배인에게 VIP고객에 대한 최종 세부 서비스 내용을 지시함.
- VIP룸을 Block하고 Treatment를 위한 Complimentary Order를 작성하여 팀장에게 최종 확인 및 승인을 받아 룸서비스에 주문
- 하우스키핑 지배인에게 VIP룸을 오전 10시까지 유선 통보하고 Comp. Order 1 카피를 전달
- 재조정된 내용은 해당 부서에 즉시 통보하여 수행되도록 함.
- VIP 도착시간 전에 준비가 되도록 하고, 하우스키핑 과장이 사전에 객실점검을 하여 이상이 없는지 확인 후 팀장에게 보고하며 팀장이 최종 확인
- 팀장은 VIP 도착시간을 사전에 임원진에게 보고하여 적기에 환영할 수 있도록 조치

2) VIP Registration

- VIP고객의 등록카드를 별도로 관리하여 당직데스크 또는 프런트에 준비하도록 하고 VIP용 펜과 Folder를 준비
- 프런트를 방문하지 않고 객실로 안내하여 사인을 받을 경우가 있으며, 주소는 명함의 주소를 사후에 기입할 경우가 있음.

3) 객실준비 및 체크 리스트

- 하우스키핑 매니저는 배정된 VIP 객실을 점검하여 청소가 완벽하게 되었는지 확인 후 팀장에게 보고
- 팀장은 객실 키를 가지고 최종 확인 후 미비점 보완

〈표 8-1〉 객실점검 리스트

Area	Check Points	OK	Area	Check Points	OK	Rmk
Bed Room						
Door	Lock		Mirror & Pictures	Smear Free		
	Chain			Dust Free		
	Fire Notice		Lamps	Bases		
Wardrobe	Supplies			Shades		
	Hangers			Switches		
	Trouser Press		Telephone	Directory		
	Doors			Dialing Codes		
	Luggage Rack			Buttons		
MiniBar	Stocked			On Line		
	Ice		Celing	No Marks		
	Supplies		Carpet	No Marks or Frays		
Furniture	Polished		Walls	No Marks		
	Undamaged		Beds	Mattresses		
Windows	Closed & Fastened			Base & Curtain		
	Framework			Vacuum Underneath		
Curtains	Blackout		Television	Stations		
	Tracks			Tracking		
Air Conditioning	Working Correctly			Switches		
	Appropriate Temp.		Comp. Order	Correct Order in Place		
Guest Supplies	Ashtray			Necessary Accompaniment		
	Folders & Menus			Presentation Standard		
	Magazine			Welcome Card		
Bath Room						
Floor	Toilet Flush		Floor	Toiletries		
	Hair Dryer			Slippers		
	Guest Suppliers			Bathrobe		
	Towels					
Door	Mirror					
	Basin Dust Free					

4) In House VIP 응대방안

- 팀장 또는 FO 매니저(담당직원)는 하루에 1회 전화를 하여 불편한 점이 없는지, 필요한 사항은 없는지 문의하여 서비스 제공
- 매일 리필(Refill) 또는 제공되는 서비스는 차질 없이 수행되고 있는지 확인하고 관련사항은 로그북 및 컴퓨터에 입력하여 다음 방문시 참고자료로 활용

5) 체크인 시나리오

- 고객유형별로 체크인 절차를 파악하여 신속하고 체계적인 체크인 업무 수행
- 짐 운반시 직원은 화물용 엘리베이터를 사용
- VIP 영접은 객실팀장이 주관하여 보고

① VIP고객

❶ 공항도착 → ❷ 택시 · 버스 → ❸ 호텔도착 → ❹ 프런트 등록 → ❺ 객실안내

〈임원영접 사항 사전 보고〉

• Pick up svc 유무 • VIP set up 확인 • 영접장소 확인	⇨	• Welcome Drink 여부 • 프론트 등록(사인) • Luggage svc	⇨	• 안내(임원. 팀장)

② FIT고객

❶ 공항도착 → ❷ 택시 · 버스 → ❸ 호텔도착 → ❹ 벨맨안내 → ❺ 프런트 등록 → ❻ 객실안내

〈인원 영접사항 보고〉

• Pick up SVC 유무 • VIP 여부 확인	⇨	• Registration • Bell Man 안내 • Luggage svc	⇨	• Escort(벨걸 · 맨)

③ Group고객

❶ 공항도착 → ❷ Bus/VAN → ❸ 호텔도착 → ❹ 벨맨안내 → ❺ Group Desk → ❻ 객실안내

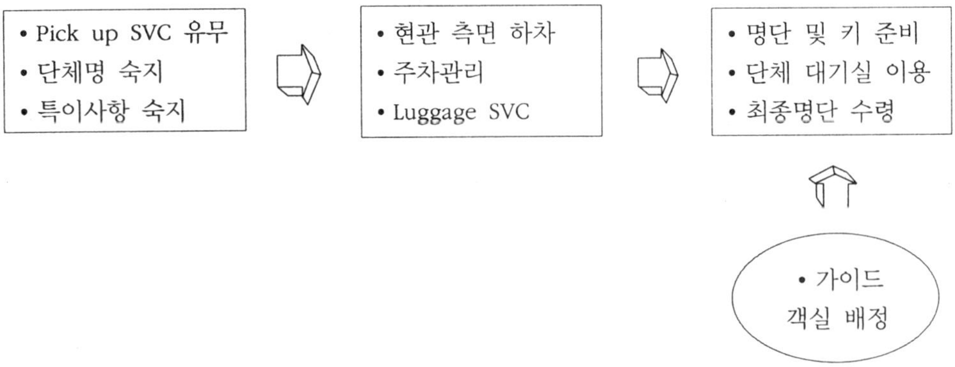

❷ 사례호텔의 하우스키핑 운영계획

(1) 하우스키핑의 기본방침과 업무내용

1) 기본방침

- 효율적인 인력관리, 시간관리를 통하여 객실청소 및 공공지역 청소의 생산성 및 효율 극대화
- 비품 및 소모품 관리에 의한 비용 최소화
- 친절하고 신속하며 품격있는 서비스 제공
- 미니바 상품 관리 및 로스율 최소화로 이익 극대화
- 1인 다기능화, 소수 정예화로 인건비 절감

2) 업무 내용

구 분	내 용
특 성	• 객실청소의 생산성 향상을 위한 효율적인 시간관리 • 고객주문에 대한 신속한 서비스 제공 구축 확립 • 고객 불만사항 최소화 • 도난사고 방지, 분실물 습득처리 및 관리 • 마스터 키 및 기타 창고키 관리 철저 • 공용지역 청소의 품질 유지 및 청결한 환경 유지 도모 • 세탁물 입·출고 관리철저
시 설	• FIP(Floor Indication Panel), 객실상황 표시기 • 미니바 전화 포스팅 시스템 • 린넨류, 소모품류 창고 • 아이스 캐빈
서비스	• 외국어 구사능력 여성직원 오더테이커 배치 • 부드러운 감성 서비스 제공 • 고객 주문에 대한 신속한 서비스 • 퇴실사항을 사전 점검하여 신속한 객실정비 • 신속하고 친절한 미니바 체크 서비스 • 고객의 각종 문의, 전화에 대한 친절하고 신속한 응대로 불만사항 해소 • 각종 비품류, 소모품류 관리 • 로고상품 판매, 재고관리
운영시간	• 07:00~23:00 시간 근무
근무인원 및 운영형태	• 적정근무 인원으로 구성 • 하우스맨 2교대 근무 • 야간의 고객 서비스는 콘시어지에서 수행

① **객실층**(메이드)

- 시간관리에 의한 객실정비 생산성 향상과 고객 서비스 수준 유지
- 적시에 미니바 체크로 로스율 최소화, 일일 재고조사 체제 구축
- 비품류, 소모품류 관리에 의한 비용 최소화로 영업이익 증대

• 주요업무 내용

	내 용
특성	• 객실정비 업무담당 • 고객주문에 대한 신속한 서비스 제공 구축 확립 • 마스터 키 및 기타 창고키 관리 철저 • 객실청소의 품질 유지 및 청결한 환경 유지 도모 • 각종 소모품류 비용 절약
시설	• FIP(Floor Indication Panel), 객실상황 표시기 • 미니바 전화 포스팅 시스템 • 객실 내 중앙집중식 청소기 설치 • 객실정비에 필요한 기본적인 장비 구매
서비스	• 고객 주문에 대한 신속한 서비스 • 퇴실사항을 사전 점검하여 신속한 객실정비 • 신속하고 친절한 미니바 체크 서비스, 로스율 최소화 • 미니바 세팅 연출 표준 유지 • 각종 비품류, 소모품류 관리로 비용 최소화 • 객실청소의 품질 유지 및 청결한 환경 유지 도모 • 린넨류 분실 최소화 도모
운영시간	• 07:00 ~ 23:00 시간 근무
운영형태	• 1일 청소수량 : 13개(동종업계 : 10~13개) • 오후청소 및 턴다운 서비스 요원 12:00 ~ 22:00 근무 • 야간의 고객 서비스는 콘시어지에서 수행

② 유틸리티

• 객실 외 지역의 청소를 담당하며 특1급 수준의 청결유지
• 효율적인 인력운용 및 생산성 관리로 1인 청소량 극대화
• 각종 세제류 사용시 안전의식 고취

• 주요 업무내용

구 분	내 용
특 성	• 로비구역, 외부구역, 직원구역 청소업무 수행 • 청소장비, 세제류 사용에 대한 기능 요구 • 고도의 기술이 요구되는 고지역의 유리청소는 특정업자와 계약하여 주기적 청소
시 설	• 고가사다리, 안전사다리, 청소장비 구비 • 비품류 창고 구비
서비스	• 화장실 청결 유지, 내외부 유리 청소 • 로비구역 상시 청소체제 구축 • 각 영업장 카펫 샴푸작업, 왁스 작업계획 수행 • 연회장 등 카펫, 대리석 청소 및 광택작업 수행 • 현관구역 청결유지, 직원공간 주기적 청소 • 전망용 엘리베이터 실내 청결 유지 • 공용지역 전등류 파손 보고
운영시간	• 연중 24시간 근무
운영형태	• 1일 3교대 근무 [A: 07:00－15:00, B: 15:00－23:00, C: 23:00－07:00] • 야간 : 업장 카펫 샴푸, 공용지역 청소

③ 세탁실

• 세탁물 입출고 관리철저, 유니폼 세탁물 수급 관리

• 고객 세탁물 관리 및 배달

• 각종 린넨류 재고관리

• 주요 업무내용

구 분	내 용
특 성	• 인건비 및 부대비용 절감을 위해 용역운영 • 유니폼 및 고객 세탁물은 용역직원 파견에 의한 당사의 기계이용 처리 • 고객 세탁물은 당사의 이익을 계산하여 이익 거양
시 설	• 고가사다리, 안전사다리, 청소장비 구비 • 비품류 창고 구비
서비스	• 화장실 청결 유지, 내외부 유리 청소 • 로비구역 상시 청소체제 구축 • 각 영업장 카펫 샴푸작업, 왁스 작업계획 수행 • 연회장 등 카펫, 대리석 청소 및 광택작업 수행 • 현관구역 청결유지, 직원공간 주기적 청소 • 전망용 엘리베이터 실내 청결 유지 • 공용지역 전등류 파손 보고
운영시간	• 12시간 운영
운영형태	• 1일 2교대 근무 [A: 08:00~14:00, B: 12:00~20:00] • 용역사에서 2~3명 파견하여 사례호텔 세탁실 근무

④ **유니폼**

• 관리팀에서 유니폼을 제작하여 지급하고 본인이 락카에 보유하며 세탁 요청시 세탁실 로그북에 기록, 서명을 하고 준비된 세탁물 박스에 투입

• 세탁 완료된 유니폼은 세탁실 로그북에 기록, 서명을 한 후 찾아가도록 함

• 기본적으로 유니폼은 본인이 보관하고 퇴사시 반환

⑤ **고객 세탁물**

• 메이드, 하우스맨, 벨맨 등에 의해 수거된 세탁물은 비치된 양식을 작성하여 세탁실 고객 세탁물 접수대장에 기록

• 세탁이 완료된 세탁물은 신속하게 고객에게 전달하고, 세탁료는 리셉션에서 고객의 객실에 계정을 이용하여 포스팅

⑥ **객실 린넨류, 업장 린넨류**

• 해당업장에서 세탁실까지 수거된 세탁물 장비를 이용하여 운반

- 세탁실 직원이 종류별로 수량을 카운트하여 일정 수 단위로 묶어 용역업체 운송 준비하며 세탁용역대장에 기록, 서명
- 용역업체에는 세탁물을 일정수량 단위로 묶어 당사로 배달하며, 세탁실 직원은 세탁용역대장에 배달 완료된 수량을 확인하고 기록, 서명함

⑦ 재고조사

- 매월 말 재고조사 후 보고서 작성, 손망실 처리 및 원인분석, 재발 방지
- 식음 및 주방에서 사용중인 린넨은 해당업장에서 재고조사하여 세탁실로 통보, 세탁실에 보유 린네류, 세탁중인 린네류 파악 비교
- 재고조사표 : 제서식류 참조

⑧ 유니폼 관리대 설치

- 세탁실에 세탁된 유니폼 진열 및 보관을 위해 선반 및 걸이대 설치
- 소요예산 : 선반류 제작 예산에 포함
- 설치장소 : 지하1층 세탁실 창고

❸ 사례호텔 교육계획

(1) 기본방침

- 개관을 대비한 차질없는 업무수행을 위하여 객실팀 소속직원 전원에게 기본예절 교육, 호텔상품 교육, 직무교육으로 나누어 실시하며, 전 직원의 서비스 수준을 특1급 호텔에 적합한 품격있는 서비스 제공 체제를 갖추어 개관에 대비하고자 함
- 교육은 예절교육, 호텔상품 교육, 직무교육 등 3가지로 구분하여 실시

(2) 예절교육

- 공통교재에 의한 동일한 기본예절 교육 실시
- 롤 플레이(Role Play)를 포함하여 현실감 있는 교육 실시
- 외부강사에 의한 전문교육

- 정신고양을 위한 집체 훈련
- 서비스에 관한 정신교육

(3) 직무교육(OJT)

- 분야별 담당업무 수행을 위해 기본적으로 필요한 기능적인 사항에 대하여 집중적으로 숙달반복 교육을 실시함으로써 개관업무에 차질이 없도록 하고자 함
- On the Job Training(OJT) 교육 강화로 개관시 고객 서비스에 대응하도록 교육

(4) 상품지식 교육(Production Knowledge)

- 호텔상품에 관한 지식을 숙지하여 객실판매에 차질이 없도록 하고, 전직원의 세일즈맨화에 기여
- 객실가격, 호텔 건축구조, 시설물, 식음업장 메뉴 숙지 등 전분야 교육

(5) 부서별 주요교육 내용

- 부서별 직무에 필요한 필수적인 사항을 숙달하여 실제 근무에 이용, 고품격 서비스 제공에 만전을 기하여 개관에 대비하고자 함
- 객실팀 오리엔테이션은 공통사항

1) 사례호텔 직무교육(OJT)

• 분야별 매뉴얼 및 Job Description에 의한 담당업무의 기능 숙달 교육

<table>
<tr><th colspan="2">구 분</th><th>내 용</th><th>소요
기간</th><th>인원
(명)</th><th>강 사</th></tr>
<tr><td rowspan="2">개
관
전</td><td>서무</td><td>• 각종 공문서식 이해, 제규정 열람, 타이핑, 워드, 엑셀, 결재시스템 이해, 서류파일 보관, 편철, 리포트</td><td>2개월</td><td>1</td><td>,팀</td></tr>
<tr><td>리셉션</td><td>• 피델리오 시스템(Fidelio System) 교육
－체크인, 체크아웃, 예약
－고객정보 입력 및 관리, 객실가격
－환전, 정보활용법, 메시지 입력 및 전달법
－리포트류 출력 및 배부,
－오디팅, 체크리스트, 입금처리 절차
－VIP 확인하기, 객실상황 파악하기
－포스팅법, 계정숙달, 피델리오 회계구조 이해
－패키지 세팅 이해, 회원관리
－페이드아웃 및 잡수입 처리방법
－매출조정전표 사용법
• EFL 업무 및 서비스 내용
• 미니바
－미니바 상품 리스트 숙지 및 가격파악
－미니바 포스팅 절차, 로스 처리방법
• 로고상품
－로고상품 리스트, 입금처리 및 관리
• 기타
－전화응대법, 대화법, 고객불만 처리요령
－서류정리, 결재 시스템, 편철 등
• 롤 플레이(Roll Play) : 위 사항에 대한 실제 역할교육 실시
－예약, 체크인, 체크아웃, 회계검사
－전화응대법, 고객불만 처리요령, 고객안내</td><td>2개월</td><td>13</td><td>팀장
매니저</td></tr>
</table>

구 분		내 용	소요기간	인원(명)	강 사
	콘시어지	• 피델리오 콘시어지 부분 숙지 • Information Book 활용, Baggage Handling • 체크인 체크아웃 절차, 도어서비스 표준이해 및 숙지 • 장비취급 요령(카트, 트롤리 등) • VIP Policies, Pick up & Sending Service • Valet Parking 및 유의사항 • 차량운전 요령, 호텔상품 지식 • 화물보관실 운영 및 정리 • 엘리베이터 취급요령 • 고객 객실안내법, 관광안내 및 정보 숙지 • 룸서비스 메뉴 주문받기 • 비즈니스 센터 업무 : 인터넷, 카피, 타이핑 등	2개월	13	팀장 매니저
	교환	• 교환기 취급 숙지, 전화응대법 • 전화료 계산절차, 통화중 대기시 안내문 입력 및 취급 • 전화번호부 작성 및 업데이트 요령	2개월	4	교환 실장
	룸메이드	• 효율적인 청소요령, 룸, 비품, 소모품, 소품 등 세팅 표준 • 일반실, 스위트 세팅표준 숙달, VIP Set up 표준 • 미니바 세팅표준 및 구성품, 포스팅 숙달 • 미니바 및 소모품 재고조사 방법 • 린넨류 취급요령, 창고현황 • Ice Room 위치, 턴다운 서비스 표준 • 미니바 로스처리 및 의무사항	2개월	24	매니저 인스펙터
	유틸리티	• 청소장비 취급요령, 화학 청소세제 취급요령 • 카펫 청소요령, 동제품, 스테인레스 청소 요령 • 대리석류 청소 요령, 화장실 청소 요령 • 유리청소 요령, 업장청소 요령, 로비 · 엘리베이터 청소 • 야간청소, 물품류 보관창고, 사무실 청소 • 외부청소 구간 숙지, 청소표준 숙지	2개월	17	매니저계장

구 분		내 용	소요 기간	인원 (명)	강 사
	미니바 오더테이커 하우스맨	• 미니바 숙지, 미니바 체크 및 포스팅 • 미니바 재고관리, 스키퍼 처리요령 • 미니바 판매분석 및 프로모션 연구 • 미니바 창고관리, 고객주문 접수 및 처리 • 문서관리 요령, 호텔상품 지식 • 로고상품 관리 및 재고조사, 판매분석 및 프로모션	2개월	5	매니저 주임
	세탁실	• 세탁업무 수행 표준, 린넨, 유니폼 관리, 고객세탁물 관리 • 고객세탁물 명세서 교육 • 세탁물 입출고 관리, 재고조사	1개월	2	세탁실장
	간부 교육	• 분야별 업무 전체적인 이해 및 숙달, 업무분석 요령, 매출목표 달성 전략 • 직원관리, 업무수행 요령, 관리감독, 규정 이해 및 준수 • 동종업계 흐름 파악, 고객불만 처리요령 • 인건비 및 부대비용 절감방안 • 고객응대 요령, 객실판매 전략이해	1개월	22	팀장
	상품지식 교육	• 객실 : 룸타입, 가격, 전망, 특성, 층별객실현황, 현장방문, 회원대우, 가격정책, 패키지 숙지 • 부대시설 : 부대시설현황, 가격, 현장방문 • 식음업장 : 주요메뉴, 시설현황, 업장방문 숙지 • 조리 : 주방위치, 현장방문	1주일	86	
개관후	전부서	• 예절교육 • 직무교육 : 개관 전 교육평가에 의한 분야별 업무숙달 교육계획 수립 및 실시	계획에 의함		관리팀 팀장

제9장

식음료부문 운영계획

❶ 운영방침과 시설현황

(1) 운영방침

- 신속 · 정확 · 정중한 최상의 서비스 제공을 통한 고품위 서비스 실현
- 차별화된 상품판매로 고객욕구에 부응하는 메뉴 구성
- 조직의 효율성과 인력의 정예화, 서비스 표준화 및 통합운영으로 다기능 · 다역할 실현
- 최상의 서비스를 통한 최대의 매출과 이익창출

(2) 근무방침

- 청결유지의 의무
- 봉사정신과 환대성의 생활화
- 효율적 근무 및 절약의 습관화
- 동료 및 상사로부터 신뢰받는 인간성
- 끊임없는 노력을 통한 새로운 서비스 창출

(3) 사례호텔의 시설현황

1) 영업장 시설현황

구 분		위치	면적(평)	수용인원	비 고
식당 및 주장 부문	일식당(Japanese Restaurant)	2F	178.1	170석	
	중식당(Chinese Restaurant)	1F	147.3	112석	
	커피숍(Coffee Shop)	2F	120	152석	
	로비라운지(Lobby Lounge)	2F	73	94석	
	중정(Mezzanine)	2F	136.7	64석	
	스포츠바와 다이닝 (Sports Bar & Dining)	2F	252.4	267석	
	룸서비스(Room Service)	3F	–	380실	
연회장 부문	그랜드 볼룸 1,2,3,4 (Grand Ballroom 1,2,3,4) 121.2평 : 1실 40.1평 : 3실	2F	292.8	600석	Banquet 600 Theater 1,310 이동식 칸막이로 분리, 인원조정가
	세미나 룸 (Seminar Room 1,2,3,4)	2F	100.7	200석	BANQUET 200 THEATER 475
부대 업장 부문	이그제큐티브 라운지 (Execuetive Lounge)	9F	49.5	55석	EFL 라운지
	푸드 코트(Food Court)	1F	190	210석	주방70.8평 별도
	동굴바(Cavern Bar)	3F	실내수영장 인근	58석	
	옥외수영장 풀스낵 (Out-Door Pool Snack)	3F	옥외 수영장	30석	
	피트니스 라운지 (Fitness Lounge)	5F	5층 피트니스	24석	

❷ 영업장별 업무 및 직무분장

(1) 업장별 업무분장

- 8개 업장을 4개 단위로 구분하고 이를 다시 식당과 연회로 크게 구분하며, In Charge 지배인 중심으로 효율적인 운영

<table>
<tr><th colspan="3">구 분</th><th>업 무 내 용</th></tr>
<tr><td colspan="3">팀 장</td><td>• 업무총괄 : 인력관리, 고객관리, 행사지원, 행정관리</td></tr>
<tr><td rowspan="5">식당</td><td rowspan="2">동양
식당</td><td>일식당</td><td rowspan="2">• 일식당 · 중식당 업장 관리
• 고객 영접 · 주문 · 환송
• 각종 기물 · 집기 및 비품관리
• 영업장 정리 · 정돈 및 청소
• 고객관리 : 고객명, 기념일, 기호식 파악
• 연회행사시 인원 지원
• 영업 상황별 타업장 인원지원</td></tr>
<tr><td>중식당</td></tr>
<tr><td rowspan="3">양식당</td><td>커피숍</td><td rowspan="3">• 커피숍, 로비라운지, 카페 중정 업장 관리
• 고객 영접 · 주문 · 환송
• 각종 기물, 집기 및 비품관리
• 영업장 정리 · 정돈 및 청소
• 고객관리 : 고객명, 기념일, 기호식 파악
• 연회행사시 인원 지원
• 영업 상황별 타업장 인원지원</td></tr>
<tr><td>로비라운지</td></tr>
<tr><td>중정</td></tr>
<tr><td rowspan="4">연
회</td><td rowspan="2">주 장</td><td>스포츠바</td><td rowspan="2">• 스포츠바, 룸서비스 업장 관리
• 고객 영접 · 주문 · 환송
• 각종 기물 · 집기 및 비품관리
• 영업장 정리 · 정돈 및 청소
• 고객관리 : 고객명, 기념일, 기호식 파악
• 연회행사시 인원 지원
• 영업 상황별 타업장 인원지원</td></tr>
<tr><td>룸서비스</td></tr>
<tr><td rowspan="2">연회장</td><td>연 회 장</td><td rowspan="2">• 연회장 및 부대업장 관리
• 고객 영접 · 주문 · 환송
• 각종 기물 · 집기 및 비품관리
• 영업장 정리 · 정돈 및 청소
• 대형행사시 서비스 인원 요청
• 영업 상황별 타업장 인원지원
• 고객관리 : 고객명, 그룹 키맨(Key Man) 관리, 기념일, 기호식 파악
• 출장 연회</td></tr>
<tr><td>부대업장
풀스낵 ·
동굴바 ·
라운지</td></tr>
</table>

(2) 업무별 직무분장

• 식음료팀 내 직무별 담당업무 내용을 정하여 업무를 명확히 구분

직 무	업 무 내 용
식음료 팀장 (Director)	• 식음료 전 영업장 총괄, 식음료 영업계획 수립 • 식음료 서비스 및 메뉴상품 관리 • 매출, 재고, 원가, 고객관리, 업장간의 협조체계 조성 • 교육계획(OJT, 서비스, 직무교육) 심의 수립 및 교육 • 고객만족도 확인, 고객 불평처리, 팀원 만족도 확인
식당, 연회 과장 (Senior Manager)	• 해당업장 업무 총괄, 팀장 부재시 업무대행 • 식음료 영업장, 연회 기획업무(메뉴분석 및 개발, 이벤트기획) • 메뉴분석 및 개발, 영업보고서 작성, 서비스 교육 담당 • 고객만족도 확인, 고객 불평처리, 직원 만족도 확인
지배인 (Manager)	• 해당업장 업무 총괄 • 부서장 간의 직·간접적인 중계역할 • 업장관리 : 매출관리, 재고관리, 원가관리, 특별행사 기획 • 고객관리 : 고객정보관리, 고객 불평처리 및 예방, 예약관리 • 인력 관리: 근태관리, OJT, 인사고과, 교육훈련 • 재산관리: 집기, 비품관리, 문서의 기록·보관 • 고객만족도 확인, 고객 불평처리, 직원 만족도 확인
부지배인 (Asst. Manager)	• 업장지배인 보좌, 지배인 부재시 업무 대행 • 업장관리 : 매출관리, 재고관리, 원가관리, 특별행사 기획 • 고객관리 : 고객정보관리, 고객 불평처리 및 예방, 예약관리 • 인력 관리 : 근태관리, OJT, 교육훈련 • 재산관리 : 집기, 비품관리, 문서의 기록·보관
캡틴(Captain)	• 접객 책임자로서 영업 준비상태와 부서원의 복장·용모 점검 • 고객을 영접하고 식음료의 주문과 서비스를 담당 • 호텔 내의 전반적인 사항을 숙지하여 고객에게 정보를 제공 • 주문전표와 계산서 관리, 고객만족도 확인
웨이터와 웨이트리스 (Waiter & Waitress)	• 캡틴을 보좌하며, 주문된 식음료를 직접 고객에게 제공 • 영업 준비와 청소 담당, 테이블 세팅 및 서비스 • 업장에 필요한 영업준비(은기물류, 글라스, 린넨류 등을 보충) • 음식을 Delivery하며, 사용이 끝난 기물류 세척장 이동
실습생 (Trainee)	• 캡틴과 웨이터, 웨이트리스를 보좌하며, 서비스 보조 • 테이블 세팅과 청소 담당 • 업장에 필요한 영업준비(은기물류, 글라스, 린넨류 등을 보충) • 음식을 Delivery하며, 사용이 끝난 기물류 세척장 이동

직 무	업 무 내 용
안내 담당 (Greetress)	• 지배인 및 부지배인의 업무를 보좌 • 고객영접, 안내, 착석보조, 이석보조 • 예약업무 담당, 고객정보 관리 • Paging Service, Lost & Found 처리
와인 스튜어드 (Sommelier)	• 식전주(Aperitif)와 와인 추천 및 서비스 제공 • 와인의 진열과 보관, 재고 점검, 원가관리
주문 담당 (Order Taker)	• 객실로부터의 전화에 의한 식음료 주문을 신속·정확하게 접수 • 주문 전표 작성 후 신속하게 주문내용 전달 • 서비스 소요시간, 서비스 지연 등의 내용을 고객께 알림
시니어 바텐더 (Senior Bartender)	• 바의 책임자로서 영업 준비상태 점검 • 서비스맨 복장·용모 점검, 독특한 칵테일 개발 • 음료의 적정재고 파악, 보급 및 관리 • 영업 종료 후 재고조사를 실시하여 Inventory Sheet 작성 보고
바텐더 (Bartender)	• Senior Bartender를 보좌하며, 칵테일 주조 • 음료 및 부재료를 수령하며, 바 카운터 청소 • 모든 집기류의 정리정돈 및 청결 유지, 독특한 칵테일 개발
코디네이터 (Coodinator)	• 연회지배인을 보좌하며, 마케팅과 연회의 교량역할 • 행사가 원활하도록 행사 진행자(Key Man)와 밀착서비스 • 차별화를 위한 연출력 강화 노력
캐셔 (Cashier)	• 업장 이용고객의 식음료 사용 내역 계산 • Paging Service 지원 • 커피숍은 Deli 판매 지원 • 고객 테이블 안내 지원
연회 예약 (Banquet Reservation)	• 외부전화로부터 연회행사 예약접수 및 상담 • 마케팅으로부터 행사예약 접수 및 조정 입력 담당 • 마케팅과 연회의 교량역할 • 출장연회의 종합적 관리 • 연회메뉴 및 단가결정 자료작성 • 국내외 국제회의 유치관리업무 • 식음료관련 요금변경 신고업무

(3) 사례호텔의 영업장별 운영계획

1) 한 · 일식당

구 분			내 용
구성	특징		• 전 테이블에서 바다를 바라볼 수 있는 탁트인 전망 • 정통 일본식당으로서 철판구이코너, 스시 카운터, 별실4개소 보유(워크 인룸 1개소, 다다미룸 2개소, 온돌룸 1개소) • 선호도가 높은 한식일부 메뉴 운영(조식 3종, 중 · 석식 일부)
	시설		• 홀 : 112석(4인석×21=84석, 2인석×2=4석, Booth 24석) • 별실 : #1번 10석, #2~#4번 8석×4= 34석 • 철판구이코너 : 9 석 • 스시 카운터 : 5석 • 면적 :178.1평 / 좌석수 170석
전략	대상고객		• 투숙객, 인근호텔 투숙객, 카지노고객, VIP고객 • 제주도민, 신혼부부, 세미나고객, 효도관광, 단체관광객
	메뉴	Ramada Mornings	• 일조정식, 전복죽, 전복죽정식, 한조정식, 어린이 반상, 우거지 해장국
		중 · 석식	• Special Menu A/B, 회석요리 2종, 정식 5종, 일품요리 15종 • 스시 카운터 : 모듬초밥 외 선택초밥 20종
		철판구이	• 철판구이 메뉴(코스 3종, 일품요리 20종), 생선회, 후식 3종
운영체계	영업형태		• 제주도 향토요리 모범식당 • 신선도와 맛의 조화 • 정통 일식당에 걸맞은 고객확보(카지노고객, 특1급호텔 VIP) • 제주도민, 신혼부부, 세미나고객, 효도관광, 단체관광객
	영업시간		• 조 식 : 조식:07:00~09:30, 중식:12:00~14:30, 석식:18:00~22:00 • 성수기 : 조식:06:40~10:00, 중식:11:30~15:00, 석식:17:30~22:00 (여름 성수기와 고객의 요구에 의하여 연장영업 가능)
	근무인원 및 형태		• 홀 근무인원 : 13명 • 동양식당 통합 인력운영 – 일식당 및 중식당을 동양식당으로 통합, 일식당 12명, 주간 룸서비스 4명, 중식당 9명, 총 25명의 구성원이 한 팀으로 일식당 지배인이 선임. In Charge로서 상황별 지원근무로 통합 운영
	서비스		• 정통 일식당에 걸맞은 고품위 서비스 → 서비스 언어 통일 • 향토요리 코스메뉴 개발 • 화제거리 발굴, 고품위 서비스 연출 도입 • 주간 룸서비스 담당(남자직원 4명)

2) 중식당

<table>
<tr><th colspan="2">구 분</th><th colspan="2">내 용</th></tr>
<tr><td rowspan="2">구성</td><td>특 징</td><td colspan="2">• 고급스러운 분위기의 정통 중국식당
• Casual Family Restaurant
• 내도 중국관광객의 정례적인 식사코스 식당</td></tr>
<tr><td>시 설</td><td colspan="2">• 홀 : 36석(4인용테이블×4=16석, 4인용×4=16석, 2인용 테이블×2=4석)
• 별실대(大) : 52석(별실대(大)#1번룸 : 12석, 별실대(大)#2번~5번 각10 석×4==40석)
• 별실소(小) : 24석(별실소(小)#1번룸~#4번룸 6석×4=24석)
• 면적 : 147.3평, 좌석수 : 112석</td></tr>
<tr><td rowspan="2">전략</td><td>대상고객</td><td colspan="2">• 투숙객, 인근호텔 투숙객, 카지노고객, VIP고객
• 제주도민, 신혼부부, 세미나고객, 효도관광, 단체관광객</td></tr>
<tr><td>메 뉴</td><td>중 · 석식</td><td>• 정통코스요리 3종, Special Menu 2종
• 일품요리 25종 : 냉채류, 제비집류, 상어지느러미류, 해삼전복, 새우 바다가재, 활생선, 쇠고기류, 닭고기류, 돼지고기류, 채소두부류, 잡품, 탕류, 면류, 후식류, 계절, 신혼부부
• 특선요리 : Chef's Special, Traditional China Main Land, 프로모션, 어린이(Children's Menu)</td></tr>
<tr><td rowspan="4">운영
체계</td><td>영업형태</td><td colspan="2">• 제주도 향토요리 모범식당</td></tr>
<tr><td>영업시간</td><td colspan="2">• 중식 : 12:00~14:30, 석식:18:00~22:00
• 성수기 : 중식:11:30~15:00, 석식:17:30~22:00
(여름 성수기와 고객의 요구에 의하여 연장영업 가능)</td></tr>
<tr><td>근무인원
및 형태</td><td colspan="2">• 홀 근무인원 : 9명
• 동양식당 통합 인력운영
– 일식당 및 중식당을 동양식당으로 통합, 일식당 12명, 중식당 9명, 21명의 구성원이 한 팀으로 일식당 지배인이 선임 In Charge로서 상황별 지원근무로 통합 운영</td></tr>
<tr><td>서비스</td><td colspan="2">• 정통중식당에 걸맞은 고품위 서비스 · 서비스 언어 통일
• 제주해산물 코스메뉴 개발
• 화제거리 발굴, 고품위 서비스 연출 도입</td></tr>
</table>

3) 커피숍

<table>
<tr><th colspan="2">구 분</th><th colspan="2">내 용</th></tr>
<tr><td rowspan="2">구성</td><td>특 징</td><td colspan="2">• 밝고 경쾌한 호텔의 얼굴업장
• 신속하고 품격 높은 서비스 제공
• 안락하고 편안한 사교장</td></tr>
<tr><td>시 설</td><td colspan="2">• 홀 : 152석, 4인용 테이블×24=96석,2인용 테이블×14=28석
Booth4인용×6=24석, Booth2인용×2=4석
• 데크 : 120석 4인용 테이블×30=120석
• 면적 : 263.7평(로비라운지 포함), 좌석수 : 홀 152석, 데크 120석</td></tr>
<tr><td rowspan="2">전략</td><td>대상고객</td><td colspan="2">• 카지노, VIP고객
• 호텔 투숙객, 인근호텔 투숙객
• 신혼부부, 제주도민, 효도관광, 세미나단체</td></tr>
<tr><td>메 뉴</td><td>조식
중식
석식</td><td>• Ramada Mornings : 조찬뷔페, 양식 A La Cart
• Normal : 코스요리, 일품요리
• 뷔페 : 성수기, 신혼부부대상 월・화 만찬 뷔페
• 맞춤코스 요리 : Honeymoon, 도민, 단체
• Beverage Menu, Cocktail, Wine, 각종 Liquer</td></tr>
<tr><td rowspan="4">운영
체계</td><td>영업형태</td><td colspan="2">• 특1급호텔 수준에 걸맞는 서비스 실시
• 제주지역 특성에 걸맞는 분위기
• 조직의 효율성 및 인력의 정예화</td></tr>
<tr><td>영업시간</td><td colspan="2">• 연중무휴 : 07:00~22:00
• 성수기 : 06:50~23:00
(여름 성수기와 고객의 요구에 의하여 연장영업을 할 수 있음)</td></tr>
<tr><td>근무인원
및 형태</td><td colspan="2">• 홀 근무인원 : 13명
• 양식당 통합 인력운영
커피숍 및 로비라운지, 중정을 양식당으로 통합하여 커피숍 13명, 로비라운지 11명 등 24명의 구성원이 한 팀으로 식당과장이 선임 In Charge로서 상황별 지원근무로 통합운영
• 양식당 통합 인력을 양식, 로비라운지, 중정 순환근무를 통하여 다기능 다역할을 할 수 있도록 훈련한다.</td></tr>
<tr><td>서비스</td><td colspan="2">• 기본에 충실한 고품위 서비스 실시
• 메뉴의 차별화 및 서비스 연출력 강화
• 음료매출 극대화</td></tr>
</table>

4) 로비라운지

구 분		내 용
구성	특 징	• 밝고 경쾌한 호텔의 얼굴업장 • 신속하고 품격 높은 서비스 제공 • 안락하고 편안한 사교장
	시 설	• 홀 : 87석, 4인용 테이블×8=32석, 2인용 테이블×2=4석 Booth4인용×12=48석, Booth3인용×1=3석 • Bar Stool : 7석 • 면적 : 263.7평(로비라운지 포함), 좌석수 : 94석, 홀 87석, 바카운터 7석
전략	대상고객	• 카지노, VIP고객 • 호텔 투숙객, 인근호텔 투숙객 • 신혼부부, 제주도민, 효도관광, 세미나단체
	메 뉴	아침 | • Normal : 스낵류, 안주류, 스페셜 커피 및 차류 점심 | • 맞춤코스 요리: Honeymoon, 도민, 단체 대비 코스메뉴 저녁 | • Beverage Menu, Cocktail, Wine, 각종 Liquer
운영체계	영업형태	• 주로 제과류, 아이스크림, 스페셜커피, 칵테일, 차류 후식 판매 • 커피숍 고객이 Full일 경우 식사고객 수용 • 저녁시간대 은은한 한국 및 필리핀 Trio 연주
	영업시간	• 연중무휴 : 09:00~22:00 • 성 수 기 : 08:00~23:00 (여름 성수기와 고객의 요구에 의하여 연장영업 가능)
	근무인원 및 형태	• 홀 근무인원 : 13명 • 양식당 통합 인력운영 커피숍 및 로비라운지, 중정을 양식당으로 통합하여 커피숍 13명, 로비라운지 11명 등 24명의 구성원이 한 팀으로 식당과장이 선임 In Charge로서 상황별 지원근무로 통합운영 • 양식당 통합 인력을 양식, 로비라운지, 중정 호환근무를 통하여 다기능 다역할을 할 수 있도록 훈련한다.
	서비스	• 특1급호텔 수준에 걸맞은 고품위 서비스 실시 • 제주지역 특성에 걸맞는 메뉴의 차별화 • 조직의 효율성 및 인력의 정예화

5) 중 정

구 분		내 용
구성	특 징	• 밝고 경쾌한 호텔의 얼굴 역할 • 신속하고 품격높은 서비스 실천 • 중정 고유의 차별화 노력
	시 설	• 홀좌석 수 : 4인×16석=64석 • 면적 : 136.7평, 좌석수 : 홀 64석
전략	대상고객	• 카지노, VIP고객 • 호텔 투숙객, 인근호텔 투숙객 • 신혼부부, 제주도민, 효도관광, 세미나단체
	메 뉴	아침 / 점심 / 저녁 • Normal : 스낵류, 안주류, 스페셜 커피, 칵테일 • 맞춤코스 요리: Honeymoon, 도민, 단체 • Beverage Menu, Cocktail, Wine, 각종 Liquer
운영 체계	영업형태	• 주로 스페셜 커피, 칵테일 등 웨곤을 이용하여 고객 앞에서 직접 조주하여 연출하는 서비스 형태
	영업시간	• 상황별 영업 12:00~22:00 • 성수기 11:00~22:00 – 여름 성수기와 고객의 요구에 의하여 연장영업 가능
	근무인원 및 형태	• 커피숍 홀 근무인원 : 13명 • 양식당 통합 인력운영 중정에 별도의 인력을 두지 않고 커피숍 및 로비라운지, 중정을 양식당으로 통합하여 커피숍 13명, 로비라운지 11명 등 24명의 구성원이 중정 서비스를 담당함. 식당과장이 선임 In Charge로서 상황별 지원근무로 통합운영
	서비스	• 특1급호텔 수준에 걸맞은 고품위 서비스 실시 • 제주지역 특성에 걸맞는 메뉴의 차별화 • 조직의 효율성 및 인력의 정예화

6) 스포츠바와 다이닝

<table>
<tr><th colspan="2">구 분</th><th colspan="2">내 용</th></tr>
<tr><td rowspan="2">구성</td><td>특 징</td><td colspan="2">• 식당과 주장의 조화
• 다양한 고객층 수용
• 요일별 다양한 이벤트 행사</td></tr>
<tr><td>시 설</td><td colspan="2">• 면적 : 252.4평 좌석수 : 267석
• 홀 211석, Bar Stool : 12석, 별실(PDR) : 56석
• 4인용 테이블×19=76석, 2인용 테이블×6=12석
• 6인용 테이블×1=6석, 8인용부스 테이블×2=16석
• 부스테이블 : 2인용부스테이블×6=12석, 4인용부스테이블×5=20석
• 6인용부스테이블×1=6석, 8인용부스테이블×2=16석,
• 별실 5개소(#1: 10석, #1: 10석, #3: 9석, #4: 10석, #5: 17석)
• 포켓볼, 다트, 미니퍼팅장, 바카운터, 노래방, Keep Bottle</td></tr>
<tr><td rowspan="2">전략</td><td>대상고객</td><td colspan="2">• 카지노 / VIP고객
• 호텔 투숙객 / 인근호텔 투숙객
• 신혼부부 / 제주도민 / 효도관광 / 세미나단체</td></tr>
<tr><td>메 뉴</td><td>저녁</td><td>• Normal: 다국적 메뉴 세트 메뉴 및 코스요리, 일품요리
• Special 맞춤코스 요리: Honeymoon, 도민, 단체
• Beverage Menu(Cocktail, Wine, 각종 Liquer)
• 뷔페 : 상황별 단체객 조찬 뷔페</td></tr>
<tr><td rowspan="4">운영
체계</td><td>영업형태</td><td colspan="2">• 생음악과 주류, 식사를 판매하는 일반 단란주점</td></tr>
<tr><td>영업시간</td><td colspan="2">• 연중무휴 18:00~24:00 성수기 13:00~18:00 가족노래방 운영</td></tr>
<tr><td>근무인원
및 형태</td><td colspan="2">• 스포츠바 12명(스포츠바 10명, 룸서비스 2명), 스포츠바 지배인(대리)이 In Charge
• 스포츠바 외 연회 · 식당 지원을 통한 Total Man 지향
• 연주 인력: 6명 한국 Trio(남1, 여2), 필리핀 Trio(남1, 여2)</td></tr>
<tr><td>서비스</td><td colspan="2">• 특1급호텔 수준에 걸맞는 고품위 서비스 실시
• 업장직원 전체가 유흥 도우미로 밀착 서비스, 차별화
• 다양한 고객층 대비 고객 유형별 차별화 서비스</td></tr>
</table>

7) 룸서비스

<table>
<tr><th colspan="2">구 분</th><th colspan="2">내 용</th></tr>
<tr><td rowspan="2">구성</td><td>특 징</td><td colspan="2">• 신속하고 정확한 서비스
• 최상의 Special Treatment
– 투숙일별 계획에 의한 Turn Down, Good Night Service</td></tr>
<tr><td>시 설</td><td colspan="2">• 룸서비스 Wagon, Hot Box, Peak Time 전용 엘리베이터 운영</td></tr>
<tr><td rowspan="2">전략</td><td>대상고객</td><td colspan="2">• 호텔 투숙객, 카지노, VIP고객, 신혼부부
• 효도관광, 세미나단체</td></tr>
<tr><td>메 뉴</td><td>아침
점심
저녁</td><td>• Normal : 코스요리, 일품요리
• Ramada Mornings : 양식코스, 동양식 조정식
• 맞춤코스 요리: Honeymoon, 도민, 단체
• Beverage Menu, Cocktail, Wine, 각종 Liquer</td></tr>
<tr><td rowspan="4">운영
체계</td><td>영업형태</td><td colspan="2">• 객실로부터 주문된 식음료를 Wagon 또는 Tray 서비스</td></tr>
<tr><td>영업시간</td><td colspan="2">• 연중무휴 07:00~02:00
– 객실 투숙률 및 이용예측에 따른 영업시간 조정 가능</td></tr>
<tr><td>근무인원
및 형태</td><td colspan="2">• 룸서비스 6명
주간(4명) : 일식당 지배인(대리)이 In Charge
야간(2명) : 스포츠바 지배인(대리)이 In Charge
• 룸서비스 외 스포츠바, 식당, 연회 지원을 통한 Total Man 지향</td></tr>
<tr><td>서비스</td><td colspan="2">• 특1급호텔 수준에 걸맞는 고품위 서비스 실시
• 제주지역 특성에 걸맞는 메뉴의 차별화
• 감동서비스 매일 실천하기
• 음식준비 및 서비스 소요시간 계획준수, 사전 소요시간 안내</td></tr>
</table>

8) 연회장

<table>
<tr><th colspan="2">구 분</th><th colspan="2">내 용</th></tr>
<tr><td rowspan="2">구성</td><td>특 징</td><td colspan="2">• 공항에서 가장 가까운 시내 최대 수용능력의 컨벤션 시설
• 바다와 인접한 확 트인 전망의 컨벤션 로비</td></tr>
<tr><td>시 설</td><td colspan="2">• Grand Ballroom : 292.8평 4실: 121.2평 1실, 40.1평 3실
Banquet Style : 600석 Theater Style : 1,310석
• Seminar Room : 4실 : 24.8평~25.6평
Banquet Style : 50석×4=200석 Theater Style : 475석
• 별도무대 : 15.4평</td></tr>
<tr><td rowspan="2">전략</td><td>대상고객</td><td colspan="2">• 기업 · 협회 · 학회 등 각종단체 세미나 고객, VIP고객
• 신혼의 밤, 디너쇼, 신상품 설명회 등의 각종 이벤트 행사
• 결혼식, 가족연, 졸업 · 입학 사은회 등의 제주도민 행사</td></tr>
<tr><td>메 뉴</td><td>행사</td><td>• Normal : 한조정식, 일조정식, 양식조식, 한 · 일 · 중식 세트, 양식 세트, Coffee Break, Hors D'oeuvre
• Buffet : Buffet(조찬, 오찬, 만찬) BBQ, Standing, Sitdown
• Beverage Menu, Cocktail, Wine, 각종 Liquer
• Room Rental, 세미나 기자재 대여(연회메뉴에 포함)</td></tr>
<tr><td rowspan="4">운영 체계</td><td>영업형태</td><td colspan="2">• 사전 마케팅 또는 연회예약에 의한 식음료 판매 및 세미나 유치</td></tr>
<tr><td>영업시간</td><td colspan="2">• 연중무휴 Function에 의함</td></tr>
<tr><td>근무인원 및 형태</td><td colspan="2">• 연회 10명의 인력은 연회과장이 In Charge함
• 연회서비스 외 스포츠바, 식당 지원을 통한 Total Man 지향</td></tr>
<tr><td>서비스</td><td colspan="2">• Function에 의한 철저한 행사 준비
• Breakage 최소화
• 정확하고 품격 높은 서비스 실천
• 고객의 니즈(Needs)에 걸맞는 맞춤 서비스 실천
• 서비스 연출력 강화</td></tr>
</table>

(4) 부문별 매뉴얼 작성계획

구 분	항 목	세 부 내 용
회 사 편	사례호텔	• 설립배경 및 연혁
	경영체계	• 조직도 및 업무분장
	운영개요	• 시설현황, 업장 개요
	사례호텔인의 자세	• 행동규범 • 용모 · 복장, 태도(자세 · 동작) • 언어사용, 전화 응대 • 표정관리, 인사예절 • 장애인 서비스, 복리 · 후생시설 이용매너
	기본행정	• 출 · 퇴근 관리, 유니폼 관리 • 구매, 재고조사, 고객관리 • 업무처리 규정(인사, 총무 협조)
	환경, 안전, 위생, 보안	• 비상 연락체계 • 분리수거, 재활용 • 소화기 관리법, 위험물 보관 • 정보, 보안, 관리 규정
	매뉴얼 관리규정	• 매뉴얼 관리 규정
식음료부문 공통	식음료 기구조직	• 인원현황, 보고체계
	기본 서비스	• 영업준비 Mise En Place • Before Service, Table Service • After Service, 각종서비스 요령
	VIP 서비스 요령	• 기호식 파악, 투숙 기간 중 메뉴계획 • Welcome Tea, 일별 Turn Down Service 계획 • Good Night Service 계획, 서비스담당 선정
영업장별 매뉴얼	업장 개념	• 업장 컨셉, 기본방침
	업장 제원	• 면적, 좌석수, 조직도, 인력구성
	메뉴 Presentation	• Menu Recipe, 메뉴설명
	테이블 세팅	• 기본세팅, 메뉴별 응용세팅
	시간대별 업무	• 일일 시간대별 주요업무 내용
	서비스 언어	• 업장별 서비스 문장(한 · 영 · 일) 안내, 판매

제10장

마케팅부문 운영계획

❶ 사례호텔 운영전략 및 계획

(1) 운영전략

1) 운영방침

- 개관 후 사례호텔을 원활히 시장에 진입시키고 영업이익의 조기달성을 위한 중·장기적 영업방향의 제시로 판매량 증대와 생산성 향상에 주력하며,
- 장기적으로는 여행사의 의존도를 점차 낮추고, 2005년 이후 제주 관광시장의 구조변화에 대응하기 위한 영업 자생력 확보에 중점
- 효율적인 광고 및 홍보활동을 통해 컨벤션 호텔로의 포지셔닝이 조속한 시일 내에 이루어질 수 있도록 함

① 마케팅부문

- 시장상황 및 고객 분석, 목표시장 선정, 시장 접근방법, 포지셔닝, 광고홍보활동을 통한 차별화된 마케팅 전략의 수립으로 판촉팀의 판매량 증대에 기여하며, 영업부서 관리자들에게는 영업활동의 비전과 방향을 제시함

② 판매활동부문

- 목표시장별로 효율적인 판촉활동을 통해 판매량 증대와 생산성 향상에 주력하며, 경쟁업체와 차별화된 판매활동을 통해 경쟁력을 확보하고 지속적인 업계의 우위를 확보함

③ 예약부문

- 고객의 Needs와 Wants를 파악하여 예약을 접수하고 고객자료를 수집·분

류・통합하는 예약업무 및 마케팅 업무를 동시에 수행하며, 객실부 및 서울 판촉실과의 지속적인 업무협조로 높은 객실 수익률을 유지 관리함

④ 디자인부문

• 사례호텔 상품의 가치를 극대화시켜 고객의 구매동기를 유발시키며 홍보 및 식음료 부서와의 긴밀한 업무협조로 시장에 좋은 기업 이미지를 심어주고 식음료 매출액 신장에 기여함

❷ 사례호텔 인력운용 계획

(1) 기본방침

• 지휘와 보고의 혼선을 줄이고 명령체계의 일원화를 위하여 명령사슬을 최대한 단축시킴
• 분업의 원리에 따라 각 마케팅 및 판촉 과업이 독립적・전문적으로 이루어지는 기능별 형태의 조직으로 구성
• 공격적인 시장확대 방안으로 서울・부산・제주 판촉사무소 및 프리랜서를 두어 운영하고, 기존 경쟁업체 근무자 중 판촉실적이 탁월한 인원을 확보하여 사례호텔의 개관 초년도 이익실현에 기초를 마련함
• 개관 초년도에는 여행사를 중심으로 한 외국인 단체관광객 유치를 중심으로 판촉활동을 전개해야 하므로 해외의 판촉사무실 설치는 당분간 보류하며, 해외시장의 판촉사무실 설치에 대한 지속적인 타당성 검토가 필요함

(2) 조직도

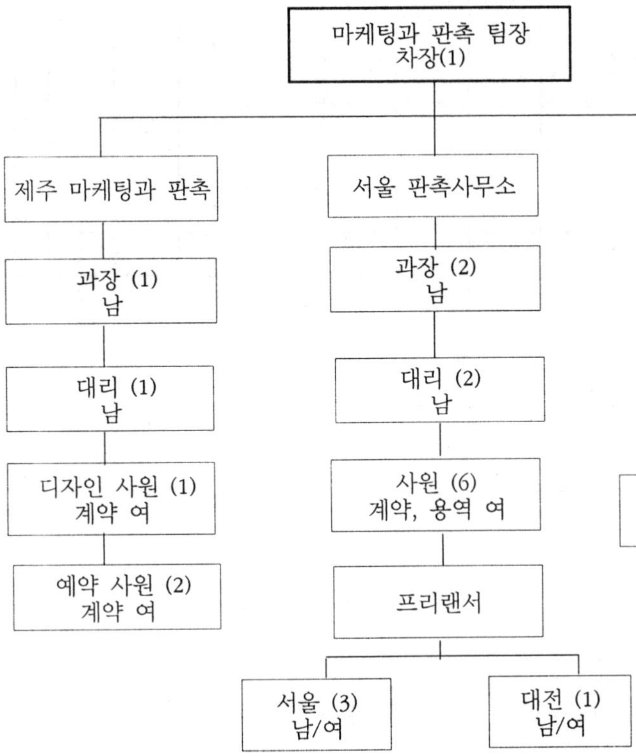

- 마케팅 팀장은 서울판촉사무소에 상주하여 업무를 총괄함
- 서울 · 부산 판촉사무소는 서울사무소를 중심으로 서울 경기 및 각 지방도시 판촉활동을 전개해나가고 각 지방도시의 프리랜서를 고용하여 추가 매출 달성

(3) 인원 현황

- 매출액에 연동하여 6개월 단위로 심사분석 후 인력을 재조정함으로써 탄력적인 인력운영을 기본원칙으로 함

구 분		정 규 직							계약	용역	계
		차장	과장	대리	계장	주임	사원	소계			
제주	마케팅		1					1			1
	판촉			1				1			1
	디자인								1		1
	예약								2		2
서울	팀장	1						1			1
	국세여행사판촉		2					2		1	3
	국내여행사판촉			2				2		2	4
	예약								3		3
부산	판촉			1				1			1
계		1	3	4				8	6	3	17
프리랜서											6

(4) 프리랜서 운영방안

1) 목적 및 배경

- 효과적인 판촉비 집행에 따른 매출의 극대화 창출
- 전문화된 업무분장으로 틈새시장 공략 및 퇴직자의 전문분야 활용
- 취약지역 직접 판촉으로 매출증대 효과
- 타 경쟁사와 차별화된 조직구성으로 인한 판매전략 구축

2) 조직도

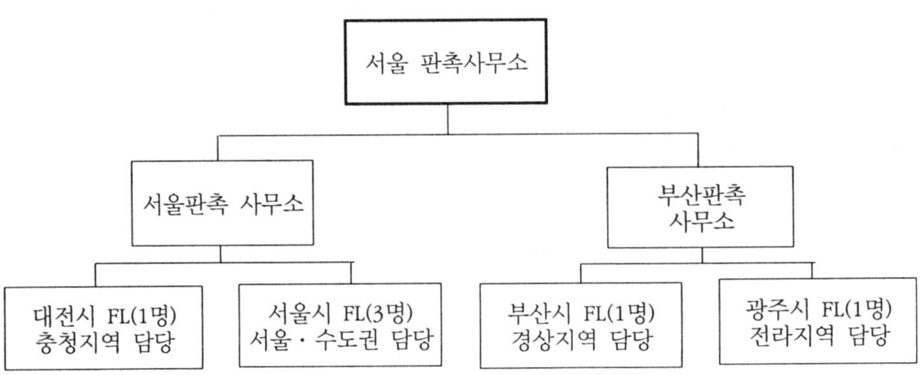

• 대전 · 서울지역 프리랜서는 서울 판촉사무소 담당직원이 관리하고, 부산 · 광주지역 프리랜서는 부산 판촉사무소 담당직원이 관리함

① 인원구성

• 전 · 현직 정부기관, 전문분야, 기업체 등 풍부한 경력을 바탕으로 연령 제한, 성별 구분 없이 인력구성
• 점진적으로 영업이익 실현의 성과도에 따라 추가모집 운영

② 판촉 담당영역

• 개관 초년도에는 서울 · 부산 · 광주 대전 등 광역시를 중심으로 운영
• 국내 · 국제 전문여행사를 제외한 기업단체 · 공공단체 · 종교단체 · 세미나 등 틈새시장 및 본인의 전문분야를 영역으로 함
  – 서울 · 수도권 지역 : 각종 협회 중앙회, 기업체, 정부 산하기관, 유관단체, 학교 등
  – 대전 · 충청 지역 : 지방정부단체, 정부 산하기관, 연구소, 종교단체, 학교 등
  – 광주 · 호남 지역 : 지방정부단체, 공공단체, 기업체, 종교단체, 학교 등
  – 부산 · 영남 지역 : 지방정부단체, 공공단체, 기업체, 종교단체, 학교 등

(5) 텔레마케팅 운영방안

① 도입목적

• 효율적인 판매활동 및 판매비용의 절감
• 방문판매에 의해서는 불가능한 지역까지 상권을 확대하고 판로개척 가능
• 고객의 데이터베이스 구축을 통한 시장조사 기능 수행
• 텔레마케팅의 기본전략

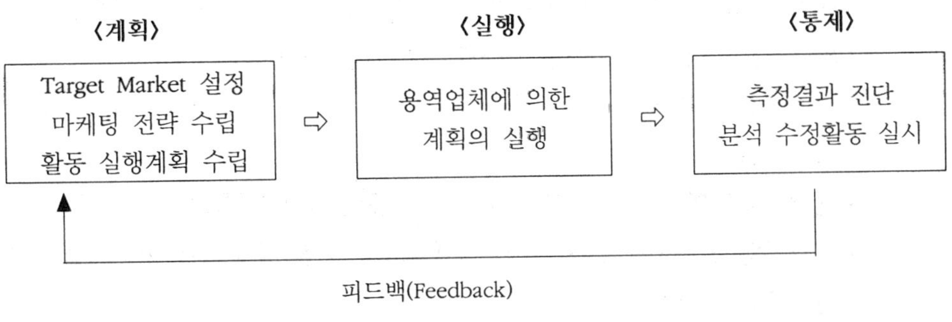

• 운영형태별 장단점

구분	사내 자체운영	완전 용역	호텔 내에 대행사를 두고 운영
장점	• 고객의 반응 파악 용이 • 장기적으로 통제 및 노하우 축척 • 장기적으로 비용 측면에서 유리	• 전문성을 최대한 발휘 • 초기투자비용이 들지 않음 • 단기간에 많은 고객 접촉	• 전문지식, 노하우의 이전 가능 • 고객에 탄력적인 대응 가능 • 통제가 비교적 가능
단점	• 장기적으로 통제 및 노하우 축척 • 막대한 고정투자비 소요 • 단기적 관점에서는 적자수지	• 시상섬유율 확장에만 편중 • 운영 통제가 용이하지 않음 • 탄력적인 고객대응이 어려움	• 수익분배에서 호텔측이 불리 • 장비구입, 권리비, 운영경비 소요 • 호텔의 장소제공

– 사내 자체운영은 초기에 고정 투자비가 소요되며 전문성 있는 텔레마케터의 고용 및 교육훈련이 필요하여 사실상 어려움이 있음

– 초기비용이 거의 들지 않고 단기간에 시장점유율을 높일 수 있는 완전용역 형태로 운영할 계획임

❸ 사례호텔 마케팅 전략 계획

(1) 마케팅과 판촉전략

1) 마케팅 전략

① 목 표

• 여행사 의존도를 낮춰 그룹 형태의 고객패턴을 지양하고 FIT 중심의 고객패턴으로 지향할 수 있는 자생적 영업기반 마련

• 고객 점유율 확대를 통해 시장 점유율을 늘리고 마켓 리더(Market Leader) 지위 획득

• 경쟁업체와의 시설 · 서비스 차별화를 통한 경쟁력 확보

• 적극적인 일본 · 중국 시장 및 국내 FIT를 중점 공략하여 비수기를 없애는 장기체류형 객실 공급

② 단계별 마케팅 목표 전략

- 제1단계 : 초기에 강력한 이미지 제고를 위한 시장중심의 마케팅
  - 후발업체로서 갖게 되는 기존 타 호텔 단골고객의 '구매저항(Purchase Resistance)'의 부정적 이미지 탈피를 위한 홍보광고 활동 강화
  - 잠재고객의 수요창출을 위한 Monthly, Weekly, Daily Package(식음업장) 상품 개발
  - 다양한 멤버십 제도를 개발 Repeat Guest 확보
- 제2단계 : 고객중심의 마케팅
  - 심도있는 시장세분화를 통하여 고객의 'Needs와 Wants'를 파악.
  - 서비스의 고급화 및 전업장의 고객정보 체계를 일원화시켜 내부적으로 CRM (Customer Relationship Management) 시스템 구축, 고객 재방문 수요 창출
  - 다양한 고객우대제도 실시로 이용객에게 편의와 만족 제공
  - 고객의 호텔 브랜드 충성심 제고
  - 사례호텔이 지니는 공간적 이점을 살려 '문화와 레저'를 동시에 즐길 수 있는 상품을 개발, 이용객에게 만족 제공
- 제3단계 : 공익 마케팅
  - 제주지역의 특성상 지역사회와의 긴밀한 유대 강화
  - 제주항에서 해안도로에 이르는 인근지역의 환경보전 활동에 주도적으로 참여하고, 도내 일반 사회활동을 지원하는 적극적인 공익 마케팅 전개

③ 사례호텔의 마케팅 기본 컨셉

구 분	내 용
표적시장	• Room : 컨벤션 단체, 일본 그룹 및 국내 FIT 대상 • F&B : 제주 방문객 및 지역주민 대상
영업정책	• 객실과 부대시설 영업을 중심으로 하되 식음 수요의 점진적인 확대
서비스	• 직속적인 트레이닝을 통해 최고급 서비스를 제공, 인터내셔널 호텔 이미지 제고 • 언어소통이 원활한 인력 확보(외국 관광객에게 적절한 서비스 제공)
가격	• 탄력적이고 유동적인 가격정책 실시
객실	• 회의참석 고객 및 레저 고객에게 적합한 서비스와 시설 제공
식음료	• 지역시장에 맞는 경쟁력 있는 특화된 업장 선별
연회	• 국제 컨벤션 및 국내 기업단체를 중심으로 유치
부대시설	• 스파(Spa)를 중심으로 상품개발, 고객에게 접근

④ 사례호텔 SWOT 분석

향후 사례호텔의 내부적 강·약점과 외부환경적 기회·위협 요인을 전략적 시각에서 분석하여 가장 적합한 시장공략 전략을 수립하고 마케팅 계획의 방향을 설정

• **강 점**
- Ocean Front에 위치하여 해양경관이 수려함
- 제주도 내 특급호텔 중 제주국제공항과 가장 가깝게 위치해 있음
- 투숙 고객을 위주로 하는 엔터테인먼트(Entertainment) 시설이 잘 갖추어져 있음
- 신축호텔이므로 경쟁사에 비해 모든 시설이 현대화되어 있음
- 호텔 내외 환경이 사진촬영 장소로 적격
- 체인 호텔로서 구미시장에 지명도가 있음
- 부채가 없어 재무부담이 적고, 자금 동원력이 강함
- 제주도는 지역적으로 일본시장이 강세를 보임
- 지역적으로 제주도 접객직원들의 일본어 구사력이 상대적으로 우수함
- 모회사의 기업성격으로 객실·식음·연회 부문 공히 정부 및 공공단체 시장에서 경쟁력을 가질 수 있음

• **약 점**
- 단기 업적주위 팽배로 장기계획 수립의 어려움과 정책의 일관성이 결여될 가능성
- 제주시 지역에 FIT가 선호하는 매력적인 관광지가 없음
- H/M고객 및 일본 고객수요 감소
- 고급 민박 및 펜션산업의 급부상
  · '상가 임대계약 5년 보장'을 골자로 한 상가임대차보호법 제정에 따라 임대 운영상의 난관이 있을 수 있음
- 특1급 호텔들이 중문단지에 몰려 있어 Cluster(동종업계 군집) 효과를 보기 어려움.
- 제주지역 업계 중간관리자의 국제감각력 부족
- 제주지역 접객요원(Customer Contact Staff)들의 서비스 마인드 부족
- 계약·용역직 직원의 비율이 높아 근로의욕에 관련하여 동기부여가 어려움
- 호텔 내부로 외부인의 접근이 용이하며, 탑동 주변환경상 호텔 내·외적

으로 고객의 안전문제 발생 가능성이 있음

– 호텔 외부에 휴식공간(정원시설)이 넓지 않고 직원 및 고객동선이 김.

– 호텔 운영 골프장이 없음.

- 기회요인(Opportunity)

Attraction \ Possibility	Low	High
High	I · 국제자유도시 개발계획으로 인한 각종 세제 혜택 및 정부차원의 지원으로 조기 수익달성 용이 · 제주 컨벤션 센터의 건립으로 객실 수요 증대 · 탑동 지역이 제주도 차원의 발전계획에 따라 문화 거리로서의 발전 가능성	II · 국제자유도시 개발계획으로 인한 국제 비즈니스 고객들의 입도 증가 · 주5일근무제 확대로 여가문화가 활성화되어 내국인 수요증가 예상 및 소비 고급화 · 제주지역 관광관련 대학과의 산학협동을 통한 효율적인 인력운영
Low	III · 소득수준 향상 및 풍요로운 삶에 대한 인식 등으로 레스토랑 수요의 증가 · 2002년 월드컵 행사시 제주호텔 홍보 가능 · 제주도 차원의 지방 축제 및 행사를 통한 이벤트 기획 용이 · 카지노 관련 법규의 개정으로 수요확대	IV · 개관 후 호텔사업 외에 제주지역에 다양한 사업전망에 대한 가능성이 열림 · 외국항공사 취항 확대 · 호텔 전문인력의 공급증가로 인력수급 용이

Ⅰ. 가장 주력할 기회요인, 적극추진　　Ⅱ. 성공 가능성 재평가

Ⅲ. 투자가치 재평가　　Ⅳ. 고려대상에서 제외

- 위협요인(Threats)

Seriousness \ Possibility	Low	High
High	I · '상가 임대계약 5년 보장'을 골자로 한 상가임대차 보호법 제정 · 일본 및 중국 관광객 내도율 성장둔화. 신혼객 내도율 감소. · G호텔 일본인 단체시장 점유율 강세 · 제주 K호텔 F&B 부문 수익면에서 강세 · 국내 가족중심의 FIT 소비성향 변화로 일반 콘도 수요 증가(남제주에 310실 규모의 종합 리조트형 콘도가 인근지역에 개관 예정	II · 부유층 및 주요상권 신제주로 점진적 이동으로 인한 구제주시 공동화 현상 · 교통체증 현상의 지속적인 증가로 인한 신제주와 주요상권으로부터 사례호텔 접근 시간의 증가 · 주변 대형 유통업체 및 식당가로 인하여 미니바, 룸서비스, 식음료업장 매출감소 · 가족단위고객의 펜션 이용 수요 증가세
Low	III · 지역적 특성으로 인한 노조구성의 가능성 · 전문 패밀리 레스토랑의 증가로 호텔 식음료부문 매출 감소 · 고임금 및 직원 복리후생 등으로 인한 비용 부분 지출 증가로 수익성 감소	IV · 국제경쟁력의 우위를 지닌 해외 체인호텔의 도내 진출 가능성 · 주변 주차문제로 인한 제주호텔의 전체 미관 문제 · 환경문제와 관련된 지역주민의 민원발생 가능

2) 판촉전략

① 기본방향

- 단기적으로 타 호텔 주요 기업 및 협회단체 고객을 유치, 이를 고정수요로 연결시키고 가격은 기존호텔보다 낮게 책정하는 전략
- 중장기적으로 신규수요 창출을 최우선으로 하되 판촉직원은 수익분석을 통하여 영업수익을 올리고 가격은 경쟁호텔보다 높게 책정
- 장기적으로 여행사 단체에 대한 의존도를 낮춰 FIT 위주로 영업력을 강화하고 고가전략 지향

② 고객유형별 전략

㉠ 개관 전

- 주요 목표 기업체, 일반협회, 여행사 명단 및 담당자 명단을 리스트업하여 세부 판촉계획 수립
- Sales Kit 및 DM을 대상업체에 발송하여 제주호텔 인지도를 고양시킴
- 개관 후 원활한 판촉활동이 이루어질 수 있도록 여행사와의 다양한 운영시스템 마련

㉡ 개관 후

- 본격적인 판촉활동을 수행하고 고객 및 거래처 관리에 중점을 둠
- 조기의 영업목표 달성을 위하여 기업체나 협회의 컨벤션 행사를 중점적으로 유치하기 위한 판촉활동 개시

〈표 10-1〉 사례호텔 개관 전, 후 판촉활동 추진계획

담당	거래선	판매상품	개관 전 판매활동	개관 후 판매활동
기업체	• 국내기업 – 대기업 – 증권사 – 화장품사 – 제약회사 – 화학관련사 • 다국적기업 – FORCA(주한외국기업협회) 가입 다국적기업	• 세미나 • 인센티브 • 투어 패키지 • 기획상품	• 경쟁사 주요 고객사 명단 작성 및 판매정보 수집 • 대상기업체 선정 및 담당자 리스트 작성 • DM 발송 • 대상기업 담당자방문 및 홍보 • 주요 여행사 거래선 선정 • 기업주요 소식 수집	• 정기모임 추적 판촉 • 방문판촉 • 사은 초청회 개최 • 주중, 비수기 상품개발 및 판촉 – 각종 회원대상(리조트 패키지) – 카드사 연계(투어 패키지) – 기획상품
단체협회	• 공공기관 – 정부기관 – 관변단체 • 지역단체 • 학술단체 • 기업 및 지역 동호회	• 세미나 • 투어 패키지 • 기획상품	• 연례행사 조사 및 작성 • 대상기관 선정 및 담당자 리스트 • 담당자 직접 방문 • 지역 Opinion Leader 방문 • 세미나 패키지 개발 • 'VIP 100' 리스트 작성 • '전문인 100' 리스트 작성 • DM 발송	• 지속적인 교류유지 • 초대권 배포 • 'Jeju Hotel Family Members' 컨셉으로 접근 • 사내 소식 및 신상품 소개 책자 발송
여행사	• 국내 여행사	• H/M 패키지	• 주요 여행사 수배과장 명단 리스트 작성 • 주요여행사 송객 계약체결 • 비수기, 주중 판촉상품 개발 • FAM 투어 기획 • 광고 및 홍보활동 Leaflet 배포 • 송객에 따른 실적관리 시스템 개발	• 송객에 따른 실적관리 • 지속적인 여행사관리 • FAM 투어 기획
	• Inbound 여행사	• 주중 투어 패키지	• Inbound 여행사 수배과장 명단 리스트업 • 정기적인 방문 판촉 • 정보교환 • FAM 투어 기획 • 광고 및 홍보활동 Leaflet 배포	• 일본 현지방문 판촉 • 정기적인 FAM 투어 • 지속적인 여행사 방문 판촉
FIT	• 개별 여행자	• 레저 고객, 일반 FIT 패키지	• 주요 표적시장 파악, 연령별, 직업별, 성별 • 각 고객층에 맞는 상품 개발 • 항공사, 카드회사, 보험사, 광고 및 홍보 활동 • 잡지광고	• 고객만족도 조사 후 재방문 고객유치를 위한 방안 마련. • 고객의 데이터베이스 구축 • 거래선 인맥 구축 • 정보망 구축

3) 사례호텔 홍보전략

① 기본 방침

- 홍보 슬로건 'Totally Different Place In Jeju Island'로 시장 접근
- 호텔상품과 서비스의 이미지를 수립하는 데 중점을 둠
- 효과적인 홍보를 위해서 언론과의 원만한 관계유지
- 지역사회와의 원만한 관계유지(탑동 자율방범대, 탑동 바다지킴이 발족 등)

② 홍보 기본계획

- 기업구성원 모두를 홍보 요원화(가능한 모든 인적 네트워크 활용)
- 모든 수단을 홍보에 활용(라마다 로고 T입기 등)
- 기업 · 조직 · 단체의 아이덴티티를 명확하게 기획
- 평소에 홍보 거리를 예비해둠
- 시대의 흐름에 맞추어 홍보 이슈를 개발
- 고객과 구성원에게도 적극적으로 홍보
- 주기적으로 홍보의 효과를 측정(기사노출 정도)
- 관련 기관과 유대강화, 관계 유지를 지속적으로 유지
- 홍보효과를 가져온 구성원에게 포상

③ 개관 전 홍보활동 계획

구분	내 용	비 고
Publicity	• 신문에 관련된 기사거리 개발 게재 • 호텔 심벌마크, 체인호텔 또는 사원채용 등 호텔의 전반적인 소개기사 개발 • Public Marketing 차원에서 접근(지역 환경보호 운동, 지역 고용증대 효과) • 홍보 스케줄 작성(기사종류별, 대상 매체별, 각 시점별)	• 언론매체 담당 기자 접촉 • 기획 기사 일정 입수
광 고	• 체인호텔명이 확정된 직후 각 채널의 호텔 Directory에 게재 • 도내 각 대학 관광관련학과 방문 Job Fair 실시(목적 : 호텔의 이미지 제고) • 사원채용, 개업 전 이미지 광고 위주 • 부대시설과 F&B 업장을 위주로 하는 광고계획 수립	• Job Fair 목적 향후 채용보다는 호텔 광고가 목적
CIP	• 심벌 마크, 유니폼, 인쇄물, 영업장 소모품에 이르기까지 일관성 있는 양식, 색상, 디자인 도입. • Brand Management Manual Plan 작성	• 체인호텔 브랜드 사용
DM	• 타깃 고객의 리스트 수집 및 전산 입력 • 회원 모집 안내 및 기타 상품 카탈로그 결혼식장 안내	• 개업 3개월 전에는 계약이 가능하도록 함

④ 개관 후 홍보활동 계획

구 분	내 용	비 고
Publicity	▪ 직접 매출증진과 연계될 수 있는 기사 중심 ▪ 기업의 이미지에 악영향을 미칠 수 있는 내용에 대한 사전 예방활동 ▪ 각 매체별로 연간 기획기사의 스케줄을 사전 입수하여 중점 공략함 ▪ 신상품 홍보위주로 각 매체에 기재	일간지, 주간지, 월간지, 일반매체 등으로 구분한 전략 필요
광고	▪ 상품광고 위주로 전환 ▪ 호텔 이미지 광고 ▪ 호텔 판촉성 광고 ▪ 특별 이벤트 광고	직역 축제와 연계된 가족단위의 이벤트 개최
CIP	▪ 특별 이벤트를 위한 제작과 상시적 제작물로 구분하여 체계적으로 진행 ▪ 체인호텔명을 고유 브랜드로 관리 ▪ Brand Management Manual에 따라 관리	시간 및 경비절약
DM	▪ 고객 리스트 작성과 지속적 업데이트를 통한 관리 ▪ 특별 이벤트의 지속적 고지 ▪ 고객 History 작성 관리	DB 구축

제11장

조리부문 운영계획

❶ 운영방침과 시설현황

(1) 운영방침

1) 주방부문

- 식음료 영업장의 지속적인 매출 신장과 이익 달성
- 지속적 · 일률적인 Food Production(메뉴작업), Presentation과 서비스 표준 유지
- 모든 주방직원의 작업 단순화
- 선입선출에 의한 신선도 유지
- 표준양목에 의한 상품 표준화
- 저장품의 적정재고 확보로 효율적인 재고관리
- 계획구매에 의한 식재료 원가절감
- 업무분장에 의한 효율적인 인력운영
- 현장직무, 직능교육을 통한 다기능 인력양성

2) 집기관리 부문

- 모든 집기관리 종사원의 작업 단순화
- 집기관리 종사자간의 효과적인 업무유대
- 부서 내와 다른 영업부서간의 유대강화
- 청결하고 위생적인 환경관리
- 주방과 서비스간의 효과적인 조화
- 영업 상황에 의한 인력관리
- 각 영업장 및 주방 등 필요기물 적소 적기에 보조

❷ 사례호텔의 시설현황

(1) 주방현황 및 기능

- 모든 주방은 2대조건(원활한 배기 · 배수)과 3대원칙(위생 · 기능 · 경제성)을 반영하여 영업 및 각종 행사를 원활하게 소화할 수 있도록 효과적으로 계획됨
- 주방장비는 식음료 영업과 고객을 위한 음식제조 및 서비스의 핵심사항으로서 특1급 수준의 장비구성으로 효과적인 생산성 향상과 매출 증대에 따라 영업이익을 도모하고, 국내 제작품 및 수입장비의 특성과 성능, 내구성 위주의 효율적인 주방장비로 배치됨

〈표 11-1〉 사례호텔 주방시설 현황

주 방 명	위 치	면적(평)	주요 생산 품목	비고
식음료 창고	B1F	152	야채, 육류, 어패류, 과일 음료, 주류 보관	
부처 주방	B1F	36	육류 정육, 어패류 손질 후 각 주방 공급	
제과 주방	B1F	60	각종 제과, 제빵 생산	
메인 주방	B1F	179	음식물 1차 가공 및 공급	
직원식당 주방	B1F	70	직원식사 제조 및 제공	임대
잔반처리실	B1F	31	공병 및 캔 · 박스 · 일반 및 음식물쓰레기 처리	
후드 코트	1F	70	패스트푸드 및 음료 제조	
중식 주방	1F	50	전통 중국요리 전문 주방	
연회 주방	2F	123	음식 2차 가공 및 연회행사 음식 제공	
커피숍 주방	2F	87	음식 2차 가공	
로비라운지 주방	2F	7	음료 및 스낵 제조	
일식 주방	2F	38	전통일식 및 한식 제조	
초밥 카운터	2F	8	생선회 및 초밥 제조	
철판구이	2F	3	철판구이	
바 · 룸서비스 주방	2F	36	룸서비스 및 바 음식 제조	
중정	3F		음료 · 스낵 제조	
실내 수영장	3F	3	음료 · 스낵 제조	임대
실외 수영장	3F	3	음료 · 스낵 제조	임대
사우나	5F	3	음료 · 스낵 제조	임대
카지노	9F	20	음료 · 스낵 제조	임대
로열스위트 이그젝티브 라운지	9F		투숙고객 서비스 공간	
합 계	22개소			

(2) 주방별 주요시설 현황

<table>
<tr><th rowspan="2">6위치</th><th colspan="4">구 분</th><th rowspan="2">주 요 장 비</th></tr>
<tr><th>주 방 명</th><th>면적(평)</th><th>주 요 시 설</th><th>면적(평)</th></tr>
<tr><td>B1F</td><td>식음료창고</td><td></td><td>사무실
식품창고(1)
일반식품 냉장
일반식품 냉동
와인창고
적 와인 냉장
백 와인 냉장
식품창고(2)
육류 냉동・냉장
어류 냉장・냉동
과일 냉장
낙농류 냉장
작업 통로
청소도구함</td><td>2.2
32.8
9.2
1.0
11.9
2.8
2.4
6.4
22.6
30.1
7.0
13.0
18.2
2.3</td><td>식재료 저장 선반</td></tr>
<tr><td>B1F</td><td>부 처 주 방</td><td>18</td><td>훈제실
육류 냉장・냉동
어류 냉장・냉동
창고
사무실</td><td>6.6
11.5
6.4
2.4
2.4</td><td>훈제 기계
싱크 및 작업대
냉장, 냉동고, 해동고</td></tr>
<tr><td>B1F</td><td>제 과 주 방</td><td>36.4</td><td>주방 사무실
반죽실
냉장실
아이스크림 냉장/동고
창고</td><td>3.1
4.8
3.0
7.0
2.1</td><td>가스레인지
오븐
싱크 및 작업대
반죽기 및 믹서기
아이스크림기계</td></tr>
<tr><td>B1F</td><td>메인주방</td><td></td><td>콜 주방
핫주방
주방 사무실
청소도구실
기물창고
카트 보관실
복도・기타
기물창고
찬・양념 음식 냉장
창고 1, 2, 3
쿡냉장
냉장・냉동실
냉장실</td><td>64.9
73.4
7.1
3.1
2.7
6.4
10.0
7.1
8.2
11.7
2.3
16.7
4.7</td><td>가스레인지 및 오븐
냉장 냉동고, 제빙기
싱크 및 작업대
음식 보온・보냉기</td></tr>
</table>

B1F	직원식당 주방	57.5	냉동·냉장실 사무실·매점 창고 1 창고 2 창고	7.7 3.6 7.4 2.8 1.6	가스레인지 및 오븐 냉장 냉동고 제빙기 싱크 및 작업대 음식 보온·보냉기	
B1F	잔반처리실		쓰레기 집하장 쓰레기 냉동실 잔반처리실	23.7 3.1 4.3	캔 워셔, 쓰레기 압축기, 음식물 쓰레기 탈수기	
1F	후드 코트	70			가스레인지 및 오븐 냉장 냉동고 싱크 및 작업대 제빙기 음식 보온·냉기	임대
1F	중식 주방	38.6	주방 사무실 냉동·냉장 창고 주방 화장실	3.0 4.6 4.2 2.0	가스레인지, 오리구이기 중식 화덕 싱크 및 작업대	
2F	연회 주방	123	전실 주방 사무실 주방 화장실 서비스 바 기물창고	5.5 3.9 5.3 7.2 9.5	가스레인지 및 오븐 싱크 및 작업대 냉장 냉동고 제빙기	
2F	커피숍 주방	23.3	주방 사무실 창고	1.3 2.5	가스레인지 및 오븐 냉장 냉동고 제빙기 싱크 및 작업대	
2F	로비라운지		팬트리	7.4	냉장고, 싱크 및 작업대	
2F	일식 주방	38.8	창고 사무실 냉장·냉동실	2 2.6 2	가스레인지 냉장 냉동고 제빙기 싱크 및 작업대	
2F	초밥 카운터		스시바	25.3	쇼케이스, 냉장고, 싱크	
2F	철판구이		철판구이	3	가스철판	
2F	바·룸 서비스	29.5	주문 접수실 냉장고 창고	2 2.2 2.3	가스레인지, 오븐 냉장 냉동고 제빙기 싱크 및 작업대, 선반	
3F	중정				싱크, 냉장고	
3F	실내·외 수영장	3			가스레인지, 냉장고, 싱크	임대
5F	사우나	3			가스레인지, 냉장고, 싱크	임대
9F	카지노	8.9			가스레인지, 싱크	임대
9F	로열스위트 이그젝티브라운지				싱크	

(3) 사례호텔 주방 건축면적 분석

층별	주 방 명	좌석수	1일 이용객	이론적 필 요 면적율	이론필요 면 적 (㎡)	건 축 면 적 (㎡)	비율(%) 이 론 건 축	평 가
B1F	식음료 창고		2,925	0.2	585.2	505.0	86	만족
	부처		1,800	0.06	108.0	119.9	111	만족
	제과		1,236	0.1	123.6	187.9	152	만족
	메인		951	0.5	475.5	595.6	125	만족
	직원식당	225	700	0.3	210.0	259.6	124	만족
	잔반처리실		2,925	0.05	146.3	103.3	70	부족
1F	중식 주방	112	169	0.9	100.8	167.4	166	만족
	후드 코트	210	105	0.8	168.0	233.9	139	만족
2F	연회장	800	160	0.4	352.0	456.7	116	만족
	커피숍	152	228	0.6	91.2	90.2	98	보통
	델리		70			18.0		
	로비라운지	94	282	0.2	18.8	24.7	131	만족
	일식 주방	146	222	0.8	116.8	158.9	110	만족
	바·룸 서비스	267	134	0.6	160.2	119.3	74	부족
	초밥 카운터	15	15	1.0	15.0	84.0	187	만족
	철판구이	9	18	1.0	9.0	22.3	100	만족
M2F	중정	64	64					
3F	실내 수영장	58	29	0.15	8.7	11.0	126	만족
	실외 수영장	30	30	0.15	4.5	11.0	244	만족
5F	사우나	24	24	0.15	3.6	9.0	250	만족
8F	카지노					29.2		
		2,206	1,550			3,071.9		

- 1일 이용객 : 좌석 수×영업장 회전율(식음료 영업정책)
  - 식음창고, 잔반처리실 : 각 영업장 이용고객 수+직원식당 식수+30%
  - 제과 : 각 영업장 이용고객 수+20%
  - 부처 : 각 영업장 이용고객 수+직원식당 식수−30%
- 이론적 필요 면적율 : 미국·일본 주방기기협회 자료 참고(고객 1인당 필요 공간)
- 이론적 필요 면적 : 이론적 면적 비율×이용고객 수(비영업부문)
- 이론적 면적 비율×좌석 수(영업부문)

(4) 주방시설 장단점 분석

구 분	장 점	단 점
면적	이론적 건축면적 비율 대비 충분한 공간 확보	잔반처리실, 바·룸 서비스, 커피숍 등이 이론 대비 공간이 미흡하여 서비스 팬추리 공간이 부족함
동선	각 주방의 작업동선은 기구배치의 효율성 극대화로 우수함	커피숍, 바·룸 서비스, 일식주방이 메인 주방과의 거리와 룸서비스 음식 제조 후 서비스까지의 동선거리가 길어 인력 및 효율적인 서비스에 제약을 받음
장비	새로운 기술혁신의 제품변화가 있는 것은 아니지만 필요 요구에 의한 장비설치로 생산성과 업무의 효율성을 극대화시킬 수 있는 장비 설치	가스기구 및 장비는 기술이 뛰어나고 내구성이 강한 외국제품과의 혼용 미흡
구획	지하 1층 식음료 창고, 부처, 제과주방 등 생산업무 주관의 주방은 탁월함	영업활동의 커피숍, 중식, 바·룸 서비스, 일식주방은 건물특성을 고려하여 볼 때 미흡
환경	2대원칙 3대조건에 의한 환경설비가 우수함	관광지호텔인 한·일식당에서 즉석구이 요리를 할 수 있는 배기시설 미비

❸ 인력운영 방침과 계획

(1) 인력운영 방침

- 체계적 인력구성으로 업무의 효율성 및 생산성 극대화
- 강화된 조직구조로 회사업무 위계질서 확립과 단결력으로 동종업체 대비 생산성·서비스·품질 등 경쟁우위 선점
- 매출액에 연동하여 6개월 단위로 심사분석 후 인력을 재조정하며 차기연도 예산수립시 조직·인력 구성을 재조정할 수 있으며, 철저한 조직관리로 우수인력 확보

(2) 인력운용 계획

- 조직의 간소화 및 인건비 절감을 위하여 고급기술을 요하지 않는 직무는 아웃소싱으로 운영
- 부서 교관 양성 프로그램을 통한 현장 직무교육을 실시하여 업무능력 향상과 다기능 직원 양성
- 업무 동질성이 높은 메인, 부처, 커피숍, 바·룸 서비스, 연회장의 통합운영으로 인력의 효율성 극대화
- 주문식 교육제도 도입에 의한 인건비 절감

(3) 산학협동 주문식 교육제도 도입

- 관광관련의 해당전공 조리과 학생을 대상으로 실시
- 주 3일 24시간 산업체 현장실습으로 주문학교에서 학업에 준한 학점 부여
- 교육의 목적에 준하는 현장 기초실무 교육 및 업무 지도
- 면접을 통하여 인성·의지·직업관 등을 파악 후 대상자 선택
- 우수 근태자에 한하여 결원 충원시 우선채용 혜택 부여
- 현장실습 학생들에게 교통비 지급

(4) 인건비 절감 계획

1) 통합 메인주방 운영

- 메인주방, 커피숍, 라운지, 룸서비스, 바, 연회장, 부처숍을 메인주방 과장이 지휘통제
- 통합운영으로 바쁜 영업장에 실시간으로 인력공급 및 공한기 시간에 영업준비
- 순환근무를 통한 현장 다기능·기술 습득으로 특정인의 직무 대체 효과
- 순환근무를 통한 책임의식 강화로 생산성 향상
- 효율적인 순환제 근무로 직원들간의 팀워크 형성

2) 탄력 분할근무제 도입

- 제주지역의 특성상 조식과 석식의 영업비중이 크므로 탄력 분할근무를 통

한 인력운용의 극대화
- 근로기준법에 준하여 탄력 분할근무제 도입으로 최고조 영업시간에 인력 활용
- 탄력 분할근무제 도입으로 인한 인력절감 효과
- 탄력 분할근로수당 지급을 통한 연장근로수당 절감

3) 영업 비수기 내에 연월차 휴가 장려

- 지역특성상 지리적 · 계절적 영업 성 · 비수기의 등락폭이 크므로 비수기에 연월차 사용 장려
- 월별 휴가 계획서 수립에 의한 휴가 시행
- 주간 · 일간 영업상황에 따른 휴가 및 휴일 조정 정례화

(5) 직급별 업무분장

1) 팀 장

직 급	조리팀장(Executive Chef)
업 무 장 소	조리 사무실 외 전 조리업장
보 고 자	총지배인
책 임 관 할	전 주방직원
직 무 요 약	호텔의 운영철학과 운영 매뉴얼에 준하여 수준 높은 서비스와 메뉴의 질을 유지 · 달성하기 위해 호텔의 조리팀을 총괄적으로 조직 관리
직 무 책 임	• 모든 직장동료 및 타부서의 다른 직원과의 유대관계 유지 강화 • 조리팀 전 직원이 호텔정책과 업무절차를 이해하고 따를 수 있도록 지도 • 전 조리부서 직원의 청결상태와 위생상태 점검 유지 • 직원들의 사내규정 준수 지도 • 호텔 식음료 영업장의 명성과 음식생산에 최고를 지향하며 제주도와 국내는 물론 국제적인 호평을 얻을 수 있도록 독려 • 목표를 근거로 한 수익성 있는 메뉴생산 독려 • 모든 주방에서 규정된 Recipe와 견본품에 의한 일정한 음식을 생산하도록 지도 감독 • 식재료 원가관리 규정과 절차 준수 • 각 주방의 과장 · 대리들을 효과적으로 관리 • 새로운 시장성 있는 메뉴개발 • 질 좋은 메뉴생산을 위해 최고의 원재료를 구매할 수 있도록 조언

직 무 책 임	• 그릇 세팅과 각종 메뉴의 Recipe 유지 관리 • 차기연도 예산작업 동참 • 승급과 수상에 관련된 업무에 참여 · 심사 · 추천 • 성수기에 현장을 감독하며 직원의 고충 처리 • 식음료 부서장과의 최상의 지속적 유대관계를 유지하며 공조 • 운영교본을 보관하며 수정 보완 • 회의기록과 각종 서식서류 기록 보관 • 고객의 불평 · 불만 처리 • 조리팀 직원에게 신개념 및 기술취득을 위한 트레이닝 및 교육 • 집기관리의 청결 유지 등의 정기점검 • 인력계획에 의한 직원 인원 수 조절 • 직원들의 근무 스케줄과 출퇴근 기록부 점검 • 연월차 휴가사용 계획수립 실행 • 중요 업무회의 참석

2) 조리 과장 · 대리

직 급	과장 · 대리(Chef De Cuisine)
업 무 장 소	주방(메인, 제과, 중식, 일식)
보 고 자	조리팀장(Executive Chef)
책 임 관 할	주방 계장 이하
직 무 요 약	호텔 운영 매뉴얼에 의한 수준 높은 서비스와 메뉴의 질을 유지하기 위해 책임지고 있는 영업장 조리파트를 조직 · 관리하며, 과장 · 대리의 부재시 담당 파트 관장
직 무 책 임	• 모든 직장동료 및 타부서의 직원과의 유대관계 유지 강화 • 아래 직급 직원이 호텔정책 및 업무절차를 이해하고 따를 수 있도록 조언 • 담당부서 직원의 청결상태와 위생상태 점검 • 직원 핸드북과 사내규정 준수 지도 • 현존 메뉴의 질 높은 서비스 스탠더드 유지 • 모든 조리과정 및 준비과정을 Recipe에 따라 숙지 • 새로운 메뉴 Presentation 방법 구상 및 메뉴기획 지원 • 과장 · 대리(Chef de Cuisine) 부재시 관련된 회의 참석 • 모든 식자재 구매요구서(Requisition) 작성 • 고객과 직원의 불평 · 불만 해소 • 부서 직원의 교육과 현장 트레이닝(On the Job Training) 책임 • 뷔페 Set up을 돕고 협조 • 원가절감에 필요한 식자재 시장 구매가를 정기적으로 체크

3) 조리 계장

직 급	계장(Sous Chef)
업 무 장 소	주방(메인, 제과, 중식, 일식)
보 고 자	과장 · 대리(Chef de Cuisine)
책 임 관 할	주방 주임 이하
직 무 요 약	호텔 운영 매뉴얼에 의한 수준 높은 서비스와 메뉴의 질을 유지하기 위해 책임지고 있는 영업장 조리파트를 조직 · 관리하며, 과장 · 대리(Chef De Cuisine)의 부재시 담당부서 관장
직 무 책 임	• 모든 직장동료 및 타부서의 다른 직원과의 유대관계 유지 강화 • 아래 직급 직원이 호텔정책 및 업무절차를 이해하고 따를 수 있도록 조언 • 담당부서 직원의 청결상태와 위생상태 점검 • 직원 핸드북과 사내규정 준수 지도 • 현존 메뉴의 질 높은 서비스 스탠더드 유지 • 모든 조리과정 및 준비과정을 Recipe에 따라 숙지 • 새로운 메뉴 Presentation 방법 구상 및 메뉴기획 지원 • 과장 · 대리(Chef de Cuisine) 부재시 관련된 회의 참석 • 모든 식자재 구매요구서(Requisition) 작성 • 고객과 직원의 불평 · 불만 해소 • 부서 직원의 교육과 현장 트레이닝(On the Job training) 책임 • 뷔페 Set up을 돕고 협조 • 원가절감에 필요한 식자재 시장 구매가를 정기적으로 체크

4) 조리 주임

직　　급	조리 주임(Cook)
업 무 장 소	주방(메인, 제과, 중식, 일식)
보　고　자	계장(Sous chef)
책 임 관 할	사원(Second Cook and Heoper)
직 무 요 약	호텔 운영 매뉴얼에 기준, 수준 높은 레벨의 서비스와 메뉴의 질을 유지·달성하기 위해 노력한다.
직 무 책 임	• 모든 직장동료 및 타부서의 다른 직원과의 유대관계 유지 강화 • 호텔정책과 업무절차를 이해하고 준수 • 청결상태와 위생상태 유지 • 직원 핸드북과 사내규정 준수 • 현존 메뉴의 질 높은 서비스 스탠더드 유지 • 모든 조리과정 및 준비과정을 Recipe에 따라 숙지 • 새로운 메뉴 Presentation 방법 구상 및 메뉴기획 지원 • 예산(계획)에 따른 생산적이고 이익적인 메뉴작업 • 모든 식자재와 구매물품 신청 • 호텔의 이미지에 부합되는 행동규정 실천 • 프로의 마인드로 업무 수행 • 신입사원의 교육을 협조 실행

5) 조리 사원

직 급	조리 사원(Second Cook)
업 무 장 소	주방(양식, 부처, 한식, 일식, 제과)
보 고 자	주임(Cook)
책 임 관 할	용역(Helper)
직 무 요 약	호텔 운영 매뉴얼에 기준, 수준 높은 레벨의 서비스와 메뉴의 질을 유지·달성하기 위해 노력한다.
직 무 책 임	• 모든 직장동료 및 타 부서의 다른 직원과의 유대관계 유지 강화 • 호텔정책과 업무절차를 이해하고 준수 • 청결상태와 위생상태 유지 • 직원 핸드북과 사내규정 준수 • 모든 조리과정 및 준비과정을 Recipe에 따라 숙지 • 예산(계획)에 따른 생산적이고 이익적인 메뉴작업 • 정기적인 주방기구와 도구 청결상태 점검 유지 • 호텔의 이미지에 부합되는 행동규정 실천 • 프로의 마인드로 업무 수행 • 신입사원의 트레이닝 협조

6) 집기관리 계장

직 급	집기관리 계장(Stewarding Manager)
업 무 장 소	집기 사무실 외 주방과 영업장
보 고 자	조리팀장
책 임 관 할	집기관리 전 직원
직 무 요 약	각 조리부서의 장비점검과 영업에 사용되는 모든 장비, 장치의 위생관리를 높은 수준으로 유지시키며 전반적인 영업에 필요한 장비 점검 및 유지
직 무 책 임	• 타부서 직원과의 유대관계 유지 • 용역인력을 적시 적소에 배치하고 사기 진작 • 용역회사와의 긴밀한 협조로 인력수급의 원활화 도모 • 호텔의 정책과 업무절차를 이해하고 준수 • 위생과 용모의 스탠더드 유지 • 집기관리 직원으로 하여금 종사원 핸드북의 이해 관련 규정을 준수하도록 독려 • 위생과 환경적인 측면에서 최고의 평판을 들을 수 있도록 노력 • 손실과 파손을 최소화하고 모든 기구의 관리 유지를 위해 노력 • 직원의 업무를 모니터하고 새로운 직원의 교육 담당 • 월 단위 재고조사에 협력 • 지속적인 청소계획을 작성하고 실행하여 청결 유지 • 각종 이벤트 사항을 점검하고 특별한 목적의 Cleaning 스케줄 등을 조리팀장과 긴밀히 상호 연락 교류 • 예산 편성작업 참여 • 성수기에는 현장에 직접 참여하여 지원, 모니터하며 직원의 고충 파악 • 조리와 관련된 회의 참석 • 각종 청소기구 및 주방 세척기구의 올바른 사용지식 습득 • 월간예산에 맞춘 자금 집행(각종 소모품 및 세제류 등) • 출장연회시 발생되는 기자재의 출납 관리

7) 집기관리 사원

직 급	집기관리 사원(Steward)
업 무 장 소	전 주방
보 고 자	집기관리 계장(Stewarding Manager)
책 임 관 할	집기관리 직원(용역)
직 무 요 약	각 조리부서의 장비점검과 영업에 사용되는 모든 장비·장치의 위생관리
직 무 책 임	• 타 부서 직원과의 유대관계 유지 • 호텔의 정책과 절차를 이해하고 준수 • 위생과 용모의 스탠더드 유지 • 종사원 핸드북 이해 및 규정 준수 • 집기관리 계장의 부재시 권한 대행 • 각종 재고 및 물품 구매에 따른 승인 요구시 필요한 조치 • 회사의 이미지와 부합되는 행동 양식 배양 • 새로운 직원에 대한 교육을 지원하며 On The Job Training에 능동적으로 참여 • 각종 청소기구 및 주방 세척기구의 유지 관리 • 손망실을 최소화하고 장비의 관리 유지 • 출장연회시 발생되는 기자재 및 장비의 출납을 효과적으로 관리

8) 집기관리 요원(외부용역)

직　　급	집기관리 요원(외부 용역사원) Steward/Stewardess(Outside Contractor)
업 무 장 소	전 주방
보 고 자	집기관리 계장(Stewarding Manager)
책 임 관 할	없음(None)
직 무 요 약	각 조리부서의 장비점검과 영업에 사용되는 모든 장비 · 장치의 위생
직 무 책 임	• 타 부서 직원과의 유대관계 유지 • 호텔의 정책과 절차를 이해하고 준수 • 위생과 용모의 스탠더드 유지 • 올바른 유니폼과 이름표 부착을 착용한다. • 집기관리 용역직원으로서 종사원 핸드북을 이해하고, 그 관련 내규를 이해하기 위해 노력한다. • 집기관리 계장에게 할당받은 권역을 관리 · 청소한다. • 공지된 근무 스케줄에 따라 업무가 이루어질 수 있게 한다. • 유효적절한 자재관리, 유지 및 Breakage를 최소화할 수 있게 노력한다. • 각종 쓰레기를 봉투를 분리하여 잔반 처리장에 운반한다. • 각종 재고 및 물품 구매에 따른 승인요구시 필요한 물품을 운반 관리한다. • 청소 스케줄에 의하여 집기관리 계장의 지시에 의해 각 주방의 청소를 실시한다. • 각종 책임이 주어지고 이유에 타당한 의무를 수행한다.

(6) 업무 흐름도

1) 주방운영 체계도

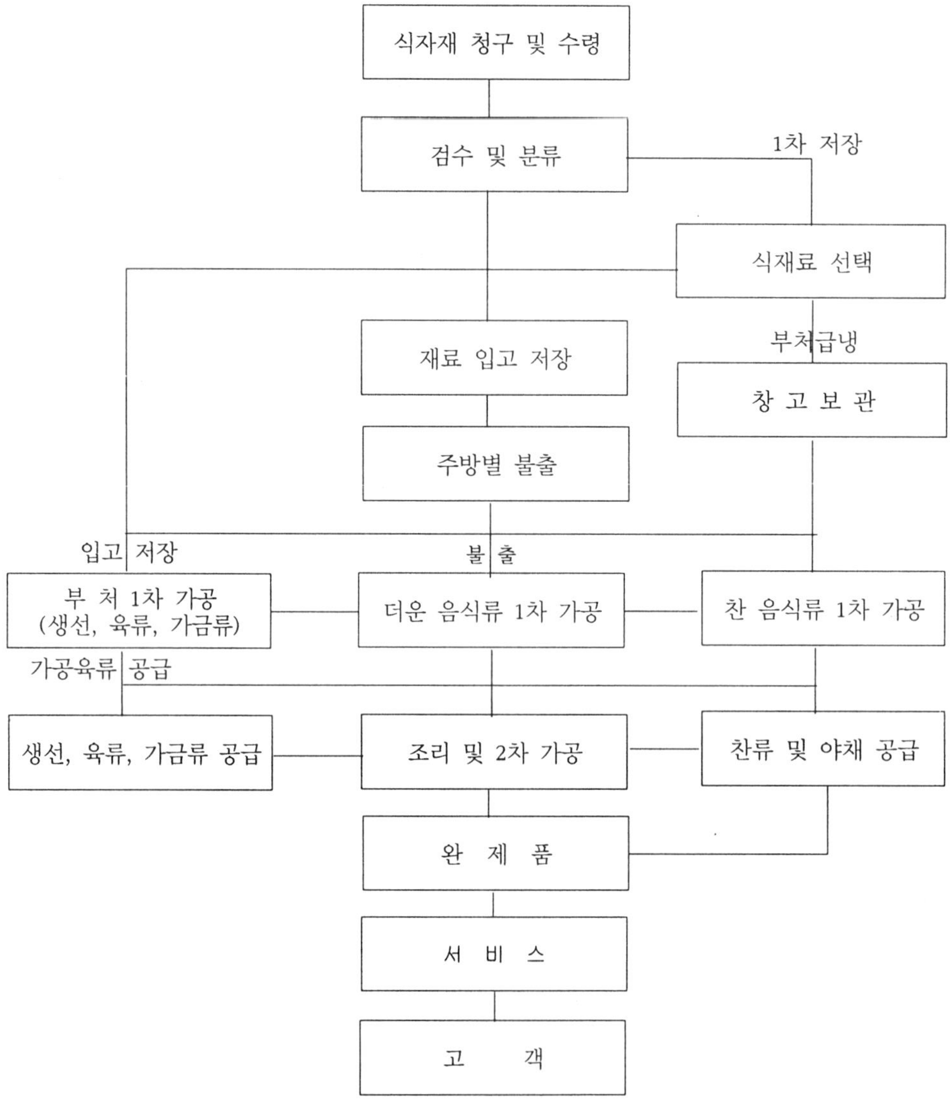

2) 메인주방과 부문별 주방업무 분담도

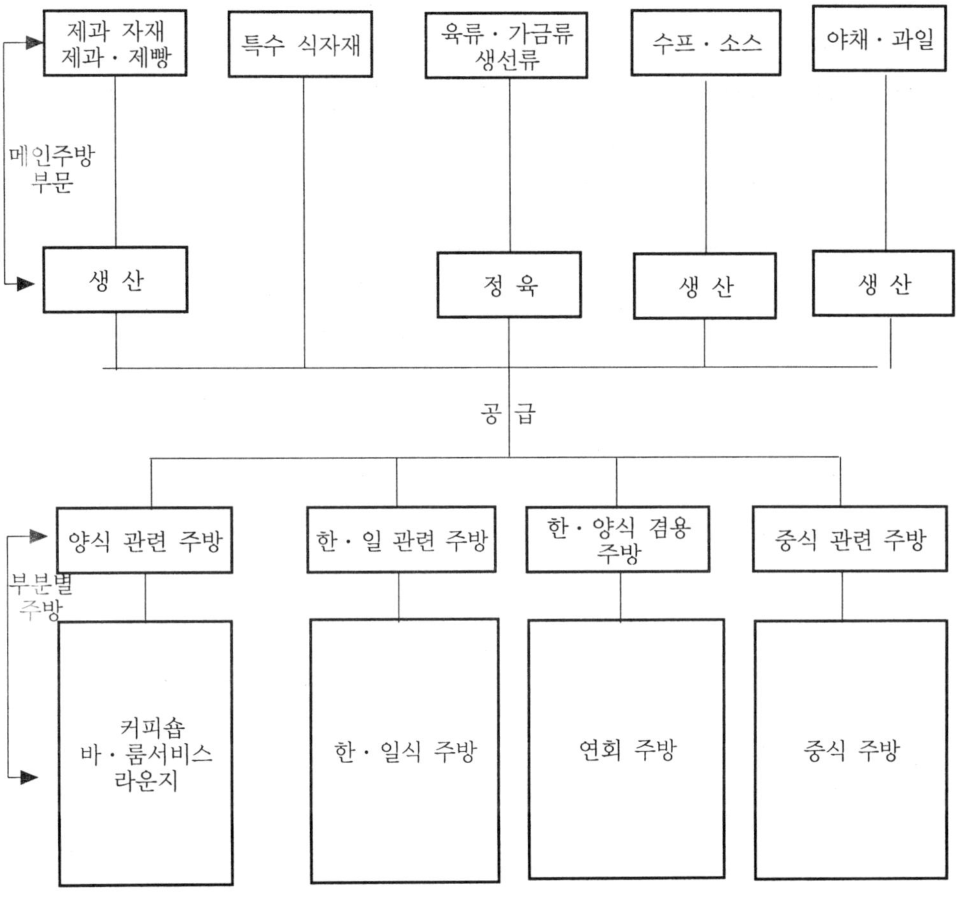

❹ 조리부문 운영계획서

(1) 위생과 청결

1) 개인위생과 청결

① 위 생

- 근무시간 중 지속적인 위생과 청결상태 유지
- 파트장 및 상급자는 항상 부하직원의 올바른 위생 청결상태를 감독 유지함

② 개인 스탠더드

- 여사원의 경우 항상 프로정신에 입각하여 품위를 유지할 수 있게 머리를 손질하고, 긴머리인 경우 단정히 묶어야 하며, 남자의 경우도 깔끔히 다듬고 요란한 유행의 머리 스타일은 금함
- 손톱은 깔끔히 정리하고, 여사원은 반드시 중성색의 매니큐어를 사용함
- 여성의 화장은 지나치지 않고 자연스러워야 함
- 음식냄새를 없애기 위해 지나친 향수류의 사용을 금함
- 종사원은 항상 몸을 청결히 씻고 순한 방향제를 사용함
- 신발은 잘 손질되어 있어야 하고, 주방에서 운동화 착용은 금함
- 유니폼은 깨끗이 다려 착용하고, 단추는 빠짐이 없나 확인함
- 항상 정위치에 이름표를 부착함
- 여사원의 경우 유니폼과 함께 스타킹은 중성색을 착용해야 함
- 손목시계 이외의 장신구는 가능한 한 착용하지 않도록 함
- 흡연은 지정된 장소에 한해서 피울 수 있으며, 근무중 껌은 씹지 않음
- 화장실 사용 및 흡연 후 반드시 손을 씻고, 근무중 정기적으로 손을 씻음
- 머리는 원색의 물감을 들이지 말고, 단정하게 묶어 흩트리지 말아야 함

③ 공중위생

- 모든 감독자는 항상 업장의 청결상태를 주지시켜야 함
- 청결상태에서 가장 중요한 면은 고객과의 직접적인 접촉이 없으면서도 가장 빈번히 음식물 오염이 이루어지는 백사이드에서의 청결을 잘 유지하여야 함
- 청결상태를 감독하기 위해 필요한 체크 포인트
  - 식기세척기 사용에 있어 알맞은 온도의 사용과 세제의 사용을 주의깊게 관찰
  - 영업장 마감 때에 모든 주방의 바닥을 깨끗이 청소
  - 모든 기계류는 사용 후 반드시 청소를 해야 하며, 일부 기계류, 슬라이서(Slicer) 같은 경우는 분해 후 청소를 원칙으로 함
  - 모든 휴지통(오물 수거함)은 분리되어 놓여지고 버려져야 함
  - 정기적으로 해충방역을 하고 따뜻한 계절에는 초자외선 해충약을 사용함

- 모든 조리사는 마른 주방수건을 항시 휴대하고 업무에 종사할 수 있도록 하고, 행주와 걸레를 구분하여 사용함
- 모자 착용을 의무화함
- 절삭공구는 항상 덮어서 보관함
- 영업장 주방 책임자는 일과 후 집기관리의 청소 스케줄을 올바른 시간에 배치하여야 하며, 청소는 공중위생 규정에 따르도록 주지함
- 공중위생 감독을 위한 상급자(총지배인 · 부서장)의 검열을 정기적으로 시행함

2) 유니폼

- 개인의 깔끔한 외모와 잘 갖추어진 유니폼은 호텔의 얼굴임
- 지저분한 용모나 더러운 유니폼 착용은 고객들로부터 호텔의 수준을 의심스럽게 만드는 행위임
- 영업장에서는 매니저급의 사전승인 없이는 어떠한 경우에도 정해진 유니폼을 반드시 착용해야 함
- 복장 전체에서 이름표는 반드시 착용해야 함
- 유니폼은 항상 깨끗한 상태를 유지하여야 함
- 아래의 품목은 전 조리직원의 첫 근무일부터 호텔에서 제공되어지며, 퇴사시에는 규정에 의하여 지급된 유니폼을 반납하여야 퇴직시 미반납시에는 퇴직금 정산에서 삭감
  - 상의 3벌, 넥타이 3벌, 바지 3벌, 앞치마 3장, 구두 1켤레(안전화), 종이모자
- 유니폼은 한번 사용 후 혹은 더러움의 정도에 따라 교체를 원칙으로 함. 주방 근무자도 고객 앞에서 근무시 깔끔한 복장을 착용하도록 하며, 린넨실은 아침 7시부터 저녁 7시까지 개장하며, 유니폼 교체는 1 : 1 교환을 원칙으로 함

(2) 청소 스케줄

- 청소 스케줄은 집기관리 계장에 의해 준비되고 시행됨
- 조리팀장은 주방 내 모든 곳의 위생상태를 총괄하며, 청소 스케줄은 규정대로 시행되어야 함
- 아래의 청소계획 도표를 참고로 각 주방별로 작성하여 시행

〈표 11-2〉 집기관리 일일 청소 스케줄(Daily Working Schedule for Stewarding)

부서 : 메인주방(Main Kitchen) 기간 : 00월 00일~00일

월요일	화요일	수요일	목요일	금요일	토요일	일요일	비 고
바닥							
식기세척기 지역							
냉 음식 준비 지역							
주방 열기구 지역							
주방 장비							

작 성 자 : 확 인 자 :

(3) 주방근무 표준

1) 주간근무 기록

- 주 단위의 스케줄을 총주방장과 공동으로 작성하여 각 주방 사무실에 스케줄 비치
- 매주 금요일 각 개인 종사원의 근무시간을 최종 합산, 담당 주방책임자의 서명 후 인사부서에 근무시간 전달
- 근무시간 담당자는 각 개인의 출퇴근 명부를 스케줄과 비교, 근무상태(지각·결근) 등의 상황을 기록 부서장에게 보고

2) 근무 당번기록

- 〈표 11-3〉을 참고로 하여 매주 금요일 작성 보고

〈표 11-3〉 주간 근무 스케줄(Weekly Work Schedule)

부서/Outlet Kitchen : 기간/Period :

Room Occ.									연장 근무 시간	휴가일	잔여휴가일			비고
Date														
Name	급여번호	Mon	Tue	Wed	Thu	Fri	Sat	Sun			연차	월차	계	
Total 근무 시간														

D/O=Day Off. M/L=Monthly Leave. A/L=Annual Leave.											Comments
P/L=Period Leave. S/L=Special Leave. T/R=Training											
Training 교육											

3) 업무일지 관리

- 식음료 영업장과 주방간에 업무 정상화와 커뮤니케이션을 위한 업무일지 관리는 중요한 역할을 함
- 일지는 매일 근무마감 후 업장 주방장(또는 계장)이 작성하고, 익일 조리부 사무실에서 팀장이 승인함

〈표 11-4〉 업장 업무일지 참고 서식(Outlet Logbook Form)

부서/Outlet Kitchen : 기간/Period :

일자/Date:	요일/Day :
영업시간/ Operation Hour: 아 / 점 / 저	책임자/ In Charged by:
업장 고객수/ No. of Guest:	근무자/ Manning: Pax 휴일/Off: 휴가/Leave:
근무자/Duty Roster (오전/ Morning)	근무자/Duty Roster (오후/Afternoon)
고객칭찬/Guest Recommendation:	고객 불평/Guest Complain:
기타 사항/Comment:	

(4) 업무 보고서

1) 수신 보고서

① 예약전망 보고서

- 예약실에서 일일 단위로 수신되며, 일일단위의 한 달간 예약전망과 고객수, 예약객실 수를 표시하여 근무스케줄 작성과 기획에 참고함

② 진료 보고서

- 한 달에 한번 의무실 또는 병・의원에서 진료를 받은 직원의 보고서
- 한 달 동안의 근로자의 병상을 관찰할 수 있으며 직원의 건강・근무상태 파악에 참고함

③ 출퇴근카드 기록 보고서

- 인사부서로부터 월 1회 수신받아 각개인의 출퇴근 상황을 참고함
- 이와 관련 각각의 처벌사항을 같이 수신함

④ 그룹 보고서

- 매일의 (여행)단체 숫자와 단체명, 도착·출발 시각, 그룹코드, 인원, 식사 형태 등 그룹과 관련 여행정보 수신

⑤ 손익계산서

- 회계부서에서 월 단위로 수신되며, 전월 대비 각 식음료 영업장의 영업상태를 표시함. 전월 대비와 더불어 전년 동월, 예산대비를 나타냄

⑥ 회원제 수입

- 회원제도를 시행할 경우 회계부서로부터 매월 수신받음
- 회원의 각 영업장 이용과 매출에 관한 보고서이며 할인, 회원카드 번호, 이용금액, 회원 성함 등이 기록됨

⑦ 연회행사 요청서

- 행사가 고객에 의해 예약된 후 식음료 연회예약 사무실에서 수신받으며 행사 요청서에는 관련된 행사의 모든 사항이 기재되어 있어 행사진행을 위한 필수적인 보고서임

⑧ 식료 원가 보고서

- 원가 관리자에게 일일단위로 받으며 식료 매출을 전일 및 누계로 보여주고 각 업장별 매출과 원가를 보여줌

⑨ 식음료 원가 보고서

- 식음료 업장의 매출과 원가를 월단위로 총망라하고 전 업장에 걸쳐 영업활동·분석·매출·원가·소비내역을 표시함
- 각 부서의 영업활동 평가

⑩ 시장 구매 재고조사

- 식음료 구매부서로부터 일단위로 전달받음

- 재고량 · 사용량과 각 식자재의 구매량, 가격을 통보받을 수 있고 익일의 영업 필요구매를 예측함

⑪ 미수령 자재 보고서

- 검수부서에서 일 단위로 수신되며, 각 품목별 검수현황을 보여줌
- 식자재 미수령, 납품상태를 표시하며, 오후 3시까지 전달받으며, 상황에 따라 영업에 반영

⑫ 견적가 비교표

- 월 2회 원가 담당자로부터 시장조사 후 전달받으며, 다양한 식자재의 구입가격을 보여줌
- 이를 통해 적정한 구매가격이 이루어지는지를 점검할 수 있음

⑬ 수정 시장가 견적서

- 월 2회 구매부서에서 수신됨
- 큰 폭의 가격변동이 있는 재료에 대하여 통보받고 지난 기간 자재의 소모량을 파악할 수 있음
- 메뉴 재료의 변동원가를 산출하여 항상 최신으로 변경해야 함

⑭ 식음료 재고조사표

- 원가담당자에게서 월 단위로 통보받음
- 지난달의 자재 사용량과 품목별 단가 등을 나타냄
- 각 재료별 소비되는 속도를 관찰하고 재고량을 파악함

⑮ 유통기한 만료 자재 보고서

- 주 단위로 구매 담당자에게서 통보받음
- 현재 재고로 남고 기한 만기일이 다가오는 품목을 표시함
- 각 실무자들이 재고 폐기를 최소화하도록 활용됨

⑯ 불용재고 보고서

- 구매 담당자로부터 월 단위로 통보받음
- 각 품목별 불용자재의 재고수량을 관리하며 위의 기한만료 보고서처럼 자원의 효율성을 돕고 자재 사용을 극대화할 수 있도록 함

2) 주방 내 사용서식

① 이동전표

- 매일 작성되며 원가 담당자에게 통보
- 업장간의 자재이동을 기재하며, 송 · 수신되는 부서를 기재하고 이동수량을 기재함
- 원가 담당자가 업장별로 정확한 원가를 계산하는 데 이용됨

② 식료 요청서

- 일일 단위로 작성되며, 관할 주방에서 식음료창고로 통보
- 특정 업장에서 필요한 식료 수량과 품목이 기재됨

③ 일반 자재물품 요청서

- 주 2회 작성되며, 관할 주방에서 일반 자재창고로 통보
- 특정업장에서 특정일에 필요한 수량과 품목이 기재됨

④ 음료 요청서

- 일일 단위로 작성되며, 관할 주방에서 식음료 창고로 통보
- 특정업장에서 필요한 음료 수량과 품목이 기재됨

3) 보고서 작성

① 근무 스케줄 보고서

- 업장 주방책임자가 주단위로 작성 총주방장 승인 후 인사부서와 근무계시원에게 통보
- 직원의 전주 근로시간 및 근태를 보여주는 참고자료로 활용

② 일일 주요 구매 리스트

- 조리팀장 · 과장으로부터 일일 단위로 작성, 원가 담당자에게 보내진 후 구매 담당자에게 재송부됨
- 각 요일마다의 요구물품 및 현재 식음료 자재 재고분과 요청된 구매물품 등이 기재됨

③ 업장 직도 구매 리스트

- 업장별로 매일 작성됨
- 보고서는 조리과장, 원가 담당자 그리고 구매책임자 순으로 승인됨
- 업장에서 직접 구입한 자재 리스트로 각 업장 원가에 직접 포함됨

④ 추가 구매물품 리스트

- 조리팀 · 과장이 추가 구매사항이 있을 시 작성함
- 작성 후 원가 담당자 및 구매책임자에게 통보됨
- 구매 리스트에 포함되지 않았으나 갑자기 필요한 자재가 있을 시 발생되거나 어떤 특정행사에 국한되어 작성될 수도 있음

⑤ 파손 종합 보고서

- 집기관리 계장으로부터 월 단위로 작성, 조리 팀 · 과장에게 보고됨
- 종합적인 파손경비를 합계해 나타내고, 월별 각 업장의 파손율을 보고함
- 전월 대비 파손율과 재고사항을 표기함

⑥ 재고조사 보고

- 분기별로 집기관리 매니저가 작성하며 조리 팀 · 과장에게 보고됨
- 예산 대비 총 기물재고를 표시함

⑦ 교육 기안서

- 업장 책임 조리장이 월별로 작성 후 조리팀장에게 보고, 승인을 구함
- 업장 조리장은 월별 부서별 교육미팅으로부터 형식을 발췌함
- 익월 교육의 기획과 실행을 위한 중요한 참고자료로 활용

⑧ 교육 보고서

- 교육기안서처럼 업장 책임 조리장이 월별로 작성 후 조리팀장에게 보고, 승인을 구함
- 각 업장 조리장은 월별 부서 교육미팅시 참고자료로 활용
- 교육기획이 지속적으로 실행될 수 있는 자료로 활용

(5) 열쇠관리 시스템

- 모든 영업장의 열쇠는 자산보호 차원에서 경비 사무실의 열쇠상자에 보관하는 것을 원칙으로 함
- 첫 근무 출근자는 경비실의 열쇠관리 목록에 서명 후 열쇠 수령
- 업무종료 후 마지막 근무자는 잠금장치를 확인한 후 경비실에 열쇠를 맡기며, 수령시처럼 반납시에도 목록과 인수인계란에 서명함

(6) 보수요구서 작성

- 모든 영업장 조리장은 시설물의 유지관리에 철저를 기해야 함
- 파손이나 유실의 경우가 발생 했을 시 보수요구서에는 반드시 조리팀장의 결재 및 승인이 필요함
- 승인된 후 요구서는 시설부서로 전달
- 보수요구서는 세 겹으로 구성
- 흰색용지는 시설부로 통보
- 분홍색 용지는 시설부 직원(수리할 직원)에게 전달(이 Copy는 보수 완료시 다시 조리부로 이동)
- 노란색 용지는 발급부서에서 보관하며 보수·수리의 상황을 점검

(7) 장비에 관한 지식

- 근무 여건상 조리장에서의 근무는 상당한 위험부담을 안고 있으므로 여러 시설장치에 대한 지식을 갖추는 것은 사고위험을 줄이는 데 필수적이므로 모든 조리직원은 장비에 대한 지식을 숙지하고 준수하여 안전사고를 미연에 예방해야 함

(8) 안전과 위생에 관한 지침

1) 사 고

- 사고는 주방 내·외에 각각 다양한 곳에서 발생할 수 있으므로 근무환경을 점검하고 위험요소가 있는 것은 즉시 조치해야 함

- 통행문과 열기구의 문은 열기 전 그 안쪽을 볼 수 없으므로 사고방지를 위해 가급적 창을 뚫어 안을 볼 수 있게 함

2) 안전사고 예방 유의사항

- 안전사고는 주위 환경적 요인과 본인의 부주위에서 발생되므로 자기 자신을 위험의 노출에서 안전하게 보호할 수 있게 안전수칙을 준수하여야 함

(9) 요(청)구서 및 주방 이동전표

1) 요(청)구서 작성절차 및 순서

- 요구승인서 작성의 목표는 올바른 관리 및 적정한 창고관리의 회계적 역할을 위한 지원에 있음
- 조리팀장은 모든 식음료 자재 요 · 청구 승인서의 최종 결재와 관리 결정을 함
- 팀장의 부재시는 부 메인주방 과장이나 조리업장 대리가 책임을 대행함
- 일반자재 신청서는 조리팀장이나 조리업장 과장이 요구서를 책임 결재함
- 특수 식자재, 주방도구, 장비 구매요구는 회사규정에 따라 이루어지며, 예산승인에 입각해 작성되어야 함
- 다음과 같이 각각 다른 요구서를 구분 작성하여야 함
  - 식 · 음료 자재 요구서, 일반자재(필요 주방 책임자와 팀장)
  - 각종 청소기자재(기물관리 계장 · 팀장)

2) 식음 자재 요(청)구서

- 식료 요구승인서는 영업 주방장에 의해 준비 작성되고 조리팀장 결재가 나면 창고 개장시간에 승인서를 제출, 출고할 수 있게 함
- 일요일 · 공휴일에 필요한 식자재는 전날 수령할 수 있게 하며, 조리팀장의 부재시 권한 대행인의 결재가 있어야 함
- 일반적으로 승인서는 3장으로 구성되며, 원장은 원가 담당자, 첫번째 복사본은 창고관리자, 마지막으로 두번째는 수령업장, 불출 완료시 원가 담당자에게 전달됨

• 음료 요구서도 위와 동일한 순서를 따르고 구분된 음료 자재 요·청구서에 작성

3) 일반자재 요(청)구서

• 식음 자재 청구서 과정과 동일. 단 1주일에 두 번만 불출이 가능하므로 계획성 있는 승인서 작성이 요구됨

4) 소모품

• 업장 조리장이 필요시 조리팀장의 결재를 얻은 후 기물창고에서 불출받음

5) 식료 이동

• 업장의 주방 혹은 음료 판매업장(Bar) 그리고 직원식당에 필요한 식자재 이동시 반드시 이동전표를 작성하고, 전표에는 명확한 수량과 이동업장이 표기되어야 함
• 전표는 3장으로 구성되며, 다음과 같이 배분되며, 사용부서에서 원가 산정
  – 1st Copy : 원가 담당자, 2nd Copy : 수령부서, 3rd Copy : 발급 부서

6) 음료 이동

• 고객이 사용한 음료를 제외한 모든 업장간의 음료자재 이동은 기재되어야 하고, 작성요령과 내용은 식자재 이동과 동일

(10) 생산계획

1) 목 적

• 적정한 생산계획은 영업이 마감된 후 남는 음식과 소모율을 최소화해 원가절감과 인건비 절감에 공헌함

2) 과잉생산의 방지

• 과잉생산 방지에 필수적인 정보는 다음과 같음

- 정확히 산출된 요구 메뉴의 개수를 파악하고 메뉴 제조에 필요한 원자재의 단위를 산출함
- 생산계획의 예상을 위해 다른 부서의 지원사항은 다음과 같음

• 최소한 1달간의 메뉴 분석과 적정한 예상에 의하여 자재구매와 식자재 준비가 요구됨

부 서	담 당 자	구 성
관 리 부	경리	매출 분개
객 실 부	프런트 매니저	예상 투숙고객 보고
주 방	조리팀장	3일 선 예상 메뉴 작성
주 방	조리과장	예상에 따른 조리준비
식 음 료	식음료팀장	행사일정표 작성 통보
판 촉 부	판촉팀장	연회예약 상황 및 일정
구 매	구매담당자	예상되는 자재 구매 · 확보

3) 기타 생산계획에 필요한 자료

① 단위메뉴 판매분석

• 각 업장 지배인, 원가 담당자와 회계원은 매출분개를 통해 매월 판매일지를 기록하여 그 단위를 구함(전체 월 단위로 식사시간별로 판매된 각 단위 메뉴 파악)

② 판매구성 비율

• 총 판매된 각 메뉴의 총 판매개수로 특정 메뉴의 팔린 개수의 합을 나누어 비를 구함. 각 메뉴의 판매성향을 나타냄

③ 뉴 단위별 판매기록

• 전체 메뉴 각각의 1인분 조리에 필요한 식자재를 더한 총 식자재를 산출해 내는 기록으로, 이 내용은 각기 다른 식자재를 각각의 나누어진 용지에 인쇄 기록됨
• 메뉴에 대한 식자재 사용 정도를 알 수 있게 해줌
• 일반적으로 요리에 첨가하는 요리 장식(Garnish)은 제외됨

④ 메뉴의 판매주기

- 메뉴의 판매주기를 파악하면 판매예상은 상대적으로 쉽고 정확해질 수 있음
- 판매주기의 예상은 메뉴 선정(Menu Mix)과 유사 메뉴 구성에 용이한 도구로 활용됨
- 자료의 산출을 위해 위에서 언급한 메뉴 단위별 판매기록은 유용한 데이터로 사용됨

(11) 필요한 기록과 정보

1) 이용고객 수 기록

- 회계부서에서 일일 고객 수를 일일 메뉴, 일품 메뉴별로 산출, 전월 대비 및 전년 동월 대비
- 각 업장별로 판매된 시간(점심 · 저녁)으로 세분화함
- 이 작업은 다음에 두 가지 목적이 있다.
  - 각 영업시간별 고객 수 예상
  - 새로운 메뉴의 판매구성 비율 계산

2) 호텔의 객실 점유율

- 객실의 투숙고객 수는 제공하는 음식의 수량에 직접적인 영향을 줌

3) 특별 연회행사

- 다양한 회의 · 잔치 · 체육행사 등은 식음료 매장의 고객 수에 영향을 줌
- 연회의 종류, 각 요일별 메뉴, 메뉴 판매 현황을 전년 대비하여 기록
- 어떤 특정한 날의 판매 예상을 할 때 전년 동일의 날에 아무런 연회가 없을 때는 다른 면에서 추론을 하거나 전년 기록을 무시할 수 있음

4) 날 씨

- 특정일의 날씨에 조건에 관한 기록과 조사도 연회행사 기록처럼 유용할 수 있음

5) 계 절

- 계절별로 특정 메뉴의 판매에 큰 영향을 가져다주므로 기록해둠

6) 연휴 · 공휴일

- 각기 다른 특정일에 대한 메뉴와 판매기록을 해둠. 크리스마스, 설날, 추석 등

(12) 전망 예상

- 아래의 단계는 전망 · 예상을 위해 쓰여지는 순서임

1) 고객 수 예상

- 일일 식사시간대별로 총 고객 수를 예상하기 위해 필요
- 프런트 오피스에서 투숙고객(객실) 점유율에 의한 기대를 산출
- 다음 상황을 고려함
  - 지난 3주간의 접대고객 숫자와 전월, 전년 동일 고려
  - 영업동향을 전월, 전년과 비교
  - 연회행사 상황 숙지
  - 기상 예측
  - 호텔에 도착하는 고객 수를 조사하고 이를 업무에 반영하며, 실무진(조리팀장 및 과장)이 회의에 동반하고 직원을 배치시킴

2) 메뉴별 판매 인기도 비율 예상

- 영업장 메뉴 판매시 판매된 메뉴 수 조사
- 백분율에 따른 총 메뉴 각각의 판매비율을 예상할 때 다음 항목을 고려
  - 동일 메뉴 판매시에 메뉴 인기도 비율 소비패턴을 동일 혹은 전주 대비 최소한 3가지 이상의 경우를 세움
  - 만약 그 구성비의 차이가 매우 상이할 경우 유사품목 판매비와 다른 메뉴 조사
  - 판매 인기도 비가 평균되면 전망에 사용될 값을 유출해내고, 새로운 메뉴를 추가할 수 있음. 완전한 비율로 구성되면 일품요리를 포함해 100% 추

가해서 판매

3) 각 메뉴에 대한 1인분(Portion)량 계산

- 주어진 각각 메뉴의 예상판매 수를 계산해서 총 고객 예상 수에 의하여 각 메뉴의 비율 산출

4) 잔여분량의 처리

- 상기 사항을 숙지하여 음식의 잔여량을 최소화시켜야 함
- 원가절감의 확실한 방법 중 하나가 잔여재고량을 줄이는 것임. 잔여분은 다음과 같이 4가지로 구분됨
  - 다음날(행사)에 이용 가능한 것
  - 냉장(동)고에 보관될 것
  - 직원식당에서 사용될 것
  - 폐기될 것
- 잔여량의 관한 책임소재는 담당 주방의 소관이지만 식음료 원가관리 담당자는 잔여 분량을 최소화하고 그 처리가 올바로 되는지를 보기 위해 정기적인 감독 및 조사가 요구됨

5) 주방관리자 영업 체크리스트

① 영업 개시 전

- 전날 사용한 각종 장비 및 식재료가 주방에 남았는지 체크
- 청소된 쓰레기통의 원위치 배정
- 아침 연회행사 준비 점검
- 식기세척기 필터, 급수 연결확인
- 세척기 수온, 비누와 세제 첨가 확인
- 세척 전 수저류(Silver ware)를 비눗물에 잠금
- 은기류 분배 전 세척과 수저류(Silver ware) 분류(사용 업장별로)
- 가능한 한 정시에 모든 주방청소 완료
- 하루 세 번 이상 쓰레기통을 비우나?
- 연회행사시 음식 담기에 도움을 주나?

- 주방기물 세척 및 청소장소가 깨끗이 관리되는가?
- 주방기기가 옳은 위치에 놓여져 있는가?

② 마감 후

- 모든 접시가 세척 후 잘 보관되었나?
- 모든 주방기물류가 잘 정돈되었나?
- 쓰레기통이 비워지고 씻었는가?
- 마루바닥이 걸레질 · 쓸기 및 정리가 되었나?
- 식기세척기의 물탱크를 비우고 말렸는가?
- 모든 지역이 내일을 위해 잘 준비되었나?

6) 화재안전 계획

① 화재의 방지

- 소화기의 올바른 사용법을 숙지, 위치 및 다양한 소화기 기능, 종류별 사용방법을 익히고 비상구의 위치 등을 숙지
- 소화기의 게이지(Gauge)를 측정하고 용량 레벨을 측정 감독관에게 보고
- 모든 비상구, 비상계단, 비상탈출구를 비상시 방해가 안 되게 잘 정비
- 화재발생을 유발하는 주방의 기름때를 미연에 제거
- 화재 경보음이 발생시 침착히 대응하며 신속히 가까운 비상구로 대피하고 사전에 약속과 연락된 장소에 집합. '승강기 사용은 절대 금함'
- 모든 조리과장은 화재경보가 울리는 동안 근무자를 안전하게 대피 약속장소에 집합할 수 있도록 유도
- 화재 목격시 화재규모에 상관없이 즉시 소방관계 부서에 연락
- 화재진압 소화기 사용 전 다음 사항 명심
  - 기름에 의한 화재는 소화거품이나 베이킹 소다 이용. 물은 사용하지 않음
  - 전기에 의한 화재시는 이산화탄소탄산가스(Carbon Dioxide)를 이용해 소화. 물은 사용하지 않음
  - 규모가 커 통제 불가능시 화재경보기를 작동하고 호텔을 탈출 약속된 장소에 집합

－비상구는 화재안전상 항시 닫아둠

② **화재발생시**

- 누구든 화재발생시 교환 (　)번으로 연락(장소 · 경위 · 누구)
- 전화 교환원은 전화 접수 즉시 경비담당자, 소방서, 총지배인에게 연락과 경보기를 울림
- 흡연은 지정장소에서만 가능
- 투숙고객의 탈출을 도움
- 소방관에게 화재발생 장소를 알림

③ **화재경보기의 위치**

- 각 주방에 설치되어 있는 소화전과 경보기의 위치를 익혀둠
- HK소화기와 CO2소화기 및 경보기는 각 주방과 직원 동선에 비치

④ **소화기 작동법**

- ABC분말소화기(HK-4,5)
  －소화기 위에 있는 안전핀을 뽑음
  －노즐을 잡고 불꽃의 밑둥을 향하게 하고 손잡이를 누름
- CO_2소화기(CO_2 Fire Gem)
  －주변이 깨끗한지 확인. 소화기 문을 개방. 문을 깨고 단추를 누름

⑤ **자위소방대 화재진압 조직도**(호텔)

- 시설 담당과 총무팀의 화재안전규칙과 조직도를 따름

❺ 사례호텔의 주방별 운영계획

(1) 주방개념 및 영업정책

1) 커피숍 주방

<table>
<tr><td>위 치</td><td>지상 1층</td><td>좌 석 수</td><td>152석</td></tr>
<tr><td>운 영
방 침</td><td colspan="3">• 서양식 위주와 국제적 감각의 음식을 준비하고 판매하며, 기본적인 음식 준비는 메인주방에서 준비하며 메인과장이 통제
• 최고 질의 메뉴 공급과 일반, 프로모션, 뷔페 메뉴 포함
• 목표는 노내 양식당 중에서 최고가 되는 것
• 메뉴는 '메뉴 마켓 기획'에 따라 조정되며, 필요에 의한 가족축제 뷔페 메뉴 제공
• 객실 점유율이 50% 이상일 때 조식뷔페 장소로 활용되며, 주방은 로비라운지 스낵과 음식을 책임짐</td></tr>
<tr><td>영 업
시 간</td><td colspan="3">• 연중무휴 아침 06시부터 밤 10시까지
• 영업시간은 주말, 여름 성수기와 필요에 따라 조정
• 봄부터 가을까지 테라스에서 바비큐 영업</td></tr>
<tr><td>메 뉴
계 획</td><td colspan="3">• 메뉴는 기본적으로 한·영문판으로 가능한 한 호텔 내에서 인쇄
• 호텔 내에서 인쇄하는 것은 특별, 판매가 저조한 메뉴를 즉시 교체할 수 있고 음식문화 유행에 빠르게 대처하고 원가 절감을 위해서임
• 조식메뉴는 다음과 같은 부제를 포함해서 결정
－특별 조식(Breakfast Favorites / Specialties)
－계란요리(Eggs)
－시리얼과 팬 케이크(Cereals and Pancakes)
－미국식 조찬(American Breakfast)
－아침 빵 종류(Morning Bakeries)
－과일과 주스(Fresh Fruits and Juices)
－한식 진미와 죽, Korean favorites and rice porridge
• 일반(All Day) 메뉴는 다음과 같은 부제를 포함
－전채, 수프(Appetize, Soups)
－샌드위치와 구이(Sandwiches & From the grill)
－아시안 음식(Asian Favorites)
－특선 요리와 파스타(Specialties & Pasta Corner)
－주방장 추천, 저지방, 채식 가
• 그 외 기본 메뉴는 다음과 같음
－계절 및 신혼(Seasonal, Honeymoon Menu)
－프로모션 및 어린이(Promotion, Children Menu)</td></tr>
</table>

메 뉴 정 책	• 조식 – 매일 아침 제공되는 조식 뷔페는 전형적 서구식과 한국과 일본 메뉴가 포함되며, 일품 메뉴도 제공됨 – 객실 점유율이 50% 이하이면 조식 뷔페는 취소될 수 있음 – 운영시간 : 06:00 – 10:30(고객이 원하거나 성수기는 06:30에 개시 가능) • 일품요리 메뉴 – 커피숍에서 제공되는 메뉴는 다국적 고객의 기호에 맞게 엄선하며, 다양한 선택의 전채, 수프, 샌드위치, 육류, 가금류, 해산물, 생선, 파스타, 채식, 그릴, 고유의 특별 메뉴를 이룸 – 영업시간 : 11:00 – 22:00(고객의 요구에 의해 연장할 수 있음) • 디저트와 아이스크림 – 제과주방에서 준비된 후식과 아이스크림 메뉴도 제공됨 • 계절, 스페셜, 프로모션 메뉴 – 성수기를 제외하고 분기, 월별, 계절, 특별식자재를 이용 다양한 특별, 프로모션 메뉴를 실행하며, 연중 활동적인 행사로 고객의 흥미 유발로 인한 매출에 기여 – 운영시간 : 일품요리 영업시간과 동일 • 가족 뷔페와 어린이 메뉴 – 주말 가족 뷔페는 매 일요일 · 월요일 석식에 제공하며, 메뉴는 양 · 한 · 일 · 중국 및 각국의 유명음식을 다양하게 제공 – 음식의 가치를 중시하여 원가는 약간 높고 객실 판매율이 50% 이하, 비성수기에는 영업을 하지 않을 수 있음 – 영업시간 : 18:30 – 22:00(고객의 요구 및 도착지연에 따른 영업 가능) – 어린이 메뉴는 연중 제공과 다양한 볼거리와 흥미롭게 제공 – 영업시간 : 일품 메뉴와 동일
시 장 계 획	• 조식 – 세 가지 조식 뷔페 메뉴를 회전하면서 사용하고, 가격 및 고객의 호응도에 따라 수시로 조정 • 메인 일품요리 메뉴 – 메뉴는 내부인쇄로 상당히 용이하고 약간씩의 변경은 지속적으로 매월, 새로운 변경은 분기별로 시행 • 디저트와 아이스크림 – Delicatessen의 월마다 변경되는 스페셜 케이크와 품목에 따라 변경되며, 아이스크림은 연간 단위로 조정 • 계절별, 스페셜, 프로모션 메뉴 – 변화의 주기는 월 단위이며 계절적, 지역 특산물 고려
가 격 정 책	• 메뉴 가격 – 가격의 결정은 시장형성, 경쟁사가격, 실제원가 및 목표원가임 – 약간의 중단가 정책으로 기존 도내특급 경쟁의 호텔과 같은 수준의 가격과 고객의 예산에 의한 탄력 요금제 적용 – 기타 계절, 특선 메뉴는 판매촉진 정책으로 원가를 상향 조정된 가격

2) 바 · 룸서비스 주방

<table>
<tr><td>위 치</td><td>지상 2층</td><td>좌 석 수</td><td>267석 / 380실</td></tr>
<tr><td>메 뉴
정 책</td><td colspan="3">• 조 식
[룸서비스]
– 일본식 아침요리로 생선구이 계란찜, 찜류, 반찬, 된장국, 진지의 정식과 일품요리와 전복죽, 한식으로 생선구이, 찜, 찌개, 국, 밥과 반찬의 정식과 일품요리로 3~4가지 텅류로 구성
– 양식은 미국 · 유럽식으로 하며, 모든 일품 계란요리와 특선요리로 구성하고 각종 토스트, 팬 케이크와 특선요리를 추가함
– 메뉴는 방에 비치하는 메뉴와 문고리에 걸어놓는 두 가지의 메뉴로 만들어 비치
– 운영시간 : 06:00 – 10:00
– 고객의 요구와 사전예약에 의하여 일찍 영업을 할 수 있음
[바]
– 조식은 영업을 하지 않으나 단체고객 사전예약에 의한 양 · 한 · 일식을 겸한 뷔페와 양 · 일 · 한식 등의 일품 및 정식요리로 영업
– 영업시간 : 18:00~02:00
• 메인 메뉴
[룸서비스]
– 다양한 전통과 현대적 감각이 어우러진 양 · 한 · 일과 제주 토속음식의 일품 · 정식요리 등으로 구성
– 운영시간 : 11:00 – 02:00
[바]
– 다양한 국적의 음식으로 이탈리아 · 동남아 · 멕시코 등 고객이 선호하는 일품과 식사를 겸할 수 있는 간단한 메뉴로 구성
– 영업장 특성인 바의 특성을 고려한 안주 메뉴를 겸함
• 계절, 스페셜 그리고 프로모션 메뉴
– 계절과 음식유행에 따른 다양한 별미를 월별 · 분기 · 계절별로 연중 실시
– 룸서비스는 신혼여행객을 위한 특별 메뉴
– 바는 매월 주류 프로모션과 동반하여 특별 메뉴 제공</td></tr>
</table>

<table>
<tr><td>시 장
계 획</td><td>• 조 식
[룸서비스]
– 일본식 아침정식, 전복죽, 한식 조 정식과 일품요리로 3~4가지 탕류로 구성
– 양식은 미국・유럽식으로 하며, 모든 일품 계란요리와 특선요리로 구성하며, 각종 토스트, 팬 케이크와 특선요리 추가
– 메뉴의 특성상 자주 바꾸지는 못하지만 식사에 동반된 내용물 구성은 2박을 하는 고객들이 같은 음식은 두 번 식사하지 않게 하며, 1년에 전체적인 메뉴 보완과 수정을 원칙으로 함
[바]
– 별도의 조식 메뉴는 없으며, 고객의 사전 주문예약에 의한 연회장 아침식사 메뉴를 기본으로 함
• 주메뉴
[룸서비스]
– 일・한식의 음식이 각 주방에서 생산되어 제공되는 관계로 원가부담과 이중 준비작업으로 인한 인력소모가 있으므로 각 영업장의 메뉴 수정 보완작업시 같이하는 것을 원칙으로 함
[바]
– 호텔 내에서 인쇄하는 장점을 이용하여 계절별로 고객 선호에 따라 음식의 패턴을 바꾸어주고 전체적인 메뉴는 전・후반기에 교체함
• 계절, 스페셜, 프로모션 메뉴
– 각 영업장 일・한식, 커피숍의 특선 메뉴로 같이하며, 계절과 신혼여행 시기에 신혼부부에 초점을 맞춘 특별 메뉴 제공
– 바는 주류 판매촉진 행사를 위한 특별 메뉴와 분기별로 새로운 메뉴 제공</td></tr>
<tr><td>가 격
정 책</td><td>• 메뉴 가격
– 메뉴 가격의 결정요인은 시장형성, 경쟁사가격, 실제원가 및 예상목표원가 등
– 룸서비스의 정책은 각 영업장의 단위 메뉴 가격과 같은 가격으로 하는 정책과 도내 특급 경쟁호텔과 같은 수준의 가격을 적용
– 바의 가격정책은 고객들이 부담없이 즐길 수 있는 중저가로 정하고, 가격에 비하여 많은 양의 음식 제공</td></tr>
</table>

3) 한 · 일식 주방

위 치		지상 1층	좌 석 수	170석
운 영 방 침	• 전통 일식과 한식 최고 메뉴의 질을 공급하며, 각각의 일반 메뉴, 프로모션 메뉴와 연회 및 룸서비스의 일식 메뉴 포함 • 최고의 생선회 · 초밥에 특화와 제주도의 신선한 해산물 공급 • 전통 한국음식과 제주 토속음식 제공 • 일본 카지노와 관광객을 위해 높은 품질을 유지하는 것은 매우 중요하며, 메뉴 개발을 위해 라마다의 자매 호텔에서 정규적인 협조를 도모함			
운 영 시 간	• 연중무휴 －조식 06:00－10:30 －중식 12:00－15:00 －석식 18:00－22:00(여름 성수기와 고객요구에 의한 연장영업 가능)			
메 뉴 계 획	• 모든 메뉴는 한 · 영 · 일 3개국으로 내부에서 인쇄하며 불가할시 외주업체에 일임 • 호텔 내에서 인쇄하는 것은 특별 및 판매가 저조한 메뉴 또는 시장의 변화와 음식문화 유행에 빠른 대처와 원가절감의 장점이 있음 • 아침 메뉴 다음과 같은 부제를 포함 －한 · 일 특별 메뉴(Korean, Japanese, Specialties Breakfast) • 주메뉴에는 다음과 같은 메뉴를 포함 －전통 회석요리(Traditional Full Course Menu) －진미와 전채, 초회(Delicacies and Appetizer, Vinegared Dishes) －맑은 국(Clear Soup) －조림과 찜(Simmered and Streamed Dishes) －면, 진지(Hot and cold noodles, Rice Meals) －코스 요리(한/일) Set course Menu (Kor. / Jap) －생선회와 초밥(Sashimi and Sushi) －구이와 튀김요리(Broiled dishes and Deep Fried dishes) －제주 전통요리(The Cuisine of Jeju do) －정식요리(한/일) Table d' hote(Kor. / Jap.) －일품요리(A la carte) －전골, 냄비요리 Jeongol(Pot Cooked Dish) • 그 외 기본 메뉴는 다음과 같음 －계절, 신혼 메뉴(Seasonal, Honeymoon Menu) －판매촉진, 철판구이 메뉴(Promotion Teppanyaki Menu)			

메 뉴 정 책	• 조식(Breakfast) – 일본식과 한식 아침요리를 겸하며 생선구이, 계란찜, 찜류, 반찬, 된장국, 진지 등 전통 일본식과 한식으로 생선구이, 갈비찜, 국, 밥과 반찬류가 기본인 한 조식 제공 – 운영시간 : 06:00 – 10:30 예약에 의하여 일찍 영업을 할 수 있음 • 메인 메뉴(Main Menu) – 전통과 현대적 감각이 어우러진 다양한 일식 메뉴와 제주 토속과 전통한식 제공과 일품, 정식, 코스 등의 내용으로 구성 – 신선한 생선과 해산물을 주제로 한 초밥과 철판구이 카운터에도 각각의 일품, 정식요리 메뉴로 구성하여 운영 – 운영시간 : 중식 : 12:00 – 15:00 석식 : 18:00 – 22:00(주말은 23:00까지 연장할 수 있음) • 계절, 스페셜과 프로모션 메뉴 – 계절적 연관, 음식유행에 따른 다양한 별미를 월별 · 분기 · 계절별로 연중 실시 – 제주 특산, 계절 음식(꿩, 송이버섯, 계절 특산물 등) • 기타 사항(Other Point) – 고객이 음식주문 후 오래 기다리지 않게 하기 위하여 모든 고객에게 간단한 진미로 전채를 제공하고, 후식으로 별도의 메뉴가 있지만 주문하지 않는 고객에게 계절과일 제공
시 장 계 획	• 조식(Breakfast) – 한 · 일 조식 정찬과 탕 종류의 한식과 전복죽, 오븐자기죽 등 제주의 특산물을 이용한 메뉴 제공 – 정식의 반찬과 국은 매일 다른 것으로 교체하여 제공하며 1년 단위로 전체적인 메뉴를 교정함 • 주메뉴(Main Menu) – 메뉴는 내부 인쇄로 인하여 조정이 상당히 용이하므로 약간씩의 메뉴의 변경은 매월 진행적 변경으로 고객의 기호와 유행을 따르고 가미한다. – 진행적인 메뉴의 변경은 1년 단위로 수정 보완하여 시행함 • 계절, 스페셜과 프로모션 메뉴 – 세 가지 메뉴가 매월 또는 계절별로 실행되며 로테이션된다.
가 격 정 책	• 메뉴 가격 – 메뉴 가격의 결정요인은 시장형성, 경쟁사가격, 실제원가 및 예상목표 원가임 – 가격정책은 중고가 정책으로 기존 도내 특급 경쟁호텔과 같은 수준의 가격과 고객의 예산에 의한 탄력요금 적용 – 기타 계절, 특선 메뉴는 판매촉진 정책으로 원가를 상향조정하여 가격책정

4) 중식 주방

위 치	1층	좌 석 수	112석
운 영 방 침	• 전통 중식을 제공하며, 주방은 최고 메뉴의 질을 공급하며, 일반 메뉴, 프로모션 메뉴, 연회 메뉴 포함 • 중국 본토요리 특화와 제주도의 신선한 해산물을 이용, 최고의 품질 유지 • Chinese Restaurant 중에서 최고를 목표로 함 • 메뉴는 '메뉴 마켓 기획'에 따라 조정되며 가족, 축제 메뉴 제공 • 일본 카지노 고객과 일본 관광객을 위해 높은 품질 유지와 중국 관광객에게 현지식 음식을 제공하고 자매호텔과 유기적인 협조 도모		
운 영 시 간	• 연중무휴 중식 : 10:00－15:00 석식 : 18:00－22:00(여름 성수기와 고객의 요구에 따라 연장영업 가능)		
메 뉴 계 획	• 모든 메뉴는 한·영·중 3개 국어로 내부에서 인쇄하는 것을 원칙으로 하며 불가시 외주업체에 의뢰 • 호텔 내에서 인쇄하는 것은 특별한 메뉴나 판매가 저조한 메뉴를 즉시 교체할 수 있고, 음식문화 유행에 빠르게 대처할 수 있는 장점이 있음 • 주메뉴에는 아래와 같은 주재료의 메뉴 포함 －전통 회석요리(Traditional Full course Menu) －냉채류(Cold Platter) －제비집류(Swallow Nest) －상어 지느러미류(Shark's fin) －해삼 전복(Sea Cucumber And Abalone) －새우 바다가재(Prawn and Lobster) －활 생선(Live Fish) －소고기류(Beef Dishes) －닭고기류(Chicken Dishes) －돼지고기류(Pork Dishes) －채소두부류(vegetables and Bean Curd Dishes) －잡품(Other) －탕 류(Soups) －면류(Noodles) －후식류(Dessert) • 그 외 기본 메뉴는 다음과 같음 －Seasonal Menu －Honeymoon Menu －Chef's Special Menu －Traditional China Main Land Menu		

메 뉴 정 책	• 조식 – 기본적으로 조식 영업은 하지 않으나 단체고객들의 주문에 따라 제공하며, 메뉴 내용은 죽, 빵, 반찬, 볶음류, 전통 중국식으로 구성 • 메인 메뉴 – 전통과 현대적 감각이 어우러진 다양한 진미의 중식과 내국인들이 선호하는 한국적 중식 메뉴로 구성하여 제공하며, 일품 · 정식 · 코스 등 다양한 내용으로 구성 – 영업시간 – 중식 : 12:00 – 15:00 – 석식 : 18:00 – 22:00(주말은 23:00까지 연장 가능) • 계절, 스페셜, 프로모션 메뉴 – 다양한 재료의 별미를 전통 중국요리법으로 연중 실시
시 장 계 획	• 메인 메뉴 – 메뉴는 내부인쇄로 조정이 가능하므로 약간씩의 메뉴와 새로운 소재의 식재료와 요리법으로 매월 계속적인 변경으로 고객의 기호와 유행을 따르고 가미함 – 조금 더 변경주기가 긴 메뉴의 변경은 6개월 또는 1년 단위로 수정보완 • 계절, 스페셜 그리고 프로모션 메뉴 – 중국 정통요리 비법을 고객들에게 보일 수 있는 요리와 상대적으로 취약한 제주의 중국음식 문화 인식을 높이기 위하여 다채롭고 다양한 중국대륙의 음식을 제공하여 새로운 이미지 부각
가 격 정 책	• 메뉴 가격 – 메뉴 가격의 결정요인은 시장형성, 경쟁사가격, 실제원가 및 예상목표원가 – 가격정책은 융통성 있는 약간의 중저단가 정책으로 기존 도내 고객과 중국 관광객을 대상으로 한다. – 호텔의 중식당 특성상 중국 정통의 음식을 제공하는 호텔로서 이미지가 각인되면 원가비율이 다소 높더라도 고객의 선호와 예산에 맞추어서 할 수 있는 탄력요금제 적용 – 기타 계절, 특선 메뉴는 판매촉진 정책으로 원가를 상향 조정하며, 경쟁사와 하향가격 책정

5) 메인 주방

위 치	지하 1층	좌 석 수	-
운 영 방 침	• 메인 주방은 호텔 내의 기초적인 음식생산을 도모하고 생산제품은 제주도 내에서 최고가 되어야 함 • 혁신적인 음식과 연회행사 등 각종 다양한 행사를 기획에 따라 음식을 준비 생산 • 부처, 커피숍, 바 · 룸서비스, 연회의 인력을 통솔하고 집기관리의 업무를 지휘 • 커피숍, 바 · 룸서비스 메뉴에 의하여 1차 음식을 가공하여 공급		
운 영 시 간	• 연중무휴 : 08:00 ~ 22:00		
메 뉴 계 획	• 메뉴는 연회장 · 커피숍, 바 · 룸서비스의 메뉴에 의한 1차 가공 및 생산 • 연회장 메뉴를 기본으로 하며, 고객의 기대에 부응하기 위하여 다양한 가격의 메뉴 제공 • 다양하고 혁신적인 메뉴를 제공하기 위하여 지속적 메뉴 개발과 고객의 기호를 파악하고 시장조사 실시 • 분기별 경쟁호텔 조사와 대도시에서 유행되는 음식의 패턴을 조사하여 메뉴에 반영 • 분기별 조리경진대회 및 아이디어 상품을 개발하는 프로그램을 만들어 잠재되어 있는 직원의 능력을 발췌하고 동기 부여		
메 뉴 정 책	• 연회장, 커피숍, 바 · 룸서비스, 라운지의 메뉴 정책 참고		
시 장 계 획	• 연회장, 커피숍, 바 · 룸서비스, 라운지의 메뉴 참고		
가 격 정 책	• 메뉴 가격 – 연회장, 커피숍, 바 · 룸서비스, 라운지의 메뉴 가격 결정에 따라 목표원가에 기준하여 준비		

6) 연회 주방

위 치		지상 2층	좌 석 수	-
운 영 방 침	• 메인 주방에서 1차 가공 생산된 음식을 고객에게 서비스 • 연회행사 등 각종 행사를 기획에 따라 창의적이고 혁신적인 음식을 준비 생산하여 고객의 기대에 부응 • 메인 주방의 인력으로 운영하며 지휘통제			
운 영 시 간	• 연중무휴 : 연중무휴이며 행사일정에 따름			
메 뉴 계 획	• 조식 – 연회 메뉴 기준과 고객의 의견, 요구에 따라 융통성 있게 대처 – 미국 및 유럽식 정찬, 뷔페 조찬 및 한·일·중식 정찬 – 고객의 요구예산에 따라 다양하고 융통성 있게 제공 • 정찬, 뷔페 및 기타 메뉴 – 양·한·일·중국 정식 및 양·한 혼합 뷔페 메뉴 – 칵테일 및 커피브레이크, 바비큐 및 출장 메뉴 • 위의 메뉴를 기본으로 고객 기대 부응과 다양한 가격의 메뉴 제공			
메 뉴 정 책	• 메뉴 구성 – 메뉴 계획에 따라 구성하고 연회장 판촉물 참고 – 고객예산 대비 원가비율에 준하여 상황에 따라 결정 – 고객의 선호와 호응도, 식자재 수급에 따라 별도 메뉴의 내용을 수정·보완하여 제공			
시 장 계 획	• 조식 – 고객의 주문과 단체예약 특성을 고려, 내용을 교체하여 제공 • 주메뉴 – 고객의 예산과 기호, 행사 성격에 맞게 제공한다. • 모든 메뉴는 1년 단위로 수정함			
가 격 정 책	• 메뉴 가격 – 가격결정은 시장형성, 경쟁사가격, 실제 및 예상목표 원가 – 제주도민 상대의 연회행사 메뉴 가격은 중저 단가와 원가 상향조정으로 도내 특급 경쟁호텔과 가격대비 질과 양에서 시장을 선점하고, 고객의 예산에 의한 탄력가격 책정 – 제주도 외의 연회행사 가격은 예상목표 기준으로 가격을 결정하나 수시 이용 단체와 잠재고객은 음식의 질을 상향 조정하여 음식 서비스 만족으로 재방문 유도			

7) 제과 주방

위 치	지상 2층	좌 석 수	-
운 영 방 침	• 제과주방은 최상의 제과생산을 도모하고, 제품은 제주도 내에서 최고를 지향함 • 혁신적인 제과와 케이크류 등 각종 다양한 신상품을 상품기획과 델리 판매량과 고객의 기호에 따라 생산 • 05시에 첫 출근자는 양식당과 룸서비스를 위한 신선한 아침 빵을 매일 공급 • 다양한 맛의 아이스크림을 생산하여 각 영업장에 후식용으로 공급		
운 영 시 간	• 연중무휴 : 연중무휴 05:00 ~ 22:00		
메 뉴 계 획	• 패스트리류는 정식과 뷔페 메뉴 디저트용으로 사용되며, 이 메뉴는 주로 연회행사시 사용되는 메뉴임 • 조식 뷔페와 Del.(식품 · 제과점) 판매를 위한 제품 생산공급 • 조식 제과 – 계피 롤과 머핀(Cinnamon Roll & Muffins) – 대니쉬와 크로이상(Danish Pastries & Croissants) – 빵과 롤(Sliced breads & Roll) – 브리오쉬와 파운드 케이크(Brioche Pound Cake) • 양식당 – 호두, 호밀 빵과 롤(Walnut, Rye Bread Rolls) – 소프트 롤과 하드 롤(Soft and Hard Rolls Etc.) – 미니 프렌치 빵(Miniature French Breads) – 특선 빵과 롤(Special breads and Rolls) • 델리 – 프렌치 패스트리(French / Savory Pastries) – 빵과 번(Breads / Bun) – 쿠키와 케이크(Cookies & Cakes) • 위의 제품 이외에 시장성향 및 유행에 따라 제품을 개발하며, 계절 생산품과 지역특성에 알맞은 제품을 지속 개발		

메 뉴 정 책	• 메인 메뉴 – 다양한 전통과 현대적 감각이 어우러진 빵, 케이크, 패스트리 등의 제품을 생산하여 커피숍, 라운지, 바 · 룸 서비스, 연회장에 공급 – 도내 특급호텔과 비교하여 항시 앞서는 정책으로 새로운 제품을 연구 생산하여 질과 맛에서 우위 선점 – 영업시간 : 09:00~22:00 • 계절, 스페셜 그리고 프로모션 메뉴 – 계절별, 음식 유행에 따른 다양한 별미를 월별 · 분기 · 계절별로 연중 실시
시 장 계 획	• 조식 – 과일과 수입된 딸기류를 사용한 다양한 머핀류나 Pound Cake, 크로와상을 분기별로 조정 • 제빵류 – 항상 4가지 이상의 빵과 롤을 커피숍, 바 · 룸서비스에 제공 – Walnut, Rye, French, Hard 그리고 Soft Roll이 기본 정규적인 변화 가미 (Olive, Sun Dried Tomato 등) • 아이스크림 – 델리에서 판매하는 아이스크림은 외부에서 구매하여 진열 판매하고 후식으로 판매 제공되는 아이스크림은 호텔에서 가공되는 아이스크림으로 매일 약간씩의 맛의 변화 가미 • 델리카테슨 – 새로운 빵, 롤 및 케이크류를 월단위로 교체하고, 잡화와 호텔에서 직접 만든 소스와 샌드위치 등 판매
가 격 정 책	• 메뉴 가격 – 메뉴 가격의 결정요인은 시장형성, 경쟁사가격, 실제원가 및 예상원가임 – 가격정책은 약간의 중단가 정책으로 기존 도내 특급 경쟁의 호텔과 같은 수준의 가격 적용 – 기타 계절, 특선 메뉴는 판매촉진 정책으로 원가를 상향 조정하며, 경쟁사와 경쟁력을 갖춘 가격 책정

8) 부처 주방

위 치	지하 2층	좌 석 수	-
운 영 방 침	• 부처 주방은 최상의 육류·어류·가금류 생산을 도모하고, 생산 제품은 제주도내에서 최고가 되어야 함 • 혁신적인 정육으로 육류 소비량을 줄이고 항상 신선하고 양질의 완제품을 각 영업 주방의 요구에 따라 진공포장하여 공급하며, 모든 지휘 통제는 메인주방에 따름		
운 영 시 간	• 연중무휴 : 08:00 ~ 22:00		
메 뉴 계 획	• 메뉴는 각 영업 주방의 메뉴에 의함 • 육류·어류·가금류 등은 최소한의 저장으로 원가절감을 도모하고, 선입선출에 의함 • 모든 식자재 불출시 이동전표에 의하여 규정 준수 • 총주방장과 메인과장의 업무지시를 받음 • 일부 훈제제품과 소세지 생산		
메 뉴 정 책	• 연회장, 커피숍, 바·룸서비스, 라운지의 메뉴 정책 참고		
시 장 계 획	• 연회장, 커피숍, 바·룸서비스, 라운지의 메뉴 참고		
가 격 정 책	• 메뉴 가격 – 연회장, 커피숍, 바·룸서비스, 라운지의 메뉴 가격 결정에 따라 목표원가에 기준하여 준비		

9) 로비라운지

위 치	지상 2층	좌 석 수	94석
운 영 방 침	• 메뉴는 스낵과 각종 차 종류를 판매하는 휴식공간 개념으로 운영 • 식사를 원하는 고객의 주문이 있을 때는 커피숍 주방에서 공급 • 패스트리와 후식류는 제과주방에서 트롤리에 진열하고 판매		
운 영 시 간	• 연중무휴 : 09:00 ~ 24:00		
메 뉴 계 획	• 주메뉴는 커피숍 메뉴와 같이하며, 별도의 메뉴는 아래의 부제를 포함하여 구성 –샌드위치 –스낵, 안주류 –아이스크림, 커피, 차		
메 뉴 정 책	• 조식 –별도의 메뉴는 작성하지 않으며 커피숍과 동일 메뉴 사용 • 메인 메뉴 –다양한 전통과 현대적 감각의 커피와 차, 아이스크림 메뉴 제공 –트롤리에 진열한 패스트리와 케이크 종류와 델리 제품 판매 –커피숍 주방에서 만든 각종 샌드위치와 스낵 판매 영업시간 : 09:00~23:00(주말은 24:00까지 연장 가능) • 계절, 스페셜 그리고 프로모션 메뉴 –계절별, 음식 유행에 따른 다양한 별미를 월별 · 분기 · 계절별로 연중 실시		
시 장 계 획	• 주메뉴 –메뉴는 내부 인쇄로 인하여 조정이 용이하므로 매월 변경과 진행적으로 고객의 기호와 유행을 따르고 1년 단위로 수정 보완 • 계절, 스페셜 그리고 프로모션 메뉴 –계절별로 생산되는 품목으로 메뉴를 구성하여 연중 실시		
가 격 정 책	• 메뉴 가격 –메뉴 가격의 결정요인은 시장형성, 경쟁사가격, 실제원가 및 예상목표 원가임 –가격정책은 약간의 중단가 정책으로 경쟁호텔과 같은 가격 적용 –기타 계절, 특선 메뉴는 판매촉진 정책으로 원가를 상향 조정하며, 경쟁사와 맞춘 가격 책정		

10) 중 정

<table>
<tr><td colspan="2">위 치</td><td>지상 3층</td><td>좌석수</td><td>64석</td></tr>
<tr><td>메 뉴
정 책</td><td colspan="4">• 조식
– 조식은 별도의 메뉴가 없으며 영업을 하지 않음
• 메인 메뉴
– 다양한 전통과 현대적 감각이 어우러진 양식 위주의 스낵과 패스트리 메뉴 제공
– 포도주와 어울리는 양질의 치즈 메뉴로 구성을 하여 미식가들의 취향에 맞추며, 바 · 룸서비스 주방에서 제조 생산
– 영업시간 : 09:00~24:00
• 계절, 스페셜 그리고 프로모션 메뉴
– 계절별, 음식 유행에 따른 다양한 별미를 월별 · 분기 · 계절별로 연중 실시</td></tr>
<tr><td>시 장
계 획</td><td colspan="4">• 조식(Breakfast)
– 없음
• 주메뉴(Main Menu)
– 메뉴는 내부 인쇄로 조정이 용이하므로 메뉴의 변경은 매월 진행적 변경으로 고객의 기호와 유행에 따라 가미
– 제주도 내에서 유일한 영업장의 성격상 중년층을 대상으로 한 메뉴 개발을 기본으로 하며, 조금 더 진행적인 메뉴의 변경은 1년 단위로 수정 보완
• 계절, 스페셜 그리고 프로모션 메뉴
– 메뉴가 매월 또는 계절별로 실행되며 로테이션됨</td></tr>
<tr><td>가 격
정 책</td><td colspan="4">• 메뉴 가격(Price Policy)
– 메뉴 가격의 결정요인은 시장형성, 경쟁사가격, 실제원가 및 예상목표 원가임
– 중단가 정책으로 기존 도내 특급 경쟁호텔과 같은 수준의 가격 형성과 음식의 값어치 기대의 메뉴 구성으로 고객의 호평을 받을 수 있는 장소로 만듦
– 기타 계절, 특선메뉴는 판매촉진 정책으로 원가를 상향 조정하며, 경쟁사와 맞춘 가격 책정</td></tr>
</table>

11) 제과 델리

위 치	지상 2층	좌석수	-
메 뉴 정 책	• 메뉴 및 제품 – 다양한 전통과 현대적 감각이 어우러진 빵, 케이크, 패스트리 등의 제품을 생산하여 커피숍, 라운지, 바 · 룸서비스, 연회장에 공급 – 도내 특급호텔과 비교하여 항시 앞서는 정책으로 새로운 제품을 연구 생산하여 질과 맛에서 우위 선점 – 영업시간 : 09:00~21:00 • 계절, 스페셜 그리고 프로모션 메뉴 – 계절별, 음식 유행에 따른 다양한 별미를 월별 · 분기 · 계절별로 연중 실시		
시 장 계 획	• 주메뉴 – 정규적인 판매 메뉴의 변화를 가미한다. • 아침 빵류 – 과일과 수입된 Berries류를 사용한 다양한 머핀류나 Pound Cake, 크로와상을 분기별로 조정 • 제빵류 – 항상 4가지 이상의 빵과 롤 등 지속적으로 새로운 제품 개발 – Walnut, Rye, French, Hard 그리고 Soft Roll이 기본 정규적인 변화 가미 (Olive, Sun Dried Tomato 등) • 아이스크림 – 델리에서 판매하는 아이스크림은 외부에서 구매하여 진열판매 • 잡화식품, 일반잡화 등을 함께 판매		
가 격 정 책	• 메뉴 가격의 결정요인은 시장형성, 경쟁사가격, 실제원가 및 예상원가 • 가격정책은 약간의 중단가 정책으로 기존 도내 특급 경쟁의 호텔과 같은 수준의의 가격 책정 • 기타 계절, 특선 메뉴는 판매촉진 정책으로 원가를 상향 조정하며, 경쟁사와 맞춘 가격 책정		

12) 집기 관리

<table>
<tr><td>위 치</td><td>지상 2층</td><td>좌 석 수</td><td>-</td></tr>
<tr><td>운 영
방 침</td><td colspan="3">• 집기관리는 식음료 업장의 구심적인 업무임
• 다른 업장의 어떠한 요구에도 대응할 수 있는 준비가 되어 있어야 하며, 영업 전반에 필요한 기물 및 장비 지원
• 호텔 전반의 영업에 필요한 장비와 기물을 자산목록대장에 기록하고, 수불관계 기록을 철저히 하여 회사자산을 보호하고, 분기별 · 월별 손망실 보고를 조리팀장을 통하여 상부에 보고
• 지배인과 부지배인 외에는 모두 외부 용역업체 직원으로서 용역회사와의 관계를 원만하게 유지하고 업무관리를 철저히 함
• 각 영업장 주방에서 배출되는 쓰레기와 잔반은 환경보호 차원에서 분리수거하며, 음식물 쓰레기는 동물 먹이로 사용할 수 있게 처리
• 집기관리 계장의 업무의 95%는 업장 주방 및 식기세척장을 감독하며, 직원 배치를 돕고 직원들의 업무개발을 돕는 역할을 한다.</td></tr>
<tr><td>운 영
시 간</td><td colspan="3">• 연중무휴 : 07:00 ~ 02:00
1년 무휴로 영업에 필요한 장소와 때에는 항상 배치</td></tr>
<tr><td>아 웃
소 싱</td><td colspan="3">• 식기 세척 부문은 외부용역 회사 직원으로 채용한다.
• 마른 · 젖은 쓰레기 분리수거 후 잔반처리와 야간근무자 2명은 여러 장소, 즉 세척장, 배수구를 마감 청소하며 쓰레기 수거장, 후드 그리고 주방장비 유지관리</td></tr>
</table>

13) 직원식당주방(외부용역)

<table>
<tr><td colspan="2">위 치</td><td>지하 1층</td><td>좌 석 수</td><td>220석</td></tr>
<tr><td>운 영
방 침</td><td colspan="4">• 임대로 운영
• 메뉴 정책, 시장계획 및 가격책정
– 주간 사이클 메뉴로 조식 · 중식 · 석식 · 야식 제공
– 외부 용역 조리장과 영양사는 메뉴를 작성하고 각 부서에 배포
– 원가를 심사하여 직원들의 불평이 없게 하고, 관리부서는 각 부서를 대표하는 직원으로 구성된 직원식당 운영위원회를 구성하여 분기별로 운영위원회의를 개최, 직원들의 의견을 취합, 식사 및 식당운영에 반영</td></tr>
<tr><td>운 영
시 간</td><td colspan="4">• 연중무휴
아 침 : 06:00 ~ 02:00
점 심 : 11:00 ~ 14:00
저 녁 : 17:00 ~ 19:00
• 연중무휴 영업과 행사에 필요한 식사시간에는 식사를 할 수 있게 함</td></tr>
</table>

(2) 가격결정 순서

• 조리팀장과 조리 담당자들이 조리과정(재료)표에 각 메뉴별로 양목표 작성
• 조리법과 양목표에 따라 원가 담당자가 기본원가와 최종원가를 메뉴별로 산정
• 원가 담당자는 원가비로 산정된 원가를 목표에 적용
• 기본가격 · 원가비를 적용, 예상 판매가 추론
• 다음의 사항을 가격 결정시 반영
  – 같은 메뉴의 경쟁사 가격
  – 전체 메뉴의 예상 원가율과 수익성의 판매가
• 조리팀장은 산정된 식료 메뉴 판매 · 원가비를 산정, 추론한 판매가를 담당 조리장에게 보이고 최종 결정 승인
  – 최종 승인을 위해 예상가격을 식음료팀장과 총지배인 최종승인 후 메뉴 인쇄
  – 판매 예상 제시가격의 최종가격분은 영업회계의 가격 내용변경 숙지를 위해 경리에 통보

(3) 메뉴 보관

- 호텔 정책에 따라 5년간 인쇄된 메뉴 보존. 실패한 메뉴의 재사용을 금지하기 위한 방편이기도 함
- 현재와 예전에 사용했던 메뉴나 어느 행사에 관련된 메뉴는 차후 참고자료로 사용할 수 있게 체계적으로 분류하여 보관
- 아트 스튜디오(홍보)에서도 메뉴 디자인이나 구성을 참고할 수 있게 메뉴판의 형식 보존
- 아래의 색인 목록별로 상세내용을 관리 보관 유지
  - 메뉴별 종류
  - 커버, 내용 구분
  - 인쇄일자
  - 인쇄 수
  - 월별 예정 소비량
  - 실제 소비량
  - 인쇄 메뉴 계정과목(상세항목)
  - 파일 넘버
- 메뉴 색인목록은 조리와 식음료팀에서 최근 자료를 포함 관리 유지
- 자주 사용되는 계절별, 프로모션 메뉴는 링 제본을 통해 쉽게 사용(참조)할 수 있게 하고, 다른 기타 메뉴는 사이즈의 차이로 인해 분리 관리
- 부피가 커지므로 메뉴 매뉴얼은 관리하지 않음. 식음료 사무실과 조리 사무실에서 다른 경쟁업체의 메뉴도 확보, 관리

(4) 린넨 관리

1) 개 요

- 조리팀장은 전 주방에 충분한 린넨을 보유할 수 있도록 준비
- 이유를 불문하고 Pot 핸들링이나 청소를 위해 식탁보나 냅킨 사용을 금함
- 각 주방 조리사는 회사에서 지급하는 주방 타월을 항시 깨끗한 것으로 지참, 뜨거운 것이나 청소시에 사용하며, 린렌실에서 1 : 1로 교환하는 것을 원칙으로 함

- 주방 청소용으로는 폐기처분 대상의 타월을 린넨실에서 표시하여 별도 보관하여 집기관리나 주방 청소용으로 사용

2) 보 관

- 주방 타월과 식탁보는 린넨실에서 분출
- 각 주방에서는 청소용 타월을 수집하는 장소 및 용기 비치
- 사용된 식탁보는 반드시 수거함에 넣고, 마감 후 어지럽게 널려지지 않게 주의
- 주방타월 이외에 표시되지 않은 냅킨 등으로 행주 및 청소용 걸레로 사용금지

(5) 고객불만 취급

- 모든 고객으로의 불만은 그것이 정당한지 아닌지에 관계없이 참을성 있게 대처하여야 함
- 모든 불만은 일반적으로 고객응대 근무자에게 의해 처리됨. 하지만 때로 화가 난 고객은 주방 업무자에게 직접 불평할 수도 있음. 상급 근무자는 반드시 고객불만 처리시 동행하여야 하며, 고객에게 우리가 고객의 불만을 진심으로 경청하고 있다는 것을 보여야 함
- 고객불만 처리시 황금 법칙은 “절대로 고객과 언쟁을 하지 않는 것”임. 어떤 실수가 발생했을 시 절대 다른 이유를 붙이지 말아야 함. 실수 발생시 담당 근무자는 몇 가지 공손한 말로써 그들을 진정시켜야 하고, 상급직원이나 당직 지배인에게 도움을 요청함. 불평고객의 계산시 적당한 사과행동이 지배인들로부터 취해져야 함
- 사고(실수)는 최고의 서비스맨에게서도 발생됨. 식음료부서의 예를 들면 웨이터 · 웨이트리스가 음식물을 쏟을 수도 있음. 그럴 때는 반드시 상급자들의 도움을 요청하고 그들이 알맞게 처리해야 함.

(6) 영업부서 재고조사 지침

1) 재고조사

- 월말 식자재 재고조사는 각 주방장과 원가 관리자의 입회하에 조사를 하며, 목적은 자재 회전율과 사용량 측정, 원가 측정을 위해 반드시 시행되어야 함

2) 순서 및 절차

- 재고조사 참석자, 시행일자, 일정 등 관리부에서 자세하게 서술, 각 부서로 협조전 발급
- 업장 조리장은 재고조사시 참여하고, 조사에 필요한 지원을 받음

❻ 원가관리 절차

(1) 개 요

- 모든 업장 조리 담당자는 효율적이고 원가 중심적인 사고를 가지고 직무에 임해야 함
- 모든 비용은 계획예산 범위와 용도에 따라 집행되어야 하고, 현명한 비용 지출은 영업장의 수익성 창출을 위해 필요함
- 일일 단위의 원가관리는 조리부 담당자의 의무사항임

(2) 효과적인 원가관리를 위한 보고서

1) 일일 보고서

- 일별 업장분석을 위해 조리 · 식음료 팀장에게 전달
- 포함 정보
  - 예산 대비 식사시간대별 매출분석, 고객 수 및 평균 객단가 비교
  - 예산 대비 영업장별 식음료원가 분석

- 모든 조리과장은 영업장 집행예산을 달성해야 하고, 미달이나 문제점 발생에 대한 부연설명을 해야 함
- 영업장별 손익계산서에 관한 회의는 월별로 시행

2) 월말 보고서

- 월별 영업장 분석을 위해 조리·식음료 팀장에게 전달
- 불용자재 보고서
  - 업장별, 식음료창고 재고조사 후 사용이 저조하거나 사용 안하고 재고로 방치하는 식음료자재는 창고관리자에 의하여 보고됨
- 유효기간 보고서
  - 식음료 자재가 유효기간이 초과되었을 때 창고관리자는 이를 파악하여 조리·식음료 팀장에게 보고하여 사용하게 함으로써 비용손실 예방
- 급여 보고서
  - 총 근무일수의 합계금액
  - 연장·휴일 근무의 합계금액
  - 급여에서 기타 경비의 비중(인사부서에서 정산)

❼ 식재료 출고절차

(1) 목 적

- 식재료 출고절차의 수립은 물품출고의 권한부여와 일일 식자재 지급과 적정 회계를 하기 위함

(2) 출고시간

- 창고의 가까운 곳에 출고시간을 기재하여 출고대상 업장 직원이 식별할 수 있게 함
- 창고분 출고의 효과적 업무수행을 위해서 정해진 시간만 출고

1) 절 차

- 근무시간 중에는 출고 요구서 작성시 스케줄로 잡혀 있는 출고시간대별로 출고

2) 출고시간표

품 목	부 서	요 일	시 간
식료 자재 음료 자재	조리 식음료	월요일 – 토요일 월 · 수 · 금	09:30 – 11:00 1430 – 1530
사무용품	전 부서	화 · 금요일	15:30 – 16:30
청소용품 고객 서비스용품 세탁용품	전 부서	화 · 금요일	15:30 – 16:30

3) 반입시간표

품 목	월요일 - 금요일	토요일
식료 자재	09:00 – 12:00	0900 – 11:00
음료 자재	13:00 – 14:00	09:00 – 11:00
일반 자재	15:00 – 17:00	

4) 근무시간 외 출고절차

- 출고 요구부서에서 당직지배인에게 요구
- 당직 지배인은 프런트에서 창고열쇠 인수, 창고일지에 기록 서명
- 물품 출고시 당직지배인은 요구부서 및 출고품목 기재, 당직일지에 창고출고에 대한 사유 및 기타 사항 기재
- 익일 출고관리인이 출근하면 당직에서 보관하고 있는 출고전표를 담당자에게 전달
- 일요일에는 가능한 한 시간외 출고를 허용하지 않음

5) 스케줄 출고

- 물품 출고가 이루어지기 위해 해당부서는 출고 예상시간 이전(출고 담당자에게 출고하기 위한 준비 시간)에 출고전표를 전달
- 각 부서의 출고시간은 엇갈리게 하여 일이 겹치지 않게 함

6) 출고요구서의 제출

- 용지 접수상자를 만들어 출고요구부서 슬립을 넣게 함
- 창고문 밑으로 반입되는 슬립(요구서)은 젖거나 구겨지고 찢어지기 때문에 무효처리

7) 요구서에 의한 출고

- 요구서 신청 및 출고는 해당 책임자에 의해 시행
- 요구서는 고유번호가 찍혀 있고 색깔로 표시된 두 장으로 구성
- 일련의 출고과정이 처리되면 관리부서에 전표를 제출 정산

8) 출고요구서 및 전표의 구성

- 출고일
- 출고된 업장
- 요구물품 제목
- 단위(개수)
- 단위크기
- 상호 출고 관계 책임자의 서명
- 출고되지 않을 품목란은 삭선하고, 품목의 변경이 발생시는 변경 요구자의 결재를 받은 후 출고

9) 요구서(전표)의 처리

- 두 겹으로 된 요구서를 출고담당자에게 전달
- 한 겹(사본)은 물품 수령시 재확인을 위해 출고 요구부서에 되가져오며, 확인 후 물품 영수증 작성

- 모든 일련의 출고과정이 종료되면 해당부서에서 보관중인 요구서의 사본을 원가 담당자에게 전달되어 출고담당자의 원본과 대조 원가 정산

10) 강제적인 출고

- 불용재고 발생에 의한 장시간 보존에 따른 파손이나 손실을 유발할 수 있는 품목은 강제적으로 조리팀장에 통지와 주방으로 출고하여 사용 독려

11) 주류와 주방용 와인의 출고

- 조리용 주류와 포도주, 음료는 음료 출고전표(요구서) 작성
- 사전에 용도에 따른 품목을 지정하고 사용하지 않는 품목을 조리사용 목적으로 불출하고자 할 때는 식음료팀장과 사전협의

12) 식음료 재고관리대장 기재

- 모든 출고전표는 원가계산을 위해 식음료 원가대장에 첨부

13) 직접출고

- 창고에서 메인 주방으로 이동되지 않고 특정한 업장으로 직접 불출되는 직도분에 대해서는 식음료 원가관리장의 '직도분 항목'을 별도로 구성, 기재관리하여 월말 각 업장 주방의 식음료 원가 정산

14) 긴급출고 절차

- 빈번히 발생되는 긴급출고는 조리팀장과 각 주방의 조리장들의 출고기획이 부정확하다는 것을 입증하는 것이므로 철저한 계획이 요구됨
- 출고절차는 근무시간외 출고절차서와 동일

15) 식음료 자재 출고의 취급순서(절차)

- 조리팀장과 파트장의 결재가 있는 3겹의 출고요구서에 입각해 물품 출고
- 출고관리자는 출고받는 자의 사인을 받은 후 다음과 같이 요구증서를 배분
  - 원본은 식음료 원가 담당자에게 전달

- 1번째 사본은 창고관리자가 관리
- 2번째 사본은 주방에 반송

• 육류의 출고시, 출고담당자는 꼬리표(Tag)를 청구서 원본에 첨부
• 첨부된 꼬리표(Tag)는 식음료 원가 관리자에게 전달하여 출고확인을 할 수 있게 함

참고문헌

1. 국 내

- 국립국어연구원(http://www.korean.go.kr)
- 국제자유도시 추진기획단, 〈제주도 국제자유도시 개발타당성 조사 및 기본계획〉, 2000
- 김정근 · 김충호, ≪호텔산업 경영을 위한 사업계획 기본모델≫, 호텔경영연구소, 1999
- 대한교원공제회, ≪제주관광호텔 사업계획서≫, 1993
- 대한민국 통계정보 홈페이지(www.nso.go.kr)
- 박주관, ≪사업타당성분석≫, 21세기북스, 2000
- 세종경영연구원, 〈제주호텔 사업계획(안)〉, 대한교원공제회, 1996
- 원융희, ≪호텔사업타당성 조사, 사업계획서 작성≫, 백산출판사, 2002
- 이호길 · 김미경 · 김형섭, ≪호텔실무경영론≫, 도서출판 갈채, 2006
- 이호길 · 김형섭, ≪컨벤션연회기획론≫, 도서출판 갈채, 2006
- 제주도청, 〈제주도 주요 통계자료〉, 2002
- 제주도 관광진흥과, 〈2002년 전망 및 관광객 유치목표〉, 2002
- 제주도청 지역정책과, 〈지역별 주택보급률(1995－2000)〉, 2001
- 최복수 · 이석규, ≪사례로 본 호텔 프로젝트≫, 백산출판사, 2003
- 통계청 인구분석과, 〈전국세대 및 인구통계〉, 2002
- 표성수, ≪관광사업투자론≫, 백산출판사, 1996
- 한국관광공사, 〈국민여행실태조사〉, 2001
- 한국관광연구원, 〈제2차 관광개발 기본계획수립〉, 2000
- 한국관광정책, 〈우리나라 국제관광 전망〉, ≪통군≫, 제12호, 2002
- 한국관광공사 한국관광정책, 〈주5일 근무에 따른 관광부문 뉴 트랜드 및 경제효과 전망〉, 2001
- 호텔신라, ≪호텔신라 10년사≫, 1983
- WTO, 〈세계국제관광 추정통계자료〉, 2002
- 양기영 · 한경수 역, ≪프로젝트 관리≫, 한얼출판사, 1999

2. 국 외

- Brigham, EF, *Fundamentals of Financial Management*, 2nd, ed. The Dryden Press, 1980
- Coffman, D.C, *Marketing for a Full House,*(School of Hotel Administration Cornell Univ., 1970
- Kelly, JR, *Recreation Business*, New York : John Wiley and Sons, 1985
- www.arch-taegu.or.kr
- www.nso.go.kr
- www.ramadajeju.co.kr
- www.remodeling.or.kr

찾아보기

호텔프로젝트 사업경영론

1판 4쇄 발행 2015년 2월 20일

저 자 이호길 · 김미경 · 김형섭
발행인 남 승 우

발행처 **남두도서**

서울시 동작구 사당로9가길 6(사당동)
TEL : (02) 595-1692~4
FAX : (02) 595-1394
E-mail : namdoo6@unitel.co.kr
신고 : 5-76호 (1998. 11. 4)

정가 20,000 원

ISBN 978-89-5780-083-6 93980

〈디자인〉 편집 엄해숙 / 표지 나아기획